COMPETIR
contra la
SUERTE

Historia de la innovación
y las decisiones de los clientes

CLAYTON M. CHRISTENSEN

TADDY HALL, KAREN DILLON y DAVID S. DUNCAN

COMPETIR
contra la
SUERTE

Historia de la innovación
y las decisiones de los clientes

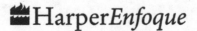

HarperEnfoque

Competir contra la suerte

© 2020, Harper*Enfoque*
Publicado en Nashville, Tennessee, Estados Unidos de América
Harper*Enfoque* es una marca registrada
de HarperCollins Christian Publishing, Inc.

Competir contra la suerte. Historia de la innovación y las decisiones de los clientes.
Título original: Competing against Luck. The Story of Innovation and Customer Choice.

Traducción: Gabriela Montes de Oca Vega.
Diseño de forros: Ana Paula Dávila.
Diseño de interiores: Ricardo Gallardo.

ISBN: 978-1-4003-4321-8
ISBN: 978-1-4003-4322-5 (eBook)

Primera edición: febrero, 2020.

Índice

La *teoría de los trabajos* transforma la manera en que usted define el negocio al que se dedica, su tamaño y la forma del mercado en el que compite, así como quiénes son sus competidores. La Southern New Hampshire University, FranklinCovey, Intuit y una gran cantidad de productos cotidianos muestran lo potente que puede ser innovar con la *teoría de los trabajos*.

SECCIÓN 2

EL TRABAJO DURO —Y LA RECOMPENSA— DE APLICAR LA "TEORÍA DE LOS TRABAJOS"

Entonces ¿dónde están todos esos trabajos que esperan ser descubiertos y cómo se pueden encontrar? La solución no está en las herramientas que se utilicen, sino en lo que se busca y en la forma como se une todo el conjunto.

Los clientes no siempre pueden expresar lo que quieren; sus motivos son más complejos y sus caminos para comprar son más elaborados de lo que pueden describir. Pero usted puede llegar al fondo del asunto. Lo que "contratan" —y también lo que "disparan"— revela una historia importante.

¿Cómo puede asegurarse de que su solución resulte "contratada" para el trabajo? Eso supone algo más que sólo crear un producto con las características y la funcionalidad adecuadas. Responder realmente a un *trabajo por realizar* requiere habilitar las experiencias apropiadas para sus clientes. Y eso es algo por lo que los clientes están dispuestos a pagar un precio óptimo.

Por qué debería usted contratar este libro

Éste es un libro sobre el progreso.

Sí, es una obra sobre la innovación y cómo mejorar el proceso para conseguirla. Pero en el fondo este libro es acerca de la lucha a la que todos nos enfrentamos para progresar en la vida.

Si usted es como muchos emprendedores y administradores, es posible que la palabra *progreso* no le venga a la mente cuando está intentando innovar. Pero se obsesiona por crear el producto perfecto con la combinación justa de características y beneficios para atraer a sus clientes. O bien con frecuencia intenta mejorar sus productos ya existentes para que resulten más lucrativos o diferenciados de los de sus competidores. Cree que sabe exactamente lo que querrían sus clientes, pero de hecho parece más bien que juega al tanteo. Si se lanzan suficientes apuestas —con un poco de suerte— algo se ganará.

Pero no tiene que ser así; no cuando en verdad se comprende lo que *causa* que los clientes elijan lo que eligen. La innovación puede ser mucho más predecible —y lucrativa—, pero sólo si pensamos en ella de manera diferente. Se trata de *progreso*, no de productos. De manera que si usted está cansado de lanzarse con su organización a realizar esfuerzos que siempre se quedan cortos, si quiere crear productos y servicios que sepa de antemano que los clientes no sólo estarán ansiosos de comprar sino que además estarán dispuestos a pagar un *precio óptimo* por ellos, si desea competir —y ganar— frente a quienes dependen de la suerte para innovar, entonces continúe leyendo. Este libro también se trata de ayudarlo *a usted* a progresar.

11

Mejorar cada vez más
en las cosas equivocadas

Desde que me acuerdo, la innovación ha sido una gran prioridad —y una gran frustración— para empresas de todo el mundo. En una encuesta reciente de McKinsey, 84% de los ejecutivos internacionales reconocieron que la innovación era en extremo importante para sus estrategias de crecimiento; sin embargo, un abrumador 94% estaba insatisfecho con su propio desempeño en innovación. Casi todas las personas estarían de acuerdo en que la *gran mayoría* de las innovaciones no satisface las expectativas, un hecho que no ha cambiado en muchas décadas.

Por escrito, esto no tiene sentido. Nunca antes las empresas habían tenido a su disposición herramientas y técnicas más complejas, y ahora se destinan más recursos que nunca a conseguir objetivos de innovación. De acuerdo con un artículo de *strategy + business*,[1] 1 000 compañías estatales gastaron 680 000 millones de dólares sólo en investigación y desarrollo, 5.1% más que durante el año anterior.

Asimismo, las empresas nunca han sabido más acerca de sus clientes. La revolución de la informática ha incrementado en gran medida la diversidad, la cantidad y la velocidad de la recolección de datos, así como la complejidad de las herramientas analíticas aplicadas. Las expectativas para este tesoro de información son más elevadas. En 2008, el jefe editorial de *Wired,* Chris Anderson, lanzó su famosa declaración de que "la correlación es suficiente",[2] con la cual se refería a que podemos resolver los problemas de innovación con la simple fuerza bruta de la avalancha de información. Desde que Michael Lewis realizó una crónica del inusitado éxito de Oakland en *Moneyball* (¿quién *sabía* que el porcentaje en base era un mejor indicador del éxito ofensivo que los promedios de bateo?), las empresas han estado tratando de descubrir el equivalente de *Moneyball* en la información de los clientes que pueda conducir al éxito en la innovación. Sin embargo, pocos lo han logrado.

En muchas compañías, los procesos de innovación están estructurados y disciplinados, y el talento que los aplica está altamente calificado. Hay puertas para etapas precisas, repeticiones rápidas, y verificaciones y balances, que se han instituido en los procesos de innovación de la mayoría de las empresas. Los riesgos se calculan y se mitigan con sumo cuidado. Principios como los de *seis sigma* han impregnado el diseño de procesos de innovación de manera que ahora contamos con mediciones precisas y requisitos estrictos que deben cumplir los productos nuevos en cada etapa de su desarrollo. Desde afuera parece que las empresas han llegado a dominar un proceso científico extraordinariamente preciso.

Sin embargo, para la mayoría de ellas la innovación sigue siendo exasperantemente azarosa. Y lo peor de todo es que esta actividad crea la *ilusión* de progreso sin producirlo en realidad. Las empresas están gastando mucho más dinero para conseguir sólo innovaciones con una mejora modesta, pero fracasan por completo en lograr innovaciones revolucionarias transcendentales para un crecimiento sustentable a largo plazo. Como observó Yogi Berra: "Estamos perdidos, ¡pero avanzamos según la agenda prevista!"

¿Qué resultó tan mal?

Éste es el problema fundamental: la gran cantidad de información que acumulan las empresas no se organiza de modo que pueda predecir de manera confiable cuáles ideas tendrán éxito. Por el contrario, la información consiste en algo así como "este cliente es similar a aquel otro", "este producto tiene características de funcionamiento parecidas a las de aquél" y "estas personas se comportaron de la misma forma en el pasado", o bien "68% de los clientes afirma que prefieren la versión A antes que la versión B". Pero de hecho nada de esa información explica *por qué* los clientes toman esa decisión.

Pongamos un ejemplo. Yo soy Clayton Christensen. Tengo 64 años de edad; mido 2.03 metros; calzo del número 33; mi esposa y yo hemos logrado enviar a todos nuestros hijos a la universidad; vivo a las afueras de Boston, y voy a trabajar en una camioneta compacta Honda. Tengo otras muchas características y atributos. Pero ninguna de estas características ha *ocasionado* que salga ahora a comprar el *New York Times*. Podría haber una correlación entre algunos de estos atributos y la propensión de los clientes a comprar el *Times*. Sin embargo, esas características no *causan* que yo compre ese periódico, ni ningún otro producto.

Si una compañía no comprende *por qué* yo podría decidir "contratar" su producto en determinadas circunstancias —y por qué podría elegir otra cosa en alguna otra ocasión— no es factible que su información[3] sobre mí o sobre alguna persona que se me parezca[4] pueda ayudarla a crear alguna innovación para mí. Es tentador creer que podemos encontrar patrones y referencias cruzadas importantes en nuestros conjuntos de datos, pero eso no significa que una cosa cause la otra. Como señala Nate Silver, autor de *The Signal and the Noise: Why So Many Predictions Fail, But Some Don't* (*La señal y el ruido. Por qué fallan tantas predicciones, pero algunas no*), "las ventas de helados y los incendios forestales están correlacionados porque ocurren con mayor frecuencia en las épocas estivales. Pero no hay ninguna relación de causa-efecto: no se incendia un terreno de matorrales en Montana cuando compramos un helado Häagen-Dazs".

Desde luego, no sorprende que la *correlación* no sea lo mismo que la *causalidad*. Pero aunque la mayoría de las compañías lo sabe, actúan como si en efecto no hubiera una diferencia. Se sienten *cómodas* con la correlación. Ayuda a los gerentes a conciliar el sueño por la noche.

Sin embargo, la correlación no revela lo más importante para la innovación: la causalidad que existe tras el *por qué* yo podría comprar una solución en particular. No obstante, pocos innovadores ciñen su principal reto al descubrimiento de una *causa*. En lugar de ello se concentran en cómo mejorar sus productos, en cómo volverlos más redituables o en cómo distinguirlos de la competencia.

Como una vez dijo W. Edwards Deming, el precursor del movimiento de calidad que transformó las manufacturas: "Si no sabes cómo plantear la pregunta adecuada, no descubrirás nada". Después de décadas de atestiguar cómo grandes empresas fracasan una y otra vez, he llegado a la conclusión de que realmente hay una pregunta mejor que plantear: ¿Cuál es el trabajo para el que contrataste ese producto?

Para mí, ésa es una pregunta clara. Cuando compramos un producto, en esencia "contratamos" algo para que realice un trabajo. Si concluye bien el trabajo, cuando nos enfrentemos con la misma tarea de nuevo contrataremos el mismo producto. Y si el producto realiza un trabajo espantoso, lo "despedimos" y buscamos algo más que podamos contratar para solucionar el problema.

Todos los días nos suceden cosas. En nuestra vida surgen tareas que necesitamos que se ejecuten. Algunas son pequeñas ("pasar el tiempo mientras espero en una fila"), otras son grandes ("buscar una carrera más satisfactoria"). Unas surgen en forma inesperada ("vestirme para una reunión de negocios fuera de la ciudad después de que la aerolínea extravió mi equipaje"), otras aparecen con regularidad ("preparar un almuerzo sabroso y saludable para que mi hija lo lleve a la escuela"). En ocasiones las vemos venir. Cuando nos damos cuenta de que tenemos un trabajo por cumplir, nos esforzamos por traer a nuestra vida algo que realice ese trabajo. Por ejemplo, yo podría decidir comprar el *New York Times* porque tengo el trabajo de llenar mi tiempo mientras espero la consulta con el doctor y no quiero leer las tediosas revistas de la recepción. O tal vez porque soy un aficionado al basquetbol y es la temporada de la Locura de Marzo. Sólo cuando surge en mi vida un trabajo que el *Times* puede cumplir para mí decido contratar ese periódico para que lo realice. O tal vez hago que me lo envíen a mi casa para que mis vecinos crean que estoy informado, y tampoco hay nada en el código postal ni en el ingreso familiar promedio que pueda comunicarle mi motivación al *Times*.

Esta idea central surgió durante el curso que imparto en la Escuela de Administración de Empresas de Harvard, pero la he refinado y estructurado a lo largo de las últimas dos décadas gracias a numerosas conversaciones con mis coautores, colegas de confianza, colaboradores y líderes de opinión. Ha sido validada y probada en el trabajo de algunos de los líderes empresariales e innovadores más respetados del mundo —Jeff Bezos de Amazon y Scott Cook de Intuit— así como en la reciente fundación de negocios emprendedores sumamente exitosos. Quién se habría imaginado que un servicio que hace que los viajeros paguen por hospedarse en la habitación libre de algún extraño valdría más que Marriott, Starwood o Wyndham en todo el mundo. Airbnb lo logró. Los videos que grabó Sal Khan para enseñar a su joven prima, según su descripción, eran "más baratos y de peor calidad" que muchos otros videos educativos ya subidos a internet, pero ahora permiten a millones de estudiantes de todo el mundo aprender a su propio ritmo.

Estas innovaciones no estaban destinadas a seguir las últimas tendencias ni a lanzar otro sabor nuevo para alentar las ventas. No se crearon para añadir más parafernalia a un producto ya existente para que la compañía pudiera cobrar más a los clientes. Se concibieron, se desarrollaron y se lanzaron al mercado con el entendimiento claro de cómo estos productos podrían ayudar a los consumidores a que lograran el progreso por el que estaban luchando. Cuando se tiene un trabajo por realizar y no hay una buena solución, "más barata y de peor calidad", es mejor que nada. Imagínese el potencial de algo realmente grandioso.

Sin embargo, este libro no se centra en celebrar los pasados éxitos de la innovación, sino en algo mucho más importante para *usted:* crear y predecir los nuevos éxitos. La base de nuestro pensamiento es la *teoría de los trabajos por realizar*, lo que se enfoca en comprender a profundidad la lucha por progresar de los clientes y luego crear la solución correcta y el conjunto de experiencias para garantizar que usted pueda resolver bien los *trabajos* de sus clientes, siempre. La teoría puede evocar imágenes de reflexiones en torres de marfil, pero le aseguro que es la herramienta de negocios más práctica y útil que podemos ofrecerle. La buena teoría nos ayuda a entender el cómo y el porqué. Contribuye a explicarnos cómo funciona el mundo y a predecir las consecuencias de nuestras decisiones y de nuestros actos. Consideramos que la *teoría de los trabajos*[5] puede lograr que las empresas dejen de creer que la correlación es suficiente y que adopten el mecanismo causal de la innovación exitosa.

Es posible que la innovación nunca llegue a ser una ciencia perfecta, pero ése no es el punto. Tenemos la capacidad de convertir la innovación en una máquina confiable para el desarrollo, basada en una clara comprensión de la causalidad más que simplemente en sembrar semillas con la esperanza de cosechar algún día un fruto.

La *teoría de los trabajos por realizar* es producto de percepciones y experiencias del mundo real. He solicitado a mis coautores que trabajen conmigo en este libro, en parte porque han estado aplicando la *teoría de los trabajos* en sus labores cotidianas durante años y tienen mucha experiencia al llevar la teoría al ámbito de la práctica de la innovación. Juntos hemos conformado, refinado y pulido la teoría junto con las reflexiones y las contribuciones de muchos colegas y líderes empresariales confiables, cuyos trabajos e ideas presentaremos a lo largo de esta obra.

Mi coautor Taddy Hall estuvo conmigo en mi primera clase en la Escuela de Negocios y hemos colaborado juntos en proyectos en el transcurso de los años, incluyendo la coautoría con el fundador de Intuit, Scott Cook, del artículo "Marketing Malpractice" para la revista *Harvard Business Review* (HBR) que presentó por primera vez la *teoría de los trabajos por realizar* en sus páginas. Actualmente es director del Grupo

Cambridge (parte de la Compañía Nielsen) y líder del Nielsen Break-through Innovation Project. Como tal ha trabajado de cerca con algunas de las compañías líderes en el mundo, incluidas muchas de las que se mencionan en este libro. Y lo que es más importante, ha usado la *teoría de los trabajos* en sus tareas de consultoría en innovación durante años.

Karen Dillon ha sido editora de *Harvard Business Review* y es coautora conmigo de *How Will You Measure Your Life?* En este libro puede verse reflejada su perspectiva como alta ejecutiva en empresas de medios de comunicación, en las que ha luchado durante mucho tiempo por sacar adelante la innovación. En el desarrollo de nuestra colaboración ha asumido una función como representante de usted, el lector. También es una de las aliadas más confiables para ayudar a unir el mundo de la academia con el mundo de los practicantes.

David S. Duncan es uno de los socios de alto rango de Innosight, una empresa consultora de la que fui cofundador en el año 2000. Es un teórico de vanguardia y asesor de ejecutivos de primer nivel sobre estrategia de crecimiento y progreso, a quienes ayuda a paliar los cambios perjudiciales, crear un crecimiento sostenible y transformar sus organizaciones para progresar a largo plazo. Los clientes con los que ha trabajado aseguran que han cambiado por completo la manera como piensan acerca de sus negocios y han transformado su cultura al centrarse realmente en los trabajos del cliente. (Uno de los clientes incluso le puso el nombre de Duncan a una sala de conferencias.) En la última década, el trabajo que ha realizado ayudando a desarrollar y a aplicar la *teoría de los trabajos* lo ha convertido en uno de los especialistas que la han puesto en práctica de un modo más informado e innovador.

A lo largo de esta obra hemos decidido sobre todo usar el pronombre de primera persona, "yo", simplemente para que sea más accesible para los lectores. Pero la hemos escrito como verdaderos socios y en gran parte es producto de un "nosotros" colaborador y de nuestra experiencia colectiva.

Por último, he aquí una guía rápida del libro: la sección 1 proporciona una introducción a la *teoría de los trabajos* como el mecanismo causal que impulsa una innovación exitosa; la sección 2 pasa de la teoría a la práctica y describe las dificultades de aplicar la *teoría de los trabajos* en la caótica conmoción del mundo real; la sección 3 describe las implicaciones, los retos y los beneficios para el liderazgo planteados por los *trabajos por tealizar*. Para facilitar el recorrido por cada una de estas secciones y desarrollar al máximo su valor para usted, al principio de cada capítulo hemos incluido "La gran idea" además de una breve recapitulación al final: "Recordatorios del capítulo". Al concluir los capítulos 2 a 9 hemos incluido una lista de preguntas para que los líderes las planteen a sus organizaciones con el fin de ayudar a los ejecutivos a empezar a poner en práctica estas ideas.

Preferimos *mostrar* con ejemplos más que *decir* con afirmaciones y opiniones. Como es el caso en los *trabajos por realizar*, pensamos que las historias son un mecanismo más poderoso para enseñarle a usted cómo pensar, en lugar de simplemente decirle qué pensar. A lo largo del libro iremos entretejiendo estas historias. Esperamos que en el proceso usted pueda adquirir una nueva comprensión sobre cómo mejorar su propio éxito con la innovación.

¿Para qué tarea contrató usted ese producto?

Las empresas de todo el mundo han destinado incontables recursos —incluyendo tiempo, energía y reflexiones de altos ejecutivos— al reto de la innovación. Y, por supuesto, han perfeccionado lo que hacen para lograr la eficiencia. Pero si todo este esfuerzo tiene el propósito de responder a las preguntas equivocadas, entonces se basa en cimientos muy endebles.

Como se dice que W. Edwards Deming afirmó, todo proceso está perfectamente diseñado para producir los resultados que se derivan. Si pensamos que la innovación es desordenada, imperfecta e inescrutable, construimos procesos que ponen en práctica esas ideas. Y eso es lo que han hecho muchas compañías: sin darse cuenta han diseñado procesos de innovación que han producido mediocridad en masa. Gastan tiempo y dinero compilando modelos ricos en datos que los convierten en maestros de la descripción, pero fracasos de la predicción.

No tenemos que conformarnos con eso. Hay una pregunta mejor que plantear, una que nos ayuda a comprender la causalidad que subyace en la decisión del cliente que introduce un producto nuevo en su vida.

¿Para qué tarea contrató usted ese producto? La buena noticia es que si establece sus bases en la búsqueda para comprender los *trabajos* de sus clientes, entonces su estrategia ya no tendrá que depender de la suerte. De hecho, estará *compitiendo contra la suerte* cuando otros todavía confíen en usted. Verá el mundo con nuevos ojos. Distintos competidores, distintas prioridades y, lo más importante, distintos resultados. Podrá dejar atrás la innovación basada en el azar.

Notas

[1] Barry Jaruzelski, Kevin Schwartz y Volker Staack, "Innovation's New World Order", *srategy+business* (octubre de 2015).

[2] Chris Anderson, "The End of Theory: The Data Deluge Makes the Scientific Method Obsolete", *Wired* (23 de junio de 2008).

[3] Mi hijo Spencer era realmente un buen *pitcher* en la liga menor de nuestro pueblo. Aún puedo ver sus grandes manos enrolladas alrededor de la pelota, su postura cuando un bateador rudo estaba en el plato, la forma en que se reorganizaba después de cada lanzamiento con una concentración renovada. Era imperturbable en los grandes momentos. Pero nada de eso le dirá por qué. La información no es el fenómeno. Representa el fenómeno, pero no muy bien.

[4] Durante la década de 1950 la Fuerza Aérea de Estados Unidos se dio cuenta de que los pilotos estaban teniendo problemas para controlar sus aviones. Como lo relata Todd Rose, director del programa Mente, Cerebro y Educación de la Escuela Superior de Educación de Harvard, en *The End of Average*, al principio la Fuerza Aérea supuso que el problema era consecuencia de una capacitación deficiente o de un error de los pilotos. Pero resultó que ésos no eran los problemas en absoluto. Las cabinas de mando tenían un defecto de diseño: se habían construido con base en el "piloto promedio" de la década de 1920. Como era obvio que desde entonces los estadounidenses se habían vuelto más grandes, la Fuerza Aérea decidió actualizar sus medidas del "piloto promedio". Eso implicaba medir a más de 4 000 pilotos de casi una docena de dimensiones de talla en relación con la forma en que cabrían en una cabina. Si esas cabinas se rediseñaban para acomodar al piloto promedio de la década de 1950, el problema se resolvería, como concluyó la Fuerza Aérea. Así, ¿cuántos pilotos se ajustaron de hecho a la definición de "promedio" después de este gran proyecto? Ninguno, refiere Rose. Cada uno de los pilotos tenía lo que él denominó un "perfil con picos". Algunos poseían piernas largas, mientras que otros tenían brazos largos. La estatura nunca correspondía al mismo tamaño del pecho o de la cabeza.

Cuando finalmente la Fuerza Aérea desechó las primeras suposiciones, surgió el asiento ajustable. En el mundo real no existe "el promedio". Una innovación basada en "el promedio" está condenada a fracasar. Todd Rose, *The End of Average: How We Succeed in a World That Values Sameness,* HarperCollins, Nueva York, 2015.

[5] A lo largo del libro usamos los términos *teoría de los trabajos por realizar* y *teoría de los trabajos* de manera intercambiable. Significan lo mismo.

Introducción
a la "teoría de los trabajos"

¡Estamos perdidos, pero seguimos la agenda!

YOGI BERRA

CAPÍTULO 1

El dilema de la malteada

LA GRAN IDEA

¿Por qué la innovación es tan difícil de predecir y de mantener? Porque no hemos formulado las preguntas correctas. A pesar del éxito y la perdurable utilidad de la disrupción como modelo de respuesta competitiva, no nos indica dónde buscar nuevas oportunidades. No proporciona una ruta para saber dónde o cómo una empresa debería innovar para debilitar a los líderes establecidos o crear nuevos mercados. Pero la *teoría de los trabajos por realizar* sí lo hace.

¿Por qué el éxito es tan difícil de mantener?

La pregunta me agobió durante mucho tiempo. En los primeros años de mi carrera tuve la oportunidad de trabajar de cerca con muchas compañías que estaban en problemas, primero como asesor de Boston Consulting Team, y luego como director ejecutivo de mi propia empresa, CPS, una compañía que fundé con varios profesores del Instituto Tecnológico de Massachusetts para fabricar productos con diversos materiales avanzados que ellos habían creado. Y fui testigo de primera mano de cómo muchas personas inteligentes eran incapaces de solucionar los problemas de empresas que habían sido exitosas. Al mismo tiempo, vi el ascenso de una compañía local de Boston, Digital Equipment Corporation (DEC), cuando se convirtió en una de las más admiradas del mundo. Siempre que se aventuraban explicaciones acerca de por qué esa compañía era tan exitosa, inevitablemente lo atribuían a la genialidad de su equipo

23

directivo. Entonces, hacia 1988, DEC se desbarrancó y empezó a desarmarse con gran rapidez. Y cuando se ensayaban explicaciones acerca de por qué había caído de manera tan estrepitosa, siempre se lo atribuían a la ineptitud del equipo directivo: los mismos ejecutivos que dirigían la empresa cuando había recibido elogios irrestrictos durante mucho tiempo.

Al principio yo lo planteaba así: "Vaya, ¿cómo gente tan lista pudo volverse estúpida tan rápidamente?" Y la mayoría de la gente explicaba así el cierre de DEC: de alguna manera el mismo equipo de directores que en un momento dado había tenido éxito, al siguiente estaba fuera de la jugada. Pero la hipótesis del "director estúpido" en realidad no se sostenía cuando se tomaba en cuenta que casi todas las compañías de minicomputadoras del mundo se habían derrumbado al mismo tiempo.

Así que cuando regresé a la Escuela de Negocios de Harvard (HBS, por sus siglas en inglés) para estudiar mi doctorado, abordé varios enigmas para intentar resolverlos como académico. ¿Hubo algo que no fuera una mala administración que hubiera desempeñado un papel clave en el cierre de estas grandes compañías? ¿Tuvieron éxito al principio sólo porque fueron afortunadas? ¿Los titulares quedaron desfasados, confiaron en productos anticuados y simplemente perdieron el paso cuando llegaron competidores más astutos? ¿La creación de nuevos productos exitosos y nuevos negocios fue intrínsecamente una apuesta fallida?

Pero después de sumergirme en mi investigación me di cuenta de que mis suposiciones iniciales estaban equivocadas. Lo que descubrí es que incluso los mejores directores profesionales —a pesar de hacer todo lo correcto y de seguir las mejores asesorías— podían llevar a sus empresas hasta la cima de los mercados para después caer desde lo alto de un acantilado. Casi todos los directores de la industria que estudié —fabricantes de lectores de discos— al final fueron superados por nuevos participantes con propuestas más baratas —y al principio inferiores—, lo que denominé "innovaciones disruptivas".

Ese trabajo condujo a mi teoría de la innovación disruptiva,[1] que explica el fenómeno mediante el cual una innovación transforma un mercado o sector existente introduciendo sencillez, conveniencia, accesibilidad y asequibilidad donde la complicación y los costos elevados se han convertido en el *statu quo,* lo que al final redefinirá la industria por completo.

En el fondo se trata de una teoría sobre la *respuesta competitiva a una innovación*, la cual explica y predice el comportamiento de las compañías en peligro de ser afectadas por la disrupción, proporcionando comprensión sobre los errores que cometen los líderes de turno en respuesta a lo que al principio pueden parecer amenazas minúsculas. También permite que los titulares predigan cuáles de las innovaciones que se vislumbran en el horizonte pueden constituir las mayores amenazas de disrupción. Pero en las últimas dos décadas la teoría de la disrupción se ha malinterpretado y se ha aplicado equivocadamente de manera muy extensa como para representar nada inteligente, nuevo o ambicioso.

Pero la teoría de la innovación disruptiva no nos indica dónde buscar nuevas oportunidades. No predice ni explica exactamente cómo debería innovar una empresa para debilitar a los líderes establecidos o dónde abrir nuevos mercados. No dice cómo evitar la frustración de la innovación azarosa y deja a la suerte nuestro futuro. No revela cómo crear productos y servicios que los clientes quieran comprar, ni predice cuáles productos nuevos tendrán éxito.

Pero la *teoría de los trabajos* sí lo hace.

Malteadas por la mañana

A mediados de la década de 1990 dos consultores de Detroit me preguntaron si podían visitar mi oficina en la Escuela de Negocios de Harvard, para aprender más acerca de mi teoría recién publicada sobre la innovación disruptiva. Bob Moesta y su socio de entonces, Rick Pedi, estaban desarrollando un nicho comercial asesorando a panaderías y a empresas de bocadillos sobre la manera de crear productos nuevos que previsiblemente la gente podría comprar.

Cuando comentábamos la teoría de la disrupción me di cuenta de que predecía claramente lo que las empresas establecidas en el mercado harían frente a una inminente disrupción por parte de panaderías pequeñas y compañías de bocadillos. Al respecto, la teoría proporcionaba un claro caso de causa y efecto. Pero mientras hablábamos se puso de manifiesto que la teoría de la disrupción no proporciona una guía rápida para los clientes. Esa teoría no ofrece una explicación clara y completa de lo que debería hacer una empresa ofensivamente para alcanzar el éxito: si haces *esto* en lugar de *aquello*, ganarás. De hecho, me percaté de que, aun cuando una compañía tuviera la intención de causar disrupción en un producto titular vulnerable, las posibilidades de crear *exactamente* el producto o el servicio correctos para lograrlo son, tal vez, de 25%, si acaso.

Durante muchos años me había concentrado en comprender por qué fracasan las grandes empresas, pero descubrí que en realidad nunca había pensado en el problema inverso: ¿de qué manera las compañías exitosas llegan a saber cómo progresar?

Tardé meses en encontrar una respuesta. Moesta compartió conmigo un proyecto para una cadena de comida rápida: ¿cómo vender más malteadas? La cadena había pasado meses estudiando el problema minuciosamente. Reunió clientes que se ajustaban al perfil del consumidor de malteadas prototípico y los acribilló a preguntas: "¿Podría decirnos cómo podemos mejorar nuestras malteadas para que usted compre más? ¿Quisiera que fueran más baratas?, ¿con más trozos de fruta?, ¿más chiclosas?, ¿con más chocolate?" A pesar de que los clientes explicaron lo que pensaban que les gustaría, era difícil saber con exactitud qué hacer. La cadena intentó introducir muchas mejoras en respuesta a la retroalimentación de los clientes, innovaciones dirigidas específicamente a satisfacer a la mayor cantidad de compradores potenciales de malteadas. Después de meses sucedió algo sorprendente: nada. Tras todos los esfuerzos de los comerciantes no hubo ningún cambio en las ventas de la categoría de malteadas de la cadena.

Así, pensamos abordar la pregunta de una manera completamente distinta: *Me pregunto qué tarea aparece en la vida de las personas que las hace venir a este restaurante a "contratar" una malteada.*

Me pareció que ésa era una forma interesante de pensar el problema. Esos clientes no sólo estaban comprando un producto, sino contratando la malteada para que realizara un trabajo específico en su vida. Lo que *causa* que compremos productos y servicios es lo que nos ocurre durante toda la jornada cada día. Todos tenemos tareas que necesitamos realizar, que surgen en nuestra vida cotidiana, y entonces contratamos productos y servicios para satisfacer esas tareas.

Armados con esa perspectiva, un día el equipo llegó a pasar 18 horas en un restaurante observando a las personas: ¿A qué hora compraban estas malteadas? ¿Qué ropa usaban? ¿Estaban solas? ¿Compraban otros alimentos para acompañar la malteada? ¿La consumían en el restaurante o la compraban para llevar?

Resultó que una cantidad sorprendente de malteadas se vendía antes de las 9:00 a.m. a personas que entraban solas al restaurante de comida rápida. Casi siempre la malteada era lo único que compraban. No se detenían a beberla ahí; regresaban a sus autos y se marchaban con ella. Así que les preguntamos: "Disculpe, por favor, tengo que resolver esta duda: ¿qué tarea está tratando de realizar para usted que hizo que viniera aquí a contratar esa malteada?"

Al principio a los clientes se les dificultaba responder esa pregunta hasta que investigamos qué más contrataban a veces en lugar de una malteada. Pero pronto quedó claro que todos los clientes que iban temprano por la mañana tenían un largo y aburrido viaje al trabajo en coche. Necesitaban algo para que el trayecto fuera interesante. En realidad aún no sentían hambre, pero sabían que en un par de horas el estómago comenzaría a rugirles. Resultó que había mucha competencia para realizar este trabajo, pero ninguna lo llevaba a cabo a la perfección. "En ocasiones contrato plátanos. Pero, créanme: no elijan los plátanos. Se van demasiado pronto y tendrán hambre de nuevo a media mañana", nos dijo un cliente. Las donas tenían demasiadas migajas y les dejaban los dedos pegajosos a los clientes, que quedaban con la ropa y el volante del auto hechos un desastre cuando trataban de manejar y comer al mismo tiempo. Los bagels solían estar secos e insípidos, lo cual obligaba a la gente a conducir con las rodillas mientras untaban queso y mermelada en los panecillos. Otro conductor confesó: "Una vez contraté una barra de chocolate, pero me sentí tan culpable de desayunar una golosina, que no volví a hacerlo nunca más". Pero, ¿una malteada? Era lo mejor de todo. Llevaba un buen rato terminarse una malteada con un popote tan delgado. Y era lo suficientemente sustancioso como para mantener a raya el inminente ataque de hambre de media mañana. Un cliente divulgó: "¡Esta malteada está tan espesa! Fácilmente me llevará 20 minutos tomármela usando este popote tan delgado. ¿A quién le importa qué ingredientes contiene? No lo sé. Sólo sé que me siento satisfecho toda la mañana. Y cabe muy bien en el portavasos de mi auto". Y lo decía mostrando su mano vacía. Al final, la malteada realiza el *trabajo* mejor que cualquiera de sus competidores, que, en la mente de los consumidores, no son sólo las malteadas de otras cadenas, sino los plátanos, los bagels, las donas, las barras, los batidos de fruta y el café, entre otros.

Cuando el equipo reunió todas estas respuestas y definió los distintos perfiles de estas personas, se reveló algo más: lo que los compradores de malteadas tenían en común no se relacionaba con el sector demográfico al que pertenecían: lo que compartían era un trabajo en particular que necesitaban realizar durante la mañana.

"Ayúdame a permanecer despierto y activo mientras hago que mi viaje al trabajo sea más divertido." ¡Nosotros teníamos la respuesta!

Pero no era tan sencillo.

Resulta que muchas malteadas se venden por la tarde y por la noche, fuera del contexto del trayecto al trabajo. En esos casos, los mismos clientes podrían contratar una malteada para un trabajo completamente distinto. Los padres habían tenido que negarles muchas cosas a sus hijos a lo largo de toda la semana. "Un juguete nuevo, no." "No puedes acostarte tarde." "¡No, no puedes tener un perro!" Reconocí que yo era uno de esos padres, en busca de un momento para conectar con mis hijos. Había estado buscando algo inocuo a lo que pudiera decir que "sí", para poder sentirme como un padre amable y amoroso. Así que espero en la fila con mi hijo por la tarde y pido mi orden de comida. Entonces mi hijo se detiene y me mira, como sólo un hijo puede hacerlo, y me pregunta: "Papá, ¿también puedo pedir una malteada?" Y ha llegado el momento. No estamos en casa, donde le prometo a mi mujer limitar los bocadillos no saludables en las comidas. Estamos en el lugar donde finalmente puedo decirle que "sí" a mi hijo porque es una ocasión especial. Me inclino, pongo mi mano en su hombro y le digo: "Claro, Spence, puedes pedir una malteada". En ese momento, la malteada no compite contra un plátano, o un chocolate, o una dona, como la malteada de la mañana. Compite contra ir a la juguetería o con que yo encuentre tiempo para un juego de pelota más tarde.

Pensemos en lo diferente que es ese trabajo con respecto al del viaje al trabajo, y lo distinta que es la competencia para llevar a cabo esos trabajos. Supongamos que nuestro restaurante de comida rápida le pide a un padre como yo que exprese un comentario como retro-alimentación de una encuesta y le plantea la misma pregunta que ya mencionamos: "¿Cómo podemos mejorar esta malteada para que usted compre más?" ¿Qué respondería este padre?, ¿lo mismo que diría el cliente de la mañana?

El *trabajo* de la mañana requiere una malteada más densa, porque toma más tiempo beberla durante el largo camino al trabajo. Pueden agregarse trozos de fruta, pero no para que sea más nutritiva. Ésa no es la razón por la que se contrata. Más bien los trozos de fruta o, incluso, de chocolate, ofrecerían una pequeña "sorpresa" cada vez que se dé un sorbo al popote y ayudarían a que el trayecto se mantuviera interesante. También podría pensarse en mover la máquina expendedora de atrás del mostrador hacia delante y entregar una tarjeta de banda magnética a los clientes para que en la mañana entraran corriendo, llenaran ellos mismos su vaso de malteada y salieran rápidamente.

Por la tarde soy la misma persona, pero en distintas circunstancias. Entonces el *trabajo* de aplacar a los hijos y sentir que uno es un buen padre es muy distinto. Tal vez la malteada vespertina debería servirse en medias raciones para que pudiera terminarse más pronto y que así no produjera tanta culpa para papá. Si esta empresa de comida rápida sólo se hubiera enfocado en cómo "mejorar" el producto de manera general —más espesa, más dulce, más grande—, se habría concentrado en la unidad de análisis equivocada. Tenemos que entender el *trabajo* que el cliente está intentando cumplir en una circunstancia específica. Si la compañía simplemente intentara promediar todas las respuestas de los padres y de los conductores de la mañana, elaboraría un producto único para todos que no cumpliría bien ninguna de las dos tareas.

Y en eso estriba el "ajá".

La gente contrataba las malteadas para dos tareas muy diferentes durante el día, en dos circunstancias muy distintas. Cada tarea tiene un conjunto de competidores muy discrepante: por la mañana eran bagels y barras de proteína y botellas de jugo fresco, por ejemplo; por la tarde, las malteadas compiten con una visita a la juguetería o bien con llegar pronto a casa a arrojar pelotas al aro, y por lo tanto se evaluaba como la mejor solución de acuerdo con criterios muy diferentes. Esto implica que *no* hay una solución única para la cadena de comida rápida que busca vender más malteadas. Hay dos. Y la solución diseñada en función de ambas no funciona para ninguna de las dos.

Un currículum para la margarina

Para mí, enmarcar los retos de la innovación a través de la lente de los *trabajos* que los clientes intentan cumplir constituyó un avance interesante. Me proporcionó lo que la teoría de la alteración no pudo: la comprensión de lo que causa que los clientes introduzcan ciertos productos o servicios en su vida.

La perspectiva de los *trabajos* me parecía tan coherente de manera intuitiva, que estaba ansioso por probarla con otras empresas que tuvieran dificultades con la innovación. El momento llegó de manera inesperada. Fue la margarina —lo que en la industria se conoce de manera muy poco glamorosa como "las grasas amarillas"— la que proveyó la oportunidad. Poco después de que trabajamos con el dilema de la malteada, me estaba preparando para una visita de los ejecutivos de Unilever a mi aula de la Escuela de Negocios de Harvard. Entre otros objetivos de la semana estaba el de examinar la innovación en la categoría de las margarinas, que entonces constituían un negocio multimillonario. Unilever dominaba alrededor de 70% del mercado de Estados Unidos. Cuando se tiene una participación tan grande y ya se ha creado una amplia variedad de productos tipo margarina, es difícil ver de dónde podría provenir un crecimiento. Yo me sentía optimista en cuanto a que la *teoría de los trabajos* le ofrecería a Unilever la oportunidad de recapacitar sobre su potencial de crecimiento, pero esto no ocurrió. De hecho, el dilema de Unilever me ayudó a entender por qué uno de los más importantes principios de la innovación —lo que *causa* que los clientes tomen las decisiones que toman— no parece obtener la aprobación de la mayoría de las empresas.

Así fue como ocurrió: inspirados por nuestras ideas sobre las malteadas, mi hija Ann y yo estábamos en la cocina pensando en el *trabajo* para el que podríamos contratar la margarina. En nuestro caso solíamos contratarla con el fin de que humedeciera las palomitas de maíz apenas lo suficiente para que la sal quedara adherida. Pero no lo hacía tan bien como la mantequilla, que además posee mejor sabor. Así que emprendimos el trabajo de campo y nos dirigimos al supermercado local para averiguar más acerca de por qué se compra ese sustituto de la mantequilla. De inmediato quedamos abrumados por la inmensa variedad de productos disponibles. Había alrededor de 22 marcas distintas de margarina justo al lado de su némesis: la mantequilla. Creíamos que entendíamos los beneficios básicos de la margarina: con su contenido de grasa más bajo en ese tiempo podría considerarse más saludable.[2] Y era más barata que la mantequilla. Sí, esas 22 opciones eran ligeramente diferentes entre sí, pero esas diferencias parecían enfocarse sólo en mejorar una característica —el porcentaje de grasa—, que era irrelevante para cualquier trabajo por el que contrataríamos la margarina. Mientras permanecimos ahí observando lo que la gente seleccionaba, no podíamos entender del todo por qué las personas elegían una opción en lugar de cualquier otra. No había ninguna correlación obvia entre el grupo demográfico de los compradores y sus decisiones, igual que en el caso de las malteadas.

Mirábamos a la gente elegir y nos preguntábamos: "¿Qué trabajo estamos viendo?" Mientras más tiempo pasábamos ahí más claro resultaba que la decisión no era simplemente elegir entre la margarina y la mantequilla. En tanto estuvimos en el pasillo de los alimentos refrigerados nos dimos cuenta de que ni siquiera veíamos todos los posibles competidores de la margarina. Era factible que la margarina fuera contratada para un trabajo como el siguiente: "Necesito algo que humedezca la corteza del pan para que sea más fácil de masticar". La mayoría de las margarinas y las mantequillas son tan duras que destrozan el pan y sólo queda un gran trozo de grasa en el centro, donde ya es fácil de masticar, y no se esparce bien hacia las orillas, donde necesita estar húmedo. Los competidores para ese trabajo podrían incluir la mantequilla, el queso crema, el aceite de oliva y la mayonesa, entre otros, aunque todos, en mi opinión, son esencialmente insípidos.[3] ¿O bien la margarina era contratada para un trabajo completamente diferente, como "ayúdame a no quemar mi comida cuando cocino"? Los competidores para ese trabajo incluirían el teflón y el aerosol antiadherente, productos que estaban en dos pasillos totalmente distintos, ninguno de los cuales podía verse desde la sección de alimentos refrigerados.

Cuando se considera el mercado de la margarina desde la perspectiva de sus competidores reales en la mente de los consumidores, se abren nuevas avenidas. Cuando un cliente decide comprar este producto en lugar de otro, tiene en la mente una especie de currículum de los productos competidores, el cual deja en claro quién realiza mejor el trabajo. Imaginemos, por ejemplo, escribir un currículum para cada producto competidor. La mantequilla —el producto que originalmente pensábamos que era el principal competidor de la margarina— podría ser contratada para sazonar la comida. Pero no siempre es la competidora de la margarina. También se puede escribir un currículum para el teflón, para el aceite de oliva, para la mayonesa. La gente podría contratar el mismo producto para que realice distintos trabajos en momentos diferentes de su vida, casi igual que la malteada. Unilever pudo haber tenido una importante participación en lo que los comerciantes han definido como el negocio de las grasas amarillas, pero ningún cliente entra en una tienda diciendo: "Necesito comprar algo de la categoría de las grasas amarillas". Entran con un *trabajo por realizar* específico.

Tal vez no hemos identificado correctamente todos los otros productos con los que la margarina estaba compitiendo ese día en nuestra tienda de abarrotes local, pero algo quedó claro: visto a través de los *trabajos por realizar*, el mercado de la margarina era potencialmente mucho mayor de lo que Unilever había calculado antes.

Estaba tan seguro de lo poderoso de esta idea que presentamos este razonamiento a los ejecutivos de Unilever que vinieron a la HBS por el programa de educación ejecutiva. Sugerí que, si podían identificar todos los trabajos para los que se estaba contratando la margarina, podrían pensar cómo impulsar su negocio de otra manera.

Pero la conversación no terminó bien. Tal vez no utilizamos el lenguaje adecuado en ese momento para explicar nuestras ideas, pero los ejecutivos de Unilever que estaban ahí no se conmovieron con lo que intentamos comunicarles. De hecho, solicité que hiciéramos una pausa anticipada y sugerí que cambiáramos de tema. No volvimos a tratar el asunto de los *trabajos por realizar*.

No tengo duda de que los ejecutivos con quienes nos reunimos ese día eran directivos expertos y refinados. Pero su tibia respuesta me hizo preguntarme cuántas empresas estarán funcionando con semejantes supuestos inalterables sobre la manera de pensar en la innovación que dificultan dar un paso atrás para evaluar si se están planteando las preguntas adecuadas. Los ejecutivos están desbordados de datos sobre sus productos. Conocen su participación en el mercado hasta el último detalle, cómo se están vendiendo los productos en distintos mercados, los márgenes de ganancia en cientos de artículos diferentes, entre otros. Pero toda esta información se centra en los clientes y en el producto, pero no en lo bien que el producto realiza el trabajo para los clientes. Incluso las mediciones de satisfacción del cliente, que revelan si una persona está contenta con un producto o no, suelen no dar ninguna clave acerca de cómo realizar mejor el trabajo. Sin embargo, ésa es la forma como la mayoría de las compañías rastrea y mide el éxito.

En los años en que los ejecutivos de Unilever acudieron a Harvard, el negocio de las grasas amarillas (recientemente denominadas "untables") no se ha comportado particularmente bien. Sólo tengo la perspectiva de alguien ajeno, pero, por lo que puedo vislumbrar, Unilever siguió más o menos la misma estrategia que había adoptado para la margarina en 1997: continuó diferenciando sus productos de la manera tradicional. Hacia mediados de la primera década de los 2000 la mantequilla superó a la margarina en los hogares estadounidenses, en parte debido a preocupaciones por la salud sobre las grasas saturadas de la margarina,[4] la cual todavía no se recupera. En 2013 un analista llegó a sugerir que Unilever notificó a sus untables que serían despedidos. "Nos preguntamos si está llegando el momento en que Unilever debe prescindir de esta categoría de productos persistentemente decepcionante", escribió Graham Jones, director ejecutivo de investigación de equidad para el consumidor en Panmure Gordon. Hacia finales de 2004 Unilever anunció su intención de separar su conflictiva división de untables para ayudar a estabilizar las ventas de un negocio que se había convertido en un lastre para el crecimiento general cuando la margarina cayó del gusto de los compradores. A principios de 2016 el director del grupo de la margarina de Unilever fue remplazado y de nuevo empezó a especularse sobre el futuro de la empresa en el negocio de la margarina.

En contraste, el mercado global del aceite de oliva muestra uno de los crecimientos más rápidos de la industria alimenticia. Unilever es una empresa de clase mundial que ha hecho muchas cosas bien en las últimas dos décadas. Pero no puedo más que preguntarme cómo un punto de vista distinto sobre el paisaje de la competencia podría haber modificado el camino de Unilever.

"Teoría de los trabajos" e innovación

Esa experiencia me hizo darme cuenta de que parte del problema es que no contamos con el vocabulario adecuado para hablar sobre la innovación en una forma que nos ayude a comprender lo que de hecho *causa* que tenga éxito. A los innovadores les toca mezclar, compaginar y, a menudo, aplicar conceptos inadecuados y terminología diseñada para otros propósitos. Estamos atiborrados de información, infraestructuras, categorías de clientes y mediciones de desempeño destinadas a otros propósitos, en el supuesto de que todo eso también es útil para la innovación.

Como académico, me temo que debemos reconocer parte de la culpa. En las escuelas de negocios enseñamos innumerables formas de análisis: regresión, factor de análisis, análisis de componentes principales y análisis conjunto. Hay cursos de mercadotecnia en la base de la pirámide y de mercadotecnia para organizaciones no lucrativas. Durante muchos años, un curso popular de la HBS consistía en escáneres para tomografías por emisión de positrones que mostraban cómo distintas imágenes publicitarias afectaban el flujo de sangre del cerebro. Pero no hemos proporcionado las herramientas adecuadas a nuestros estudiantes y a los gerentes de la vanguardia de la innovación, por lo cual se han visto obligados a tomar prestadas y adaptar herramientas destinadas a otros fines. Y, a pesar de todo esto, gran parte del esfuerzo de innovación al final se considera que es consecuencia de la buena suerte. ¿Cuántas veces se ha oído que un producto exitoso es descartado simplemente como el producto adecuado en el momento adecuado? Podemos hacerlo mejor.

He pasado las últimas dos décadas tratando de refinar la *teoría de los trabajos por realizar* para que efectivamente ayude a los ejecutivos a transformar la innovación. Hay un puñado de aficionados que también se han enfocado en la *teoría de los trabajos*, incluidos los socios de Innosight, una empresa de consultoría y de estrategia y crecimiento que fundé, y Bob Moesta, cuyo trabajo de consultoría ahora se concentra exclusivamente en la *teoría de los trabajos*. El principal socio de Innosight, David Duncan, y Taddy Hall, de Nielsen, dos de los coautores de este libro, han usado esta teoría casi cada día con sus clientes durante muchos años. Juntos, con la ayuda de colegas y líderes de opinión cuya perspectiva valoramos profundamente, hemos diseñado la teoría que presentamos aquí.

Reconocemos que hay otras voces en el espacio del desarrollo de la teoría y nos complace ese diálogo. Es posible que todos usemos palabras un poco diferentes o que pongamos énfasis en métodos ligeramente distintos de descubrir las soluciones adecuadas para los trabajos, pero esperamos que este libro sirva al propósito de crear un lenguaje común para la *teoría de los trabajos por realizar* de manera que podamos fortalecer y mejorar nuestra comprensión colectiva. Creemos que, en esencia, la *teoría de los trabajos* proporciona una forma eficaz de comprender el *mecanismo causal* del comportamiento de los clientes y este entendimiento es, a su vez, el motor fundamental del éxito de la innovación.

Si se consideran algunos de los más sorprendentes éxitos de innovación de los últimos años, apuesto a que todos han identificado un *trabajo por realizar* y han ofrecido un producto o servicio que ha desempeñado ese trabajo sumamente bien. Pensemos en el triunfo exponencial de Uber, que ha tenido un éxito notable a pesar de la acérrima oposición de sus competidores apoyados por el gobierno. Como veremos más adelante, lo que Uber hizo fue identificar y luego cubrir el trabajo de transporte urbano que antes no se realizaba satisfactoriamente.

Siempre es tentador recurrir a las historias de éxito en la innovación y explicar en retrospectiva las razones del éxito (aunque creo que un trabajo bien definido está en la esencia de la mayoría de las historias de éxito del pasado). Pero no pretendemos depender de esas historias *a posteriori*. Por el contrario, demostraremos cómo la teoría (que explicaremos a fondo en los siguientes capítulos) puede mejorar la innovación básicamente, al volverla predecible y repetible, mediante ejemplos del mundo real de empresas que de manera consciente usaron los *trabajos por realizar* para crear innovaciones de vanguardia. El valor de la *teoría de los trabajos* no está en explicar éxitos pasados, sino en predecir nuevos.

Quizá usted se pregunte: si la *teoría de los trabajos* es tan poderosa, ¿por qué no la usan más compañías? En primer lugar, como lo explicaremos más adelante, la definición de lo que queremos decir con *trabajo* es sumamente específica y precisa. No es un lema multiusos para referirnos a algo que un cliente quiere o necesita. No es sólo una nueva palabra de moda. Descubrir y comprender los trabajos —más que crear el producto o servicio adecuado para resolverlo— requiere esfuerzo.

La estructura de la *teoría de los trabajos* tiene muchas facetas para garantizar que usted pueda crear no sólo productos que los clientes quieran comprar, sino también productos por los que estén dispuestos a pagar precios altos, como veremos a lo largo de este libro. Identificar y comprender el *trabajo por realizar* es clave, pero sólo es el principio.

Después de descubrir y comprender el trabajo, hay que plasmar esas ideas en un borrador, como guía para desarrollar productos y servicios que serán totalmente del agrado de los clientes. Esto conlleva crear la serie adecuada de *experiencias* que acompañen al producto o servicio al cumplir con el trabajo (como lo explicaremos a fondo en el capítulo 6). Y, por último, es necesario asegurarse de que se han integrado las capacidades y los procesos internos de la compañía para resolver el trabajo de manera consistente (capítulo 7). Crear las experiencias apropiadas y después integrarlas para llevar a cabo un trabajo es esencial para lograr una ventaja competitiva. Lo anterior se debe a que mientras a la competencia puede resultarle fácil copiar productos, le es difícil copiar *experiencias* que estén *bien integradas* a los procesos de su empresa.

Sin embargo, realizar adecuadamente todo lo anterior requiere un esfuerzo holístico —desde la idea original que llevó a la identificación del trabajo, pasando por todo el proceso por el que atraviesa el producto, hasta llegar a las manos del consumidor— que implica las decisiones y la influencia prácticamente de *todos* los miembros de la compañía. Incluso los grandes innovadores que tienen perfectamente claro cuáles son los trabajos que requieren los clientes para contratar sus productos y sus servicios pueden perder el rumbo con gran facilidad. Las presiones del rendimiento del activo neto (RONA, por sus siglas en inglés), los estímulos a la eficiencia, y las decisiones cotidianas en la primera línea de los negocios, pueden tener un efecto decisivo en el éxito (o el fracaso) del suministro de una gran solución para un trabajo determinado (como lo examinaremos en el capítulo 8). Hay muchas formas de tropezar en ese camino. Pero la recompensa de resolverlo es extraordinaria.

La mayoría de los innovadores más exitosos del mundo ven los problemas de una manera muy distinta al resto de nosotros. ¿Por qué Hertz no propuso un producto similar al de renta de automóviles compartidos de Zipcar primero que nadie? Kodak estuvo muy cerca de crear un producto tipo Facebook mucho antes de que lo desarrollara Mark Zuckerberg. Los principales fabricantes de yogurt entendieron que podría haber una demanda de yogurt griego antes de que Hamdi Ulukaya, el fundador de Chobani, lanzara lo que ahora es un negocio de mil millones de dólares. AT&T introdujo un "teléfono con imágenes" en la Feria Mundial de 1964, décadas antes del iPhone de Apple. En lugar de mirar cómo es el mundo y suponer que ésa es la mejor forma de predecir el futuro, los grandes innovadores se obligan a ver más allá de las suposiciones arraigadas para preguntarse si quizá hay otro camino mejor. Y en efecto existe.

RECORDATORIOS DEL CAPÍTULO

- La disrupción, una teoría de respuesta competitiva ante una innovación, proporciona valiosas ideas para los gerentes que buscan enfrentar riesgos y oportunidades. Pero deja sin resolver la pregunta crítica sobre *cómo* podría la empresa innovar para crecer de manera sistemática. No proporciona ninguna guía sobre *dónde* buscar nuevas oportunidades, ni, específicamente, *qué* productos y servicios deberían crear para que los clientes quieran adquirirlos.
- Este libro introduce la *teoría de los trabajos por realizar* para responder estas preguntas y proporcionar una guía clara para las compañías que buscan crecer por medio de la innovación. En esencia, la *teoría de los trabajos por realizar* explica por qué los clientes incorporan ciertos productos y servicios a sus vidas: lo hacen para resolver los trabajos de suma importancia no resueltos que les surgen. Y esto, a su vez, explica por qué algunas innovaciones son exitosas y otras no.
- La *teoría de los trabajos* no sólo constituye una guía eficaz para la innovación, sino que también delimita la competencia, de manera que permite una verdadera diferenciación y una ventaja competitiva de largo plazo; provee un lenguaje común para que las empresas puedan entender

el comportamiento de los clientes, e incluso hace posible que los líderes articulen el objetivo de su compañía con mayor precisión.

Notas

[1] Clayton M. Christensen, *The Innovator's Dilemma: When New Technologies Cause Great Firms to Fai,* Harvard Business School Press, Boston, 1997.

[2] Desde entonces la abundancia de evidencias ha revelado los efectos adversos de las grasas saturadas (algo que mi hija y yo admitimos que ignorábamos en esa época). La *teoría de los trabajos* le ayuda a comprender por qué sus clientes toman las decisiones que toman, no si usted *debería* ofrecerles una solución para su trabajo. Por ejemplo, los cigarros podrían contratarse para satisfacer diversos trabajos, pero no son buenos para la salud del cliente. Desde luego, es igualmente importante tomar decisiones éticas.

[3] Tal vez "insípido" es un poco injusto. Recientemente pasé con mi familia un largo fin de semana en Bar Harbor, Maine, una de las capitales de la langosta del mundo. En cada esquina parece haber algún tipo de comercio de langosta. Como amantes de los mariscos ¡eso nos pareció un paraíso! Nos sentamos en un restaurante y descubrimos "hamburguesas de langosta" en el menú. Ahora bien, yo amo las hamburguesas y amo las langostas. Así que pensé que dos en uno era algo perfecto. Pero cuando me trajeron mi hamburguesa era simplemente una cola de langosta en un bollo, sin aderezo, sin salsa tártara y sin mantequilla. Cuando le di un mordisco descubrí algo sorprendente: ¡la propia langosta no tenía absolutamente ningún sabor! La razón por la cual suele saber tan bien es que ordenar langosta te da permiso para ahogarla en mantequilla. Lo que sabe bien es la mantequilla, no la langosta. Esta experiencia me hizo pensar: cuántos otros "sustratos" estaba comiendo ¡sin saber que por sí mismos son insípidos! Me di cuenta de que todo esto —los sustratos— son básicamente plataformas sobre las cuales se construyen sabores y texturas maravillosos. Así que, tal vez, ¡la industria está equivocada! Se podrían vender sustratos, pero luego, además, vender las existencias del "aumento".

[4] Actualmente, la Asociación Americana del Corazón recomienda comprar untables suaves libres de grasas saturadas en lugar de mantequilla o margarina en barra.

CAPÍTULO 2

Progreso, no productos

2

LA GRAN IDEA

Mientras más creemos que sabemos, más frustración nos provoca seguir equivocándonos con las innovaciones. Pero usted no tiene que dejar su destino a la buena suerte. Las innovaciones exitosas no provienen de comprender las características de sus clientes, crear nuevos adornos vistosos para sus productos, seguir tendencias de moda o imitar a sus competidores. Para elevar la innovación y pasar de guiarse por la prueba y el error a volverla predecible, usted tiene que comprender el mecanismo causal subyacente: el progreso que un consumidor intenta lograr en circunstancias particulares. Bienvenido a la *teoría de los trabajos por realizar*.

Cuando oímos el nombre de Luis Pasteur, la mayoría de nosotros recordamos que el químico francés tuvo algo que ver con hacer que la leche fuera más segura para el consumo. En lo que quizá fue el mejor símbolo de su impacto en el mundo, su nombre dio origen a un verbo: "pasteurizar". Pero Pasteur es responsable de mucho más.

Para comprender las aportaciones revolucionarias de Pasteur consideremos las ideas populares de entonces para explicar por qué la gente se enfermaba. Durante casi dos siglos la profesión médica creyó que cuatro distintos fluidos corporales —la sangre, la flema, la bilis amarilla y la bilis negra— dominaban la salud y el estado de ánimo de las personas. Cuando estaban en armonía, todo estaba bien en el mundo. Cuando estaban fuera de sincronía la gente caía enferma o se tornaba "de mal humor".

La teoría se conocía como *humorismo*. Los doctores nunca estaban seguros de lo que ocasionaba este desequilibrio entre estos humores. Había quienes lo atribuían a las estaciones, a la dieta, e, incluso, a los malos espíritus. Así que experimentaban con prueba y error para restablecer la necesaria armonía entre los fluidos, a menudo con métodos aparentemente bárbaros como la sangría, que en esa época se creía que curaba cientos de enfermedades. En ocasiones las personas sanaban. Pero la mayoría de las veces empeoraban. Y los doctores nunca estaban seguros por qué.

Hacia el siglo XIX la gente empezó a culpar de las enfermedades a los "miasmas", o "malos aires", que flotaban peligrosamente por el aire. Por muy descabellada que suene ahora, la *teoría de los miasmas* de hecho constituía un avance con respecto al *humorismo*, porque generó reformas sanitarias que tenían el propósito de eliminar agentes patógenos reales: las bacterias. Por ejemplo, en 1854, cuando el cólera se apoderó de Londres, la explicación de los miasmas propició que se limpiara el aire drenando exhaustivamente las cloacas con financiamiento estatal. Un médico de aquella época, John Snow, fue capaz de aislar el patrón de los casos de cólera nuevo y concluir que éstos se correlacionaban con la cercanía a una bomba de agua en la calle Broad. Concluyó que la enfermedad estaba relacionada con esa bomba y que, por lo tanto, el cólera no se transmitía mediante el miasma, sino quizá por agua contaminada. El trabajo de Snow salvó innumerables vidas, por lo cual ha sido reconocido como uno de los médicos más importantes de la historia.

Sin embargo, aunque constituyó un adelanto, el análisis de Snow seguía sin llegar a la *causa de fondo* de lo que realmente estaba enfermando a la gente.

Entonces apareció Luis Pasteur, quien, a mediados del siglo XIX, dirigió los experimentos críticos que establecieron que las bacterias —o, simplemente, los gérmenes— eran la causa de muchas enfermedades comunes. La amplia aceptación del trabajo de Pasteur condujo de inmediato a desarrollar los primeros antibióticos y las primeras vacunas, así como una técnica para hacer que los productos lácteos fueran seguros para su consumo.

¿Por qué Pasteur tuvo tanto éxito después de años de investigación en busca de explicaciones para los misterios de las enfermedades humanas? Digámoslo sencillamente: porque el trabajo de Pasteur ayudó a desarrollar *una teoría* —la teoría de los gérmenes— que describía los mecanismos causales reales de la transmisión de enfermedades. Antes de Pasteur había suposiciones crudas que no podían probarse, o bien declaraciones de una amplia correlación sin ningún mecanismo causal subyacente. La obra de Pasteur demostró que los gérmenes se transmitían por medio de un proceso: microorganismos muy pequeños para poder identificarlos a simple vista, que viven en el aire, en el agua, en los objetos o en la piel. Pueden invadir a huéspedes (en este caso los seres humanos) y crecer y reproducirse en su seno. Identificar el proceso mediante el cual se enfermaba la gente permitió que se desarrollaran formas de prevenir su difusión, para interrumpir ese proceso, sobre todo, por medio de medidas de higiene personal y social. Todos debemos a Pasteur una deuda de inmensa gratitud, pero su contribución fue mucho mayor que incluso los monumentales descendientes directos de su trabajo, como la pasteurización y la medicina, desde un arte a una ciencia, que han salvado millones de vidas en el camino.

Cambiar nuestra comprensión de suposiciones ilustradas por la correlación de un mecanismo causal subyacente es algo profundo. Descubrir un verdadero mecanismo causal cambia todo acerca de la forma en que resolvemos los problemas y, tal vez, lo más importante, la manera de prevenirlos. Tomemos, por ejemplo, un escenario más moderno: la fabricación de automóviles.

¿Cuándo fue la última vez que usted subió a su auto y se sintió preocupado de que no encendiera? La buena noticia es que probablemente ha pasado más tiempo del que recuerda desde que esa idea le cruzó por la mente. Pero seguramente no fue antes de 1980.

Ciertamente, no había muchos autos decentes saliendo de Detroit, pero también había una cantidad preocupante de automóviles defectuosos, que nunca parecieron funcionar bien. Tan pronto como un técnico reparaba o remplazaba alguna pieza que había fallado en uno de estos autos defectuosos, aparecía otro igual, y luego otro. Surgían múltiples fallas del sistema que conspiraban para que una reparación completa resultara imposible. Era una situación frustrante tanto para los fabricantes como para los compradores.

En cierta forma no es sorprendente que esos autos defectuosos fueran comunes. Cualquier automóvil contiene cerca de 30 000 partes en total. Muchas son prefabricadas, como el arranque del motor o los asientos. Aun así, una línea de producción típica recibe alrededor de 2 000 piezas únicas de varios cientos de proveedores distintos, que provienen hasta de 17 países diferentes. La complejidad de reunir tantas piezas de orígenes tan diversos para convertirlas en un auto que funcione es un milagro en sí mismo. En efecto, durante muchos años la causa de los autos de calidad deficiente era que la manufactura conlleva un carácter aleatorio inherente. No es posible que todo salga bien siempre. Actualmente, las empresas conciben la innovación de manera muy similar.

Los fabricantes siguieron adelante, tratando de resolver el problema lo mejor que podían. Aumentaron sus existencias, así como los inspectores y las estaciones de soldaduras para enfrentar todas las vicisitudes que constantemente generaba la línea de ensamblaje. Pero, por desgracia, con estos arreglos los costos y la complejidad crecieron. Los procesos que crearon simplemente mitigaron los problemas, pero no estaban más cerca de llegar a la causa fundamental de los autos defectuosos. Por el contrario, sin darse cuenta los fabricantes estadounidenses habían diseñado un proceso que era *sumamente efectivo* para producir automóviles costosos, inconsistentes y nada confiables.

Sin embargo, es sorprendente que ya no es así. Los fabricantes de automóviles japoneses, inspirados por el trabajo de W. Edwards Deming y Joseph M. Juran, mejoraron de manera contundente la calidad de sus automóviles en las décadas de 1970 y 1980.

La respuesta se halló en la teoría. Los nipones experimentaban sin cesar para conocer la *causa* de los defectos de fábrica. Pensaban que si tan sólo pudieran identificar la causa esencial de cada problema serían capaces de diseñar un proceso para evitar que el error se repitiera. De esta forma, los errores de fábrica casi nunca se repetían, la calidad mejoraba sin cesar y los costos se reducían vertiginosamente. En resumen, lo que probaron los japoneses fue que, a pesar de la complejidad inherente, es posible producir automóviles de calidad de manera confiable y eficiente, si uno se concentra en mejorar el *proceso* de fabricación. Los fabricantes japoneses no podían darse el lujo de intentar corregir los autos defectuosos después de que éstos salían de la línea de ensamblaje. Si querían producir automóviles que cualquier consumidor nipón promedio pudiera comprar, Toyota y otras marcas tendrían que desarrollar un proceso muy distinto del método convencional: debían diseñar de manera que los defectos quedaran *fuera* del proceso.

Cuando los japoneses encontraban un defecto, lo trataban como un científico trataría una anomalía: como una oportunidad para comprender sus causas; en este caso, para mejorar el proceso de fabricación. Al final resultaba que los defectos tenían causas muy específicas y, una vez identificadas y comprendidas, podrían corregirse, y el proceso, modificarse o eliminarse.

Toyota desarrolló procesos que garantizaban que cada defecto se identificara y se reparara tan pronto como surgiera. Mientras identifica las "anomalías" del proceso de manufactura, cada uno de los defectos es considerado una oportunidad para mejorar el proceso. En efecto, hay un conjunto de reglas que aseguran que esto suceda. Por ejemplo, un empleado nunca debe añadir valor a una parte antes de que esté lista para usarse en la siguiente etapa para añadir valor. Debe hacerse del mismo modo cada vez. De esa manera los directivos saben con certeza que el paso de adición de valor funcionó cuando el siguiente paso está en curso. Así se crea un ambiente de experimentación científica continua. Cada vez que se realiza de la misma manera, constituye una prueba de que, al hacerlo así, siguiendo esas especificaciones, siempre resultará perfecto.

Para Toyota, la teoría estaba incorporada en la serie de procesos que desarrolló para generar una producción libre de defectos. Cada actividad puede verse como un enunciado individual del tipo "si... entonces...": "Si hacemos *esto*, entonces resultará *aquello*". Con esta teoría de la manufactura surgió el movimiento de calidad. Como consecuencia, los estadounidenses aprovecharon lo que habían aprendido de sus competidores japoneses y ahora la industria de Estados Unidos fabrica autos muy confiables.

En un sentido muy real, la innovación existe en un estado de "revolución anterior a la calidad".[1] Los gerentes aceptan los defectos, los tropiezos y los fracasos como parte inevitable del proceso de innovación. Se han acostumbrado tanto a poner *curitas* en sus inconsistentes éxitos en la innovación que casi nunca reflexionan seriamente sobre las causas que los generan.

Cómo pensar, no qué pensar

Como académico, me han pedido cientos de veces mi opinión sobre retos de negocios específicos en industrias o en empresas de las que no tengo un conocimiento especial. Puedo proporcionar ideas porque dispongo de una caja de herramientas llena de teorías que no me enseñan *qué* pensar sino más bien *cómo* pensar. Las buenas teorías son la mejor forma que conozco para delimitar los problemas de manera que podamos formular las preguntas apropiadas para obtener las respuestas más útiles. Adoptar la teoría no significa enredarnos en minucias académicas sino, por el contrario, concentrarnos en la pregunta extremadamente practica sobre *qué causa qué.*

La teoría tiene voz, pero no agenda. Una teoría no cambia de opinión; no se aplica a unas compañías y a unas personas y a otras no. Las teorías no se equivocan ni aciertan. Proporcionan predicciones precisas dadas las circunstancias en que nos encontremos.

En mi curso de maestría en administración de empresas "Construir y mantener una empresa exitosa" estudiamos teorías relativas a las diversas dimensiones del trabajo de los gerentes generales. Cuando los alumnos comprenden estas teorías, las usamos —como unos lentes— para examinar un caso sobre una compañía. Dialogamos sobre lo que cada una de las teorías puede decirnos sobre por qué surgieron problemas y oportunidades para la compañía. Entonces usamos las teorías para predecir qué problemas y qué oportunidades es probable que ocurran en el futuro en esa empresa y para pronosticar qué medidas necesitarán tomar los gerentes para enfrentarlos. Creo que una buena teoría es esencial para una práctica gerencial efectiva y la herramienta más eficaz que puedo ofrecer a mis alumnos.

Con el transcurso de los años he llegado a la conclusión de que la buena teoría es lo que falta en los debates sobre cómo las empresas pueden crear innovaciones exitosas. ¿La innovación en verdad es algo impredecible? ¿O más bien es difícil porque no sabemos lo que causa que tenga éxito? He visto a muchos gerentes listos y capaces debatirse con este tipo de retos de innovación y de preguntas molestas, pero casi nunca se plantean lo fundamental: ¿Qué causa que un cliente adquiera y use un producto o servicio en particular?

Nosotros creemos que la *teoría de los trabajos* al fin proporciona una respuesta a esa pregunta.

Definir el trabajo

Hay una idea simple, pero efectiva, en el fondo de nuestra teoría: los clientes no compran productos o servicios: los llevan a su vida para progresar. A este progreso lo denominamos el "trabajo" que están tratando de que se realice, y, siguiendo nuestra metáfora, decimos que los clientes "contratan" productos o servicios para realizar estos trabajos. Cuando se entiende el concepto, la idea de descubrir los trabajos de los clientes intuitivamente adquiere sentido. Pero, como lo hemos sugerido, nuestra definición de un *trabajo por realizar* es precisa y debemos dar un paso atrás y descifrar los elementos para desarrollar una teoría de los trabajos completa.

PROGRESO

Definimos un "trabajo" como el *progreso que una persona está intentando lograr en una circunstancia particular*. Esta definición de un trabajo no es simplemente una forma de categorizar a los clientes o a sus problemas. Es la clave para comprender *por qué* toman las decisiones que toman. La elección de la palabra "progreso" es deliberada. Representa un *movimiento* hacia una meta o una aspiración. Un trabajo siempre es un proceso para progresar; raramente es un evento único. Un trabajo no necesariamente es sólo un "problema" que surge, aunque una forma que puede adoptar el progreso es la resolución de un problema específico y el esfuerzo que conlleva.

CIRCUNSTANCIA

En segundo lugar, la idea de una "circunstancia" es intrínseca a la definición de un trabajo. Un trabajo sólo puede definirse —y así crearse una solución exitosa— en relación con el *contexto específico* en el que surge. Hay docenas de preguntas que es importante responder al definir la circunstancia de un trabajo: "¿Dónde estás?" "¿Cuándo es?" "¿Con quién estás?" "¿Haciendo qué?" "¿Qué estabas haciendo hace media hora?" "¿Qué vas a hacer después?" "¿Qué presiones sociales, culturales o políticas ejercen influencia?", y así, sucesivamente. Nuestra noción de una circunstancia puede ampliarse a otros factores contextuales, como la etapa de la vida (*"¿terminando una carrera universitaria?", "¿estancado en una crisis de la mediana edad?", "¿cerca del retiro?"*), la situación familiar (*"¿casado, soltero, divorciado?", "¿con un recién nacido o hijos pequeños en casa, padres adultos a quienes cuidar?"*) o la situación financiera (*"¿hundido en deudas?", "valor neto muy elevado"*), sólo por mencionar algunas. La circunstancia es fundamental para definir el trabajo (y encontrar una solución para éste), porque la naturaleza del progreso deseado siempre estará sumamente influida por la circunstancia.

El énfasis en la *circunstancia* no es un asunto de semántica sencillo ni sutil; es esencial para el *trabajo por realizar*. Según nuestra experiencia, los gerentes no suelen tomar en cuenta esto. Más bien, en general siguen alguno de los cuatro principios básicos de organización en su búsqueda de innovación, o bien una mezcla de varios:

- Atributos del producto
- Características del cliente
- Tendencias
- Respuesta competitiva

El punto no es que alguna de estas categorías esté mal o equivocada; además, simplemente son una muestra de las más comunes. Pero son insuficientes y, por lo tanto, no predicen el comportamiento de los clientes.

COMPLEJIDAD FUNCIONAL, SOCIAL Y EMOCIONAL

Por último, el trabajo posee una complejidad inherente, pues no sólo tiene dimensiones funcionales sino también dimensiones *sociales* y *emocionales*. En muchas innovaciones, a menudo el foco se centra completamente en la necesidad funcional o práctica. Pero, en realidad, las necesidades sociales y emocionales pueden superar con mucho los deseos funcionales. Pensemos en cómo contrataría usted una guardería. Sí, las dimensiones funcionales de ese trabajo son importantes: ¿la solución cuidará a sus hijos con seguridad en una ubicación y de una forma que funcionen bien en su vida?; pero las dimensiones sociales y emocionales probablemente pesarán más en su elección: *"¿A quién confiaré el cuidado de mis hijos?"*

¿Qué es un trabajo?

En resumen, los elementos claves de nuestra definición son los siguientes:

- Un trabajo es el progreso que busca un individuo en una circunstancia dada.
- Las innovaciones exitosas permiten al cliente alcanzar el progreso deseado, resolver problemas y cumplir aspiraciones. Realizan trabajos que antes sólo habían tenido soluciones inadecuadas o inexistentes.
- Los trabajos nunca son simplemente una cuestión de dimensión funcional, sino también poseen dimensiones sociales y emocionales que incluso pueden ser más potentes que las funcionales.
- Debido a que los trabajos ocurren en el flujo de la vida cotidiana, la *circunstancia* es esencial para su definición y se convierte en la unidad fundamental del trabajo de innovación, no las características del cliente, los atributos del producto, la nueva tecnología ni las tendencias.
- Los *trabajos por realizar* son constantes y recurrentes. Rara vez son "eventos" únicos.

¿Qué no es un trabajo?

Un trabajo bien definido proporciona una especie de anteproyecto de innovación. Esto es muy diferente del concepto mercadotécnico tradicional de "necesidades", porque implica un grado mucho más alto de especificidad sobre lo que se está resolviendo. Las necesidades siempre están presentes, lo que las hace inevitablemente más genéricas. *"Necesito comer"* es una afirmación que casi siempre es verdadera. *"Necesito sentirme saludable." "Necesito ahorrar para mi retiro."* Estas necesidades son importantes para los consumidores, pero su generalidad sólo proporciona una dirección muy vaga para los innovadores en cuanto a la forma de satisfacerlas. Las necesidades son similares a las tendencias: útiles direccionalmente, pero por completo insuficientes para definir con exactitud lo que ocasionará que un cliente elija un producto o servicio determinado en lugar de otro. La simple necesidad de comer no va a causar que escoja una solución en lugar de otra cualquiera, o incluso que traiga a mi vida alguna solución, pues podría saltarme una comida. Y las necesidades por sí mismas no explican todos los comportamientos: podría comer cuando no tenga hambre debido a numerosas razones.

Los trabajos toman en cuenta un escenario mucho más complejo. Las *circunstancias* en las que necesito comer, y el otro conjunto de necesidades que podrían ser críticas para mí en ese momento, pueden variar significativamente. Recordemos nuestro ejemplo de la malteada. Puedo optar por contratar una malteada para realizar un trabajo que ha surgido en mi propia vida. Lo que ocasionará que elija una malteada es el conjunto de necesidades que estén en juego *en esas circunstancias particulares.* Ese conjunto incluye no sólo necesidades meramente funcionales o prácticas *("Tengo hambre y necesito algo para desayunar"),* sino también sociales y emocionales *("Estoy solo durante un traslado al trabajo largo y aburrido, y quiero distraerme, pero me sentiría avergonzado si alguno de mis colegas me viera con una malteada en la mano tan temprano en la mañana").* En esas circunstancias, algunas de mis necesidades tienen una prioridad mayor que otras. Por ejemplo, podría elegir entrar a un restaurante de la cadena de comida rápida, donde sirvan en el automóvil (y así nadie podría verme) en mi camino al trabajo. Pero en otras circunstancias —por ejemplo cuando estoy con mi hijo a la hora de la comida y quiero sentirme como un buen padre— la importancia relativa de cada una de mis necesidades puede provocar que contrate la malteada por un conjunto de razones totalmente distintas. O bien recurrir a otra solución diferente para mi trabajo.

Se han desarrollado muchas innovaciones extraordinarias inconscientemente sólo para satisfacer una "necesidad" muy general. Tomemos como ejemplo el Segway, un vehículo eléctrico de dos ruedas que se equilibra por sí mismo, inventado por Dean Kamen. A pesar del frenesí que causó el lanzamiento del invento "altamente confidencial" de Kamen, que se suponía iba a cambiar el transporte para siempre, el Segway fue, desde cualquier punto de vista, un fiasco. Se había concebido de acuerdo con la necesidad de un transporte personal más eficiente. Pero ¿la necesidad de quién? ¿Cuándo? ¿Por qué? ¿En qué circunstancias? ¿Qué otra cosa importa en el momento en que alguien pudiera estar intentando llegar a un lugar de manera más eficiente? El Segway fue un invento genial, pero no resolvía el *trabajo por realizar* que compartían muchas personas. De vez en cuando veo estos vehículos en puntos turísticos de Boston o en centros comerciales de la localidad, pero, sobre todo, en comparación con el despliegue publicitario previo al lanzamiento, muy pocas personas se sintieron impulsadas a llevar un Segway a su vida.

En el otro espectro de las necesidades se encuentran los que yo denomino los principios rectores de mi vida: temas generales que siempre están presentes, igual que las necesidades. Quiero ser un buen esposo, quiero ser un miembro respetado de mi comunidad religiosa, quiero inspirar a mis alumnos, y otros. Éstos son principios rectores fundamentales para las decisiones que tomo en mi vida, pero no son mis trabajos por realizar. Ayudarme a sentirme un buen padre no es un *trabajo por realizar*. Es importante para mí, pero no me impulsa a llevar a mi vida un producto en lugar de otro. El concepto es muy abstracto. Una compañía no podría crear un producto o un servicio para hacerme sentir un buen padre sin conocer las circunstancias particulares en las que estoy intentando lograr ese propósito. Los trabajos para los que *estoy* contratando son los que me ayudan a superar los obstáculos que interfieren en mi progreso en el camino por resolver los temas de mi vida, en circunstancias específicas. Todo el conjunto de *trabajos por realizar* a lo largo de mi vida puede agruparse, colectivamente, en los principales temas de mi vida, pero no son lo mismo.

¿Ve usted el trabajo?

Debido a la complejidad inherente de los trabajos, las percepciones obtenidas de observar a los clientes en sus momentos de lucha no pueden segmentarse con facilidad en fracciones de información que puedan vaciarse en hojas de cálculo para su análisis. En la práctica, ver un trabajo con claridad y caracterizarlo a fondo puede ser problemático. Las ideas del trabajo son frágiles; son más historias que estadísticas. Cuando desarmamos los episodios coherentes de los clientes en fragmentos binarios, como "hombre/mujer", "empresa grande/pequeña empresa", "cliente nuevo/cliente antiguo", destruimos el significado en el proceso. A la *teoría de los trabajos* no le interesa si un cliente tiene entre 40 y 45 años de edad o qué sabores escogió ese día. La *teoría de los trabajos* no se enfoca principalmente en "quién" hizo algo o "qué" hizo, sino en "por qué" lo hizo. Comprender los trabajos se trata de *agrupar* las percepciones en una imagen coherente, más que segmentarlas en rebanadas cada vez más delgadas.

Cuando comparto la *teoría de los trabajos* con la gente, con frecuencia les parece intuitiva y reveladora. Simplemente le encuentran sentido. Pueden pensar con facilidad en trabajos de su propia vida y en sus intentos mal encaminados para cumplirlos. Pero también sé que comprender la teoría lo bastante bien para ponerla en práctica puede requerir algo de esfuerzo. Va más allá de las costumbres arraigadas en las que se han concentrado tantos gerentes durante muchos años.

Un experimento mental que hemos encontrado útil para comprender realmente un trabajo es imaginar que se está filmando un pequeño documental sobre una persona que lucha por progresar en una circunstancia específica.

El video debe captar los elementos esenciales:

1. ¿Qué progreso está tratando de lograr la persona? ¿Cuáles son las dimensiones funcionales, sociales y emocionales del progreso deseado?

   Por ejemplo, un trabajo que ocurre en la vida de muchas personas: *"Quiero tener una sonrisa que cause una primera impresión excelente en mi trabajo y en mi vida personal",* o bien un problema con el que se identificarían muchos gerentes: *"Quiero que el personal de ventas que dirijo esté mejor equipado para tener éxito en su trabajo de manera que la tasa de cancelaciones disminuya".*

2. ¿Cuáles son las circunstancias del problema? ¿Quién, cuándo, dónde, haciendo qué?

"Acudo al dentista dos veces al año y hago todo lo necesario para mantener mis dientes limpios, pero nunca me parecen lo bastante blancos" o *"Es como si cada semana alguno de mis empleados avisara que se marcha porque esta agotado y yo paso la mitad de mi tiempo reclutando y capacitando gente nueva".*

3. ¿Qué obstáculos están estorbando a la persona que busca ese progreso?

Por ejemplo: *"He probado un par de pastas de dientes blanqueadoras y no funcionan, sólo son una estafa",* o bien *"He intentado todo lo imaginable para motivar a mi personal de ventas: programas de bonos, días fuera de las instalaciones para estrechar lazos, les he comprado diversas herramientas de capacitación y siguen sin poder decirme que está fallando".*

4. ¿Los consumidores se las están arreglando con soluciones imperfectas mediante alguna especie de comportamiento compensatorio? ¿Están comprando y usando un producto que cumple con el trabajo de manera imperfecta? ¿Están improvisando una solución alternativa con múltiples productos? ¿Acaso todo eso está sirviendo para algo?

Por ejemplo: *"He comprado uno de esos costosos estuches para blanquear los dientes en casa, pero hay que usar una guarda bucal horrenda durante toda la noche y parece quemarme los dientes..."* o *"Tengo que dedicarme a realizar llamadas de ventas yo mismo, ¡y no tengo tiempo para eso!".*

5. ¿Cómo definirían lo que la "calidad" significa para una mejor solución y qué están dispuestos a dar a cambio?

Por ejemplo: *"Quiero un blanqueamiento dental profesional, sin los costos y los inconvenientes que conlleva"* o *"Hay cientos de 'productos' y servicios que puedo adquirir, pero ninguno de ellos me ayuda a realizar el trabajo".*

Estos detalles no son arbitrarios —conllevan mucho contexto y mucho significado— y responder estas preguntas nos permite definir la complejidad del trabajo. En este sentido, la *teoría de los trabajos* es una herramienta integradora. Cuando se identifica un esfuerzo por progresar se pueden empezar a inferir las dimensiones sociales y emocionales, no sólo en el aspecto práctico sino también crítico, que no se han visto ni reconocido en el *trabajo por realizar*. Por ejemplo, cuando me encuentro en la cadena de comida rápida con mi hijo por la tarde. Es un video completamente distinto al que me presenta entrando en un restaurante para comprar una malteada por la mañana.

Consideremos algunas historias de éxito empresarial recientes a través de la lente de un *trabajo por realizar*. Tomemos Airbnb, por ejemplo. Esta empresa podría reducirse a su función de proporcionar a los viajeros un lugar para hospedarse. En ese ámbito, compite con los hoteles. Y, de acuerdo con los estándares tradicionales de calidad de la industria hotelera, Airbnb es una opción muy inferior. ¿Quién pagaría por dormir en un colchón inflable en el piso del departamento de un extraño, o por dormir en la cama extra de un desconocido, en lugar de hospedarse en la privacidad de su propia habitación de hotel?

Pues resulta que mucha gente lo haría.

La gente no contrataba Airbnb sólo porque sea un lugar para hospedarse. Lo hacía porque tener un lugar donde quedarse le permite estar en un sitio en el que puede participar en algo de lo que quiere formar parte y porque ofrece una experiencia local más auténtica que una cadena hotelera con una fórmula única válida para todos.

Inicialmente Airbnb identificó un *trabajo por realizar* en la vida de su cofundador Brian Chesky. Como recién graduado universitario en San Francisco, Chesky apenas podía pagar la renta y no podía reunir la cuota para asistir a una conferencia local sobre diseño. Cuando se dio cuenta de que todos los hoteles del área estaban ocupados —y de que debía haber otros aspirantes a diseñadores con el mismo problema— se le ocurrió la idea de "rentar" tres colchones inflables en su departamento para ayudarse a financiar su asistencia a la conferencia. Podía imaginarse a sí mismo rentando un colchón inflable si se encontrara en las mismas circunstancias en otra ciudad. Tal vez querría participar en algo desesperadamente, pero no querría sentirse como un turista ni endeudarse con la tarjeta de crédito para conseguirlo.

Sólo porque Airbnb no salió bien calificado en la comparación con otros hoteles o moteles, de acuerdo con los estándares tradicionales, no significa que no hubiera un esfuerzo por progresar muy real para el que fuera una mejor opción. Las circunstancias en las que los consumidores contratarían a Airbnb son muy distintas de aquellas en las que contratarían un hotel.[2] Airbnb no está compitiendo sólo con los hoteles sino con la opción de hospedarse con amigos. O con no realizar el viaje.

En apariencia, era una historia de éxito improbable: "Al principio la gente decía: 'Estás loco si inicias esta compañía. Nadie va a usarla. Sólo los dementes rentarían una habitación en el departamento de alguien'", recuerda Reid Hoffman, fundador de LinkedIn e inversionista de Airbnb. "Pero en ocasiones —comenta Hoffman ahora— es un trabajo que actualmente no se puede ver."

A lo largo de este libro nos referiremos a los trabajos en términos sencillos y abreviados, para facilitar la referencia, pero es importante destacar que un trabajo bien definido es multifacético y complejo. Y de hecho eso es algo bueno. ¿Por qué? Porque significa que satisfacer el trabajo de alguien requiere no sólo crear un producto sino diseñar y presentar todo un conjunto de experiencias que manejen las múltiples dimensiones del trabajo y luego integrar esas experiencias en los procesos de la compañía (como lo examinaremos a profundidad más adelante). Cuando eso se ha hecho bien, es casi imposible que los competidores copien.

Modificar el paisaje de la competencia

Es importante señalar que no "creamos" los trabajos: los descubrimos. Los trabajos en sí mismos son duraderos y persistentes, pero la forma en que los resolvemos puede cambiar radicalmente con el tiempo. Pensemos en el trabajo de compartir información a grandes distancias. El trabajo subyacente no ha cambiado, pero sí nuestras soluciones para él. Desde el Pony Express hasta el telégrafo o el correo electrónico y otros. Por ejemplo, durante siglos los adolescentes han tenido el trabajo de comunicarse entre sí sin la intervención entrometida de sus padres. Hace años se pasaban notas en los pasillos de la escuela o jalaban el cordón del teléfono hasta el extremo más alejado de la habitación. Pero en los últimos años los jóvenes han empezado a contratar Snapchat, una aplicación de los teléfonos inteligentes que permite enviar mensajes que luego desaparecen casi instantáneamente, y muchas más funciones que ni siquiera podían haberse imaginado hace unas décadas. Los creadores de Snapchat entendieron el trabajo lo suficientemente bien como para crear una solución superior. Pero eso no significa que Snapchat no sea vulnerable a que lleguen otros competidores con una mejor comprensión del complejo conjunto de necesidades sociales, emocionales y funcionales de los adolescentes *en circunstancias particulares.* Nuestro entendimiento del *trabajo por realizar* siempre puede mejorar. Adoptar nuevas tecnologías puede optimizar la manera en que resolvemos los *trabajos por realizar.* Pero lo más importante es enfocarse en comprender el trabajo subyacente y no enamorarse con la solución que se ha encontrado.

Para los innovadores, comprender el trabajo es vislumbrar lo que a los consumidores les interesa más en su intento por progresar. La *teoría de los trabajos* permite a los innovadores llevar a cabo las numerosas concesiones en términos de cuáles beneficios son esenciales y cuáles son ajenos a un nuevo producto. Comprender los criterios de contratación *de cada circunstancia específica* desencadena toda una serie de percepciones importantes, sobre todo porque el ámbito de la competencia puede ser completamente distinto de lo que pudo haberse imaginado.

He aquí un ejemplo para ilustrar este punto. Cuando un fumador enciende un cigarro, simplemente está buscando la nicotina que ansía su cuerpo. Ésa es la dimensión funcional. Pero eso no es todo lo que está sucediendo. Está contratando cigarros por el beneficio emocional de tranquilizarse y relajarse. Y si labora en un edificio de oficinas común, se ve obligado a salir a un área designada para fumar. Pero esa decisión también es social, pues puede tomarse un descanso en el trabajo y encontrarse con sus amigos. Desde esta perspectiva, la gente contrata Facebook por razones muy similares. Ingresa a esa red social a mitad de la jornada de trabajo para tomarse un descanso, relajarse durante unos minutos y pensar en otras cosas, conversando junto a un enfriador de agua virtual con amigos remotos. De alguna manera Facebook compite con los cigarros para ser contratado por el mismo *trabajo por realizar.* Lo que elija el fumador dependerá de las circunstancias de su lucha en ese momento particular.

A los gerentes y a los analistas de la industria les gusta mantener una configuración sencilla de la competencia; digamos, poner a las empresas, a las industrias y a los productos en los mismos cajones. Coca-Cola *versus* Pepsi, Sony PlayStation *versus* Xbox. Mantequilla *versus* margarina. Este punto de vista convencional del paisaje competitivo limita en extremo qué innovaciones son relevantes y posibles, pues pone énfasis en la comparación de mercados y en colocarse a la altura de los otros. Desde esta perspectiva, las oportunidades para conseguir una participación en el mercado pueden parecer limitadas y muchas empresas se conforman con ganar algunos puntos porcentuales en un juego en el que uno gana y otro pierde.

Sin embargo, desde el punto de vista de la *teoría de los trabajos*, la competencia rara vez se limita a productos que el mercado decide agrupar en la misma categoría. Reed Hastings, directivo de Netflix, lo dejó claro cuando recientemente el inversionista de riesgo John Doerr le preguntó si Netflix estaba compitiendo con Amazon. "En realidad competimos con todo lo que haces para relajarte", le respondió a Doerr. "Competimos con los videojuegos, competimos con beber una botella de vino. ¡Esto es particularmente difícil! Competimos con otras redes de video, con los juegos de mesa."

El paisaje competitivo cambia por algo nuevo, quizás incómodamente nuevo, pero con un potencial fresco si miramos la competencia a través de la lente del *trabajo por realizar*.

Por ejemplo, desde hace mucho tiempo BMW se ha descrito como parte del negocio de "los automóviles caros" y ha llegado a promocionarlo abiertamente como "un auto para hombres". No obstante, cuando al principio de la recesión de 2008 la industria automotriz cayó en picada, el equipo líder de BMW dio un paso atrás con el fin de evaluar para qué trabajos los consumidores estaban contratando automóviles. Lo que descubrieron cambió por completo toda la visión que tenía la compañía del paisaje competitivo. La demanda de autos verdes con un consumo eficiente de combustible se convirtió en una prioridad (por ejemplo, California acababa de aprobar una ley que prohibirá los motores de combustión en un futuro cercano), hubo una tendencia hacia la urbanización y cada vez menos jóvenes estuvieron interesados en tramitar su licencia de conducir. Entonces BMW se dio cuenta de que el verdadero trabajo era la *movilidad*. "Llévame sin problemas desde el punto A hasta el punto B." En efecto, BMW estaba compitiendo con los automóviles de lujo tradicionales, pero también con Tesla, Uber y Zipcar, y con los proyectos de autos eléctricos sin piloto de Google (reportados por Apple). "Nos dimos cuenta de que estábamos compitiendo con compañías cuyos nombres no podíamos pronunciar hace 18 meses", recuerda Steven Althaus, director de gestión de marcas y servicios de mercadotecnia de BMW. "Necesitábamos empezar a competir fuera de nuestra categoría."

Esto no sólo llevó al lanzamiento de la línea eléctrica e híbrida BMWi, sino también a DriveNow, un programa piloto para compartir auto tipo Zipcar, que fue lanzado en Berlín, Viena, San Francisco y Londres. "Hemos sustituido la perspectiva del lado de la oferta por una visión del lado de la demanda", dice Althaus, en efecto, cambiando de vender productos a responder a los trabajos. Esa delimitación constituyó un cambio radical para un fabricante de autos acostumbrado a considerar a sus distribuidores como sus primeros clientes. Con ese salto cambia radicalmente quiénes son los "clientes" y qué les interesa, como ocurrió con la perspectiva de BMW sobre la innovación.

Y BMW no está sola. La carrera ha comenzado para determinar quién comprende mejor los *trabajos por realizar* del cliente. Mark Fields, CEO de Ford, pasó gran parte de finales de 2015 comunicándole a la gente: "No sólo estamos pensando en nosotros como una compañía automotriz, sino también como una compañía de movilidad". General Motors (GM) invirtió en un servicio de automóviles alternativo Lyft, y luego anunció el lanzamiento de su propio servicio de viajes compartidos, Maven, a principios de 2016. Como parte de la inversión en Lyft, GM desarrollará una red sobre demanda de automóviles sin conductor, un área de investigación en la que Google, Tesla y Uber han empezado a invertir grandes recursos.

Pensemos en el camino por delante a través de la perspectiva de la *teoría de los trabajos*.[3] Cada compañía tendrá que comprender el *trabajo por realizar* en toda su complejidad. Después tendrá que considerar y conformar sus ofertas con base en las experiencias que los consumidores buscarán al realizar sus trabajos, y ayudarlos a superar los obstáculos que se interpongan en su camino hacia el progreso. La ventaja competitiva será para quien comprenda y resuelva mejor el trabajo.

Lo que cada una de esas compañías haga con esa nueva perspectiva determinará el éxito de sus nuevos esfuerzos a largo plazo. Porque, si no sabe usted con quién compite realmente, ¿cómo puede esperar crear algo que los consumidores decidan contratar en lugar de todas las demás soluciones posibles?

Los límites de la teoría de los trabajos

No queremos decir que la *teoría de los trabajos* sea la respuesta a todas las preguntas. La naturaleza del problema en cuestión determinará si ésa es la mejor teoría para comprender las causas y los efectos. Eso es cierto para cualquier teoría.

Una teoría válida —la que verdaderamente explica, de manera predecible, qué provocará que ocurra qué— no se desarrolla de un día para otro. Tiene que moldearse, probarse y refinarse, y debe entenderse el contexto en el que se aplica y en el que no. Sin embargo, aun cuando una teoría no funcione para una determinada aplicación, sigue siendo valiosa porque saber cuándo una teoría no ayuda a explicar algo nos permite recurrir a mejores soluciones. Ése es un sello distintivo de una buena teoría. Proporciona consejos mediante enunciados del tipo "si... entonces..."

Consideremos los primeros intentos del hombre por volar. Los investigadores observaban una estrecha correlación entre las plumas y las alas con el vuelo. Como consecuencia, sus intentos iniciales por volar incluían reproducir lo que pensaban que hacía que las aves se elevaran. No fue sino hasta que el matemático suizo-holandés Daniel Bernoulli esbozó lo que se conocería como el principio de Bernoulli cuando se comprendió la importancia de la elevación: la idea de que, cuando fluye a través de una forma denominada alerón, el aire que está debajo la empuja hacia arriba. Las alas de las aves funcionan como alerones, y así, el aire que fluye pasando por sus alas las impulsa hacia arriba. Esta misma percepción ha generado los modernos alerones de las alas de los aviones.

Pero incluso después de la comprensión de que la elevación, y no las alas ni las plumas, hacía posible el vuelo, los científicos todavía tenían que perfeccionar el lente causal mediante la experimentación con prueba y error con el fin de diseñar una aeronave exitosa. Cuando un avión se estrellaba, los investigadores se preguntaban: "¿Falló el diseño del aeroplano o los materiales que se usaron en su fabricación? ¿O fue algo relacionado con la situación en la que estaba el piloto, una situación que exigía un conjunto de reglas y técnicas diferentes para evitar la colisión?" Ahora las perspectivas causales de la aviación están tan avanzadas que los ingenieros y los pilotos no sólo pueden garantizar el vuelo, sino también pueden definir con precisión qué reglas necesitan seguir los pilotos para tener éxito en cualquier circunstancia posible: si hay mal clima, si la presión atmosférica es alta o si es baja, etcétera. Las circunstancias cuentan mucho.

Con la acumulación de teorías se debe estar atento para descubrir elementos que la teoría no puede explicar —anomalías— y usarlos como una oportunidad para fortalecerla. Sabemos, por ejemplo, que la *teoría de los trabajos* no es útil si no hay una lucha real por el consumidor o si las soluciones que existen ya son lo suficientemente buenas. No es útil si la decisión que debe tomarse depende casi por completo de un análisis matemático, como el comercio con materias primas. El costo o la eficiencia no son elementos esenciales de un trabajo. En esas circunstancias, no hay un conjunto complejo de necesidades sociales, emocionales y funcionales en busca de un progreso. Hay decisiones racionales que pueden ser tomadas por una computadora con facilidad.

Una teoría es esencialmente una propuesta: proponemos que este conjunto de procesos contribuirá a desarrollar innovaciones que tendrán éxito. Pero si alguien tiene un mejor conjunto de procesos para producir con mayor consistencia innovaciones exitosas, lo aceptamos en nuestra búsqueda de perfeccionar esta teoría.

Pero, mientras tanto, creemos que la *teoría de los trabajos* representará una diferencia importante en la búsqueda de que la innovación pase de ser un juego de azar a un proyecto predecible. Las oportunidades, los competidores y lo que más les importa a los clientes pueden parecer muy diferentes, pero también serán muy claros. La perspectiva que usted tenga cambiará irreversiblemente, pero lo hará para mejorar.

Una revolución copernicana

Durante casi 18 siglos Aristóteles dominó el pensamiento científico. Sus observaciones y sus teorías sobre nuestro universo se aceptaban tan ampliamente que después fueron consideradas por la institución más poderosa del mundo occidental del medievo —la Iglesia católica— como una verdad definitiva. Entre sus ideas más importantes se encuentran: todos los "cuerpos celestiales" se mueven en círculos perfectos alrededor de la Tierra. Por lo tanto, con el tiempo, se podría predecir cómo se mueven los demás planetas, observando su progreso por los círculos de Aristóteles, con la Tierra en el centro de todo. Aristóteles fue un pensador y filósofo tan profundamente influyente que su trabajo permaneció casi sin impugnación durante muchos siglos.

No obstante, había un problema. Cuando los antiguos astrónomos intentaron trazar y predecir el curso de los planetas alrededor de la Tierra, no pudieron hacerlo correctamente. Así que crearon una explicación muy complicada. Los planetas sí giraban en círculos alrededor de la Tierra, pero dentro de esos círculos los planetas también se movían en lo que Ptolomeo llamaba "epiciclos", minirrotaciones dentro de los círculos. Con un complejo patrón de círculos dentro de otros círculos era posible predecir el movimiento de los planetas alrededor de la Tierra. Excepto que incluso los cálculos más precisos, que tomaban en cuenta complicadas combinaciones de epiciclos, seguían sin poder predecir los movimientos, salvo con un margen de error. Los mejores modelos quedaban fuera del arco por ocho minutos, alrededor de un grado y un tercio fuera de los 360 grados perfectos. Lo bastante cerca de lo que casi todo el mundo consideraría preciso. Pero resulta que, de hecho, no es correcto.

Debido a que la visión de Aristóteles fue la mirada aceptada sobre el universo, durante varios siglos los pensadores y los científicos medievales realizaron grandes esfuerzos para lograr que los epiciclos funcionaran. No fue sino hasta el siglo XVI, con una observación sencilla pero profunda, que el astrónomo renacentista Nicolás Copérnico reformuló nuestra visión del universo. Los planetas no giraban alrededor de la Tierra sino alrededor del Sol. Comprender lo anterior sentó las bases para algunos de los adelantos más importantes de la historia y fundó los cimientos de la astronomía y del cálculo modernos.

Desde luego, tuvieron que pasar 18 siglos y que llegara alguien como Copérnico para percibir y organizar las fallas de la lógica de Aristóteles. Incluso, Copérnico murió sin saber que el mundo aceptaría que tenía razón. Cambiar una visión del mundo establecida rara vez sucede de la noche a la mañana, y, aun cuando así ocurre, lleva tiempo afinar y perfeccionar la nueva perspectiva acertada.

En el mundo de la innovación, muchas compañías permanecen estancadas creando "epiciclos": elaborando aproximaciones, cálculos y extrapolaciones. Debido a que reunimos y afinamos todo tipo de datos y elaboramos una gran cantidad de referencias cruzadas, parecería que mejoramos cada vez más en la predicción del éxito. Pero si no logramos comprender *por qué* los clientes toman las decisiones que toman sólo estamos perfeccionando un proceso básicamente defectuoso. Sin la comprensión adecuada del *mecanismo causal* en el centro del universo de la innovación, las empresas están intentando entender el universo que gira alrededor de la Tierra. Están obligadas a depender de un conjunto de mejores prácticas, herramientas probabilísticas, consejos y trucos que toman prestados de otras compañías donde han funcionado, pero no garantizan el éxito. Al considerar la innovación a través del lente de la *teoría de los trabajos,* lo que se observa en el centro del universo de la innovación no es el *cliente* sino el *trabajo por realizar* del cliente. Puede parecer una innovación pequeña —sólo un giro de pocos grados— pero importa mucho. De hecho, cambia todo.

RECORDATORIOS DEL CAPÍTULO

- Muchas personas del mundo de los negocios asocian la palabra "teoría" con algo puramente académico o abstracto, pero nada está más alejado de la verdad. Las teorías que explican la causalidad se encuentran entre las herramientas más importantes y prácticas de las que pueden disponer los líderes empresariales.

- El campo de la innovación necesita una teoría mejor, en especial para explicar la pregunta básica: "¿Qué ocasiona que un cliente adquiera y use un producto o servicio en particular?"

- La *teoría de los trabajos* responde esta pregunta afirmando que los clientes adquieren y usan (o "contratan", según nuestra metáfora de los trabajos) productos y servicios para cumplir con las tareas que surgen en su vida. Un trabajo se define como "el progreso que un cliente quiere alcanzar en una circunstancia particular".

- Esta definición es específica e importante: comprender a fondo el trabajo de un cliente requiere entender el progreso que un cliente está tratando de alcanzar *en circunstancias particulares* y comprender todas sus dimensiones funcionales, sociales y emocionales, así como lo que su cliente está dispuesto a dar a cambio.
- Una vez que se entiende el *trabajo por realizar*, queda de relieve la verdadera competencia que se debe enfrentar para ser contratado. Esto proporciona información esencial acerca de cómo innovar para que su solución sea más atractiva que la de su competidor.

PREGUNTAS PARA LOS DIRECTIVOS

- ¿Comprende usted las verdaderas razones acerca de por qué sus clientes eligen sus productos o servicios? ¿O por qué prefieren otra opción?
- ¿Cómo ayudan sus productos o servicios a sus clientes a realizar progresos en sus vidas? ¿En qué circunstancias están intentando lograr ese progreso? ¿Cuáles son las dimensiones funcionales, emocionales y sociales de ese progreso?
- ¿Qué compite con sus productos y servicios para enfrentar esos trabajos? ¿Hay otros competidores además de los que incluye la visión tradicional de su industria?

Notas

[1] Se han realizado importantes avances en la comprensión de lo que se requiere para sistematizar la innovación en las grandes empresas. Mi coautor, David Duncan, y su colega, Scott Anthony, socio director de Innosight, han descrito con detalle los componentes y las operaciones básicos de cualquier sistema eficiente, lo que conocen como una "fábrica de crecimiento". Su trabajo ha guiado las iniciativas de algunas de las compañías más exitosas de *Fortune 100* que han impulsado sus capacidades de innovación globales. Otros escritores también han contribuido a nuestra comprensión acerca de cómo sistematizar la innovación, en particular Vijay Govindarajan, de la Escuela de Negocios Tuck. Sin embargo, la *teoría de los trabajos* se enfoca en una pregunta diferente: "¿Qué ocasiona que un cliente compre y use un producto o servicio en particular?" Es importante contar con una teoría que responda esta pregunta para garantizar

que el sistema de innovación que se establezca vaya en la dirección adecuada y trabaje en las innovaciones que tienen la mejor oportunidad de éxito. Scott D. Anthony y David S. Duncan, *Building a Growth Factory*, Harvard Business Review Press, Boston, 2012.

[2] Éste fue el caso de Airbnb en sus primeros años. Recientemente, Airbnb ha identificado otros trabajos en el extremo superior del mercado, y también ahí está compitiendo con éxito.

[3] Hay una herramienta llamada "planeación dirigida al descubrimiento" que puede ayudar a las empresas a probar si su estrategia para responder al trabajo que han identificado será fructífera antes de invertir demasiados recursos en un solo rumbo. Los obliga a definir qué supuestos deben verificarse para que la estrategia tenga éxito. Los académicos que crearon este proceso, Ian MacMillan y Rita McGrath, lo llamaron "planeación dirigida al descubrimiento", pero sería más fácil considerarlo como "¿Qué debe comprobarse para que esto funcione?" Las empresas casi nunca piensan si deben buscar nuevas oportunidades al plantear esta pregunta. Por el contrario, a menudo favorecen involuntariamente el fracaso desde el principio. Toman decisiones para avanzar con una inversión basada en lo que las proyecciones iniciales sugieren que sucederá, pero nunca prueban si esas proyecciones han resultado acertadas. Así, con frecuencia se encuentran muy lejos del objetivo y ajustan sus proyecciones y sus supuestos para cumplir con lo que está sucediendo en lugar de probar y tomar decisiones razonadas antes de avanzar demasiado.

En casi cualquier caso en que falla un proyecto, hubo errores en uno o más de los supuestos críticos en que se basaron sus proyecciones y sus decisiones. Pero la empresa no se dio cuenta de eso hasta que ya estaban muy avanzadas. Ya se ha asignado al proyecto el dinero, el tiempo y la energía; la compañía está comprometida al cien por ciento, y el equipo ya está dispuesto a hacer que funcione. Nadie quiere ir a la gerencia y decir: "¿Recuerdas los supuestos que hicimos? Resulta que al final no eran tan precisos..." Los proyectos terminan aprobándose con base en conjeturas incorrectas, en lugar de determinar qué proyecto tiene más probabilidades de funcionar.

CAPÍTULO 3

Trabajos en estado silvestre

LA GRAN IDEA

La *teoría de los trabajos* no sólo es otro enfoque mercadotécnico, sino un poderoso lente que ha llevado la innovación de vanguardia y el progreso revolucionario a algunas de las empresas más exitosas del mundo en muy distintos escenarios. La teoría transforma la manera en que definimos el negocio en el que estamos, el tamaño y la forma del mercado donde competimos y quiénes son nuestros competidores. Esto permite ver clientes donde no se encontraban, ideas para soluciones donde sólo se veían problemas y oportunidades donde menos se esperaban. He aquí cómo.

En 2015, de pie ante el grupo de graduación de la Southern New Hampshire University (SNHU), el presidente Paul LeBlanc decidió salirse del guión. Era la tercera ceremonia de graduación de ese día; la cantidad de estudiantes graduados y sus familias era muy grande para caber en el auditorio, ni siquiera en los 2 000 asientos de la Verizon Wireless Arena, de manera que la escuela tuvo que organizar tres actos separados. En lugar de recurrir a las bromas y a las trivialidades acostumbradas, una gran sonrisa se dibujó en el rostro de LeBlanc al dirigirse a los jóvenes de toga y birrete que estaban ante él. "Si han prestado servicio en el ejército, o actualmente lo hacen, y se están graduando hoy, por favor pónganse de pie por un momento", les dijo. Alrededor de la mitad de ellos se levantaron. "Si son, como yo, la primera generación de su familia en obtener una licenciatura, pónganse de pie." Más o menos la mitad

63

del grupo lo hizo. "Si se están graduando hoy, y además tienen hijos, por favor levántense." Y entonces prácticamente todos los miembros del grupo ya se habían puesto de pie. LeBlanc, quien en general era un orador sereno y refinado, empezó a asfixiarse por un momento mientras la multitud clamaba. Poder graduarse, contra todo pronóstico, era un gran logro para los jóvenes de toga y birrete ese día. "Reconocían lo que habían hecho", recordaba después LeBlanc. "A ninguno de esa ceremonia de graduación se lo habían regalado. Hay tantos obstáculos que interfieren: parejas, ocupaciones, falta de preparación académica, el sentimiento de no pertenecer. En verdad se habían ganado ese momento."

La gente que estaba en ese auditorio aquel día sólo era la punta del *iceberg*. De hecho, la mayoría de los estudiantes de la SNHU nunca pondrá un pie en su modesta sede de Manchester, New Hampshire. Pero eso no ha impedido que esos alumnos avancen hacia sus metas. Tantos han elegido la SNHU, que hacia finales del año fiscal de 2016 esta universidad tuvo 535 millones de dólares de ganancias, una tasa de crecimiento anual compuesta de 34% durante los últimos seis años. Habitualmente elogiada por el *U. S. News & World Report* (y otras publicaciones) como una de las universidades más innovadoras de Estados Unidos, esa escuela tiene la distinción de haber sido clasificada como uno de los mejores lugares para trabajar, según el *Chronicle of Higher Education.* En 2012 la revista *Fast Company* denominó a la SNHU como una de las organizaciones más innovadoras del mundo, por delante de LinkedIn, Starbucks y la Liga de Futbol Nacional.

Una década antes, nada de eso parecía posible, ni para los estudiantes ni para LeBlanc. En 2003, cuando LeBlanc fue nombrado presidente de la SNHU,[1] la universidad de 70 años era una institución de segundo nivel relativamente desconocida. Fundada de origen como una escuela de contabilidad y secretarial, se convirtió en una mezcla de especialidades: artes culinarias, negocios, programas de justicia, con sólo unos cientos de alumnos.

En todo el país había universidades similares que se enfrentaban a profundos problemas financieros y que se estaban clausurando o fusionando sólo para mantenerse vivas. El inicio de la recesión cinco años después provocó que la situación pareciera todavía peor. Las inscripciones empezaron a descender y las presiones presupuestarias sólo para mantenerse a flote eran abrumadoras.

Alrededor de la misma época LeBlanc asistía a un grupo de trabajo en la Harvard Business School que yo organizo cada año para ayudar a las compañías líderes del mercado a evitar el dilema del innovador. En el transcurso del día examinamos la historia de las malteadas y la *teoría de los trabajos por realizar*, que inmediatamente influyeron en LeBlanc.

Al igual que muchas instituciones de educación superior, la SNHU esencialmente trataba a todos sus estudiantes del mismo modo. La vieja estrategia básica de la universidad se basaba en llamar la atención del grupo tradicional de estudiantes: 18 años de edad, recién egresados del bachillerato, con un camino educativo tradicional. En esencia: "Vengan a este atractivo campus de New Hampshire y obtendrán una educación sólida por un precio razonable". La mercadotecnia y la divulgación eran genéricas para todos, excepto por las circunstancias, y las políticas y los modelos de formas de hablar que presentaron a la escuela se diseñaron para atraer a un estudiante "típico" que, en realidad, no existía. Esta perspectiva única para todos recuerda el dilema de la malteada, salvo que en este caso se estaba intentando diseñar una educación válida para todos dirigida al alumno "promedio".

¿Para qué trabajo los estudiantes estaban contratando a la SNHU? Con sólo plantearse esa pregunta, dice LeBlanc, llegaron a una percepción importante. No había una respuesta para esa pregunta, sino dos.

El enfoque de la SNHU no había cambiado casi nada para reclutar graduados de bachillerato en varias décadas. Se basaba en la mercadotecnia tradicional y en el *boca a boca* para atraer candidatos al campus, donde la SNHU describía con lenguaje poético aspectos académicos, ayuda financiera o futuras perspectivas profesionales. Pero a través de una lente del trabajo, dice LeBlanc, la escuela comprendió que cuando estos estudiantes potenciales visitaron el campus formulaban muy pocas preguntas sobre estos temas. Los padres de esos alumnos podrían haber planteado esas cuestiones, pero los estudiantes se enfocaban en algo totalmente distinto. Las preguntas de los estudiantes se centraban en las experiencias que esperaban tener en la universidad, experiencias que habían previsto. "*¿Tienen un equipo deportivo al que pueda apoyar? ¿Tienen muros para escalar? ¿Tendré mucha interacción con profesores de tiempo completo con quienes pueda conversar largo y tendido sobre el significado de la vida?*" Los alumnos potenciales —en las circunstancias de graduarse de bachillerato y estar lejos de casa por primera vez— no se enfocaban en las *dimensiones funcionales* de su educación; estaban contratando a la SNHU por la experiencia de convertirse en adultos. Y la SNHU tenía muchos competidores para los aproximadamente 3 000 estudiantes que esperaba matricular cada año. Hay un puñado de universidades locales establecidas, como la University of New Hampshire o la Franklin Pierce University, que compiten cada año por más o menos la misma cantidad de solicitantes. En esa competencia, la SNHU sabía exactamente cómo quedaría: les ganaría a algunos, perdería contra otros y empataría con otros más. Esa relación no había cambiado en muchos años. Era difícil ver mucho potencial para el crecimiento.

Sin embargo, en contraste, la SNHU tenía un programa académico en línea, conocido como "aprendizaje a distancia". Era un "servicio aletargado en una esquina cualquiera del campus principal", como lo describe LeBlanc, pero había sido capaz de atraer un flujo constante de estudiantes que interrumpieron sus estudios y ahora querían reanudarlos en una etapa posterior de su vida. El programa en línea había sido lanzado hacía una década, pero se manejaba como un proyecto secundario, y la universidad casi no invertía recursos en él.

En el papel, todos los estudiantes podrían haber parecido similares al ubicarse en una categoría de acuerdo con los cursos completados. Un alumno de 35 años que busca obtener un grado de contador requiere los mismos cursos que alguien de 18 años, ¿no es así? ¿No necesitan los dos una educación de calidad a un precio asequible?

Competir contra nada

Sin embargo, con la lente de los *trabajos por realizar*, LeBlanc y su equipo vieron que el trabajo para el que estos estudiantes no convencionales estaban contratando a la SNHU casi no tenía nada en común con el trabajo para el que los alumnos recién egresados de bachillerato la estaban contratando, que además estaba enmarcado por una circunstancia muy diferente. El estudiante en línea promedio tiene 30 años y debe compaginar el trabajo con la familia, además de intentar incorporar sus estudios. Muchos poseen algunos créditos universitarios aprobados, pero interrumpieron su educación en algún momento de su vida por diversas razones. A menudo todavía estaban endeudados por esa experiencia inconclusa. Pero la vida les ha señalado que es tiempo de regresar a la escuela; se dan cuenta de que necesitan los grados académicos para aumentar sus perspectivas profesionales y así mejorar la vida de su familia. Ya tuvieron toda la experiencia de convertirse en adultos que podrían manejar. Requieren estudios superiores para obtener cuatro servicios: conveniencia, atención al cliente, certificación y plazos cortos para terminar. El equipo de LeBlanc se dio cuenta de que ésta era una gran oportunidad.

El programa en línea de la SNHU no estaba en competencia con el mismo grupo de competidores locales, en lo absoluto. Estaba compitiendo con otros programas nacionales en línea —incluidos los de las universidades tradicionales y algunos de especialidades con fines de lucro, como Kaplan, University of Phoenix, ITT Technical Institute, entre otros—, creados y diseñados para proporcionar a los alumnos la capacitación y las acreditaciones que podrían ayudarlos a conseguir un mejor empleo. Pero lo más significativo era que la SNHU también estaba compitiendo contra *nada:* la ausencia de consumo, cuando la gente decidía no hacer nada para continuar sus estudios en esa etapa de su vida. Con esa perspectiva, el tamaño del mercado de pronto pasó de parecer bastante finito y casi no merecedor de tomarse el trabajo de competir por él, a uno con un enorme potencial sin explotar. ¿Quién no querría competir contra *nada*?

No obstante, LeBlanc y su equipo pronto se dieron cuenta de que muy pocas políticas, estructuras y procedimientos existentes en la SNHU estaban configurados para apoyar el trabajo efectivo de los estudiantes en línea. La división había logrado reunir una respetable ganancia de 32 millones de dólares, pero había sido casi un milagro que tantos alumnos hubieran encontrado a la SNHU para empezar y que hubieran aguantado hasta su graduación.

Tomemos como ejemplo la manera en que la SNHU (y muchas otras universidades) solía discutir la ayuda financiera con los potenciales estudiantes. Para un típico alumno de bachillerato, la conversación empezaba desde su primer año, cuando la SNHU le proporcionaba información básica sobre financiamiento. Ni el estudiante ni la universidad esperaban más detalles, al menos durante un año, después de una solicitud formal y una declaración financiera por parte de los padres del alumno, cuando se abría una convocatoria para la admisión a la universidad. El proceso de ayuda financiera en la SNHU estaba conformado con base en la capacidad de sostener una conversación sin prisa ni urgencia con los eventuales estudiantes. Incluso responder un cuestionario podría tomar algunas semanas.

Si un alumno potencial formulaba alguna pregunta en la página de internet de la SNHU, recibía una respuesta estándar en un plazo de 24 horas: "Estimado Clayton, muchas gracias por tu interés..." Alrededor de una semana después se recibía por correo un paquete de información, igual para todos los que enviaban alguna pregunta. Entonces la SNHU, al igual que muchas universidades, simplemente esperaba a que el estudiante potencial llamara o hiciera algún tipo de seguimiento. Y para muchos candidatos a licenciatura, en particular para los del segmento que estaba en transición hacia la edad adulta, ese sistema funcionaba bien. Porque se daban cuenta de que la decisión sobre el financiamiento podría ser importante para sus padres, pero no era determinante para lo que los *mismos estudiantes* contratarían a la universidad.

En contraste, las consideraciones financieras eran muy importantes para los alumnos adultos en línea. El trabajo para el que estaban contratando a la universidad era que les proporcionara acreditaciones que mejoraran sus perspectivas profesionales lo más rápido y eficientemente posible. Cuando los líderes de la SNHU pensaron en estos estudiantes les quedó claro lo fallida que era la respuesta genérica de la escuela para todos los candidatos. Cuando un alumno adulto buscaba en internet información sobre un programa de educación continua, en ese momento estaba listo para tomar una decisión sobre lo que haría enseguida. Probablemente había estado pensando durante mucho tiempo buscar una capacitación adicional y empezar un proceso de indagación estaba muy cerca del momento de tomar una decisión. La SNHU sabía que muchas veces sus estudiantes eran padres que se sentaban frente a su computadora tarde por la noche, después de que sus hijos ya estaban acostados, con poco tiempo para buscar y reunir información. En esas circunstancias, no había respuestas ni seguimientos sin prisas que cumplieran con sus necesidades. Para la SNHU, esperar 24 horas antes de enviar una respuesta genérica y luego semanas más tarde proporcionar a los candidatos la información específica sobre sus propias opciones financieras, era equivalente a no haber respondido. Lo que los alumnos en línea necesitaban era completamente distinto a lo que los estudiantes egresados de bachillerato requerían, y sin embargo la SNHU había estado proporcionando una única solución "promedio" para todos.

Para LeBlanc y su equipo fue un momento de revelación "¡ahá!" La clave era *plantear finalmente la respuesta adecuada* que les dio como resultado mejores respuestas.

"Estábamos frustrados, luchando contra nuestra incapacidad para crecer —comenta ahora—, y concentrarnos en el *trabajo por realizar* parecía obvio."

¿Qué debía cambiar en la SNHU como consecuencia? "Prácticamente todo", recuerda LeBlanc, y en dos caminos diferentes que correspondían a dos trabajos distintos.

En lugar de la condición de ciudadanos de segunda clase que se había asignado al segmento en línea desde el principio, LeBlanc y su equipo directivo lo convirtieron en su foco de atención. Trasladaron el pequeño equipo de reclutamiento y administración en línea a tres kilómetros de distancia, a unas oficinas nuevas en un patio de molino en Manchester, una clásica ubicación para causar "disrupciones", que permitió al equipo en línea crecer sin las restricciones físicas y estructurales de las políticas y los procedimientos universitarios tradicionales. Entonces LeBlanc y su equipo dirigieron una sesión con aproximadamente 20 de los principales profesores y administradores en línea y estructuraron todo el proceso de admisión —desde el primer cuestionario hasta la primera clase— en un pizarrón blanco. "¡Parecía el esquema de un submarino nuclear!", dice. El equipo trazó círculos alrededor de los obstáculos que la SNHU estaba poniendo —o que no ayudaba a superar— en ese proceso, observando el trabajo singular de los alumnos en línea, sus circunstancias únicas, y las dimensiones funcionales, sociales y emocionales del trabajo que eran importantes para ellos. Y entonces eliminaron uno por uno esos obstáculos y los remplazaron con experiencias que cumplirían perfectamente con el trabajo. Literalmente, había docenas y docenas de decisiones que se derivaron de este nuevo foco de atención en el trabajo. Sólo por nombrar algunas, a través de la lente del trabajo:

1. ¿Cuáles son las experiencias que los clientes buscan con el fin de progresar? *Ya no había respuestas sin prisas a las preguntas sobre ayuda financiera.* Ese correo electrónico genérico enviado 24 horas después se transformó en una llamada telefónica de seguimiento del personal de la SNHU *en menos de 10 minutos* de la consulta. En el competitivo mundo de la enseñanza en línea, la primera institución educativa que hable con un estudiante candidato es la que con toda probabilidad cerrará la venta. Así que en lugar de un seguimiento superficial, la misma llamada, comenta LeBlanc, se consideró una oportunidad fundamental para desechar las barreras para el alumno en potencia. "Se pueden descubrir y sacar a la superficie muchos problemas de ansiedad —comenta—, así que esas llamadas las realiza un asesor bien capacitado con toda la información necesaria a la mano [para ayudar al estudiante a superar cualquier obstáculo al que se esté enfrentando]. Las llamadas pueden durar una hora o bien hora y media. Al final de la llamada ya está comprometido con nosotros. Y sabemos que es muy probable que se inscriba."

2. ¿Qué obstáculos deben eliminarse? *Las decisiones sobre un paquete de ayuda financiera, y acerca de en qué medida los cursos universitarios previos podrían acreditarse para un grado de la SNHU, se resolvían en días*, en lugar de semanas o incluso meses.

3. *¿Cuáles son las dimensiones sociales, emocionales y funcionales? La publicidad de la universidad para el programa en línea se reorientó por completo, con el fin de enfocarlo en la forma como podría cumplir con el trabajo de los alumnos en una etapa posterior de la vida.* La publicidad tenía el objetivo de concordar no sólo con las dimensiones funcionales del trabajo, como obtener la capacitación necesaria para continuar una carrera, sino también con las dimensiones emocionales y sociales, como el orgullo que se siente al alcanzar una meta o la satisfacción de cumplir un compromiso con un ser querido. Uno de los anuncios publicitarios presentaba un gran autobús de la SNHU recorriendo el país y entregando grandes diplomas, con sus marcos tradicionales, a alumnos en línea que no podían estar en el campus para la ceremonia de graduación. "¿Para quién obtuviste este grado?", preguntaba una voz

en *off,* mientras se captaban graduados radiantes en su propio hogar. "Lo conseguí para mí", decía una mujer, abrazando su diploma. "Lo hice por mi madre", señalaba un treintañero. "Lo hice por ti, chico", decía un padre, conteniendo las lágrimas mientras su pequeño hijo canturreaba: "¡Felicidades, papi!"

Pero tal vez lo más importante es que la SNHU se dio cuenta de que reclutar candidatos en una primera clase sólo era el principio de realizar el trabajo para ellos. Con el fin de cumplir realmente con el trabajo para el que los aspirantes estaban contratando educación continua, la SNHU debía asegurarse de alcanzar las metas de aquéllos. Por ello la SNHU asigna a cada nuevo alumno en línea un asesor personal que mantiene un contacto constante —y advierte los focos rojos incluso antes que el alumno— con el objetivo de ayudarlo a continuar alcanzando los progresos que desea. ¿No has verificado el *trabajo* de esta semana para el miércoles o el jueves? El asesor lo hará contigo. ¿El examen de la unidad salió mal? Puedes contar con una llamada de tu asesor para descubrir no sólo lo que vaya mal con la clase, sino también qué está sucediendo en tu vida. ¿Tu computadora te está causando problemas? Tu asesor podría enviarte una nueva.

El impactante crecimiento de la SNHU sugiere que LeBlanc y sus colegas comprenden a fondo el *trabajo por realizar* de estos estudiantes. Ahora hay 1 200 empleados del College of Online and Continuing Education (COCE) (Colegio de Educación en Línea y Continua) en la sede del antiguo patio de molino en Manchester, y más de 75 000 estudiante en 36 estados y países del mundo. "Ha habido veces en que casi descomponíamos la computadora, pues siempre excedíamos la capacidad de nuestros sistemas", recuerda LeBlanc. Cuando el progreso ha sido tan rápido, la SNHU ha echado atrás sus esfuerzos de reclutamiento mientras puede reforzar su apoyo y sus sistemas internos. LeBlanc sabe que si la SNHU no logra cumplir con el trabajo, los estudiantes no dudarán en despedirlo y buscar a alguien que lo realice mejor.

Actualmente la SNHU genera excedentes muy sanos de 10% que le han permitido realizar grandes inversiones en infraestructura, proporcionar condiciones de trabajo de primera para sus empleados y mantener bajas las colegiaturas para sus estudiantes (en efecto, los alumnos en línea no han tenido aumentos de colegiaturas en los últimos cuatro años). También ha hecho inversiones en innovaciones vanguardistas constantes, como el programa de la SNHU de 2 500 dólares al año basado en la capacidad. En este programa los estudiantes pueden obtener un grado con el hecho de demostrar su capacidad en varios temas, más que de pasar horas en sesiones de clases o cumpliendo con una cantidad determinada de cursos como requisito. En un discurso de 2013 en la Universidad de Buffalo, el presidente Barack Obama reconoció a la SNHU por haber creado programas que ofrecen a los alumnos opciones asequibles para obtener grados avanzados.

¿Es posible que LeBlanc y su equipo hayan encontrado una mejor forma de progresar en línea sin plantear las preguntas del *trabajo por realizar*? LeBlanc no lo cree. "Nos proporcionó el lenguaje para empezar a hablar del asunto en nuestro equipo líder y más ampliamente en el campus —comenta—. Fue la técnica de ensayo y error lo que en verdad resultó útil para descurir lo que teníamos que hacer."

La profundidad y la extensión de la aplicación

En la última década hemos trabajado de cerca con muchas empresas que proporcionan ejemplos útiles sobre cómo la *teoría de los trabajos por realizar* ha contribuido a transformar la innovación. Debido a que la *teoría de los trabajos* revela la causa de las decisiones que toman los clientes, resulta útil en una amplia gama de industrias y organizaciones, desde los más sencillos productos empacados para el consumidor hasta complejas soluciones de empresa a empresa. En todos los casos, descubrir la razón de las decisiones de los clientes ayuda a las organizaciones a crear mejores soluciones que lleguen a contratarse. Aquí presentamos sólo algunas —y otras más a lo largo del libro— para esclarecer el alcance de la aplicabilidad de los *trabajos por realizar*.

Por ejemplo, nada suena menos innovador que una compañía de quesos que lanza un nuevo tipo de queso. Sin embargo, Sargento ganó 50 millones de dólares durante el primer año con sus paquetes de rebanadas ultradelgadas, con lo cual logró un inmenso crecimiento en su categoría y superó los 150 millones de dólares en el segundo año. ¿Por qué prosperó este producto cuando la gran mayoría de los otros 3 400 productos empacados lanzados al mercado ese mismo año ni siquiera sobrevivieron los primeros 12 meses? El queso rebanado ultradelgado de Sargento estaba resolviendo un trabajo con el que los clientes tenían dificultades: *"¿Cómo puedo disfrutar toda la deliciosa experiencia con el queso que adoro en mi sándwich diario sin las calorías, la grasa y la culpa que lo acompañan?"* Como lo explica Rod Hogan, vicepresidente de Desarrollo de Nuevos Negocios de Sargento, la *teoría de los trabajos* "te obliga a definir la propuesta en el contexto de un problema del consumidor muy específico. Y eso no es fácil ni natural para la mayoría de las grandes compañías".

En sus informes sobre innovación de vanguardia anuales, de 2012 a 2016, Nielsen rastreó más de 20 000 lanzamientos de productos nuevos y sólo detectó 92 que vendieron más de 50 millones durante el primer año y que mantuvieron las ventas en el segundo año (excluyendo ampliaciones de productos de línea). En apariencia, la lista de ganadores vanguardistas podría parecer aleatoria —Café Helado International Delight, minichocolates Reese's de Hershey y arena para gatos Tidy Cats Lightweight, por citar sólo algunos—, pero tienen algo en común: cada uno ha instrumentado a la perfección un *trabajo por realizar* que era deficiente.

Los trabajos en un mundo de operaciones de negocio a negocio

En el otro extremo del espectro de la complejidad está FranklinCovey. Formado en la fusión de 1997 entre Franklin Quest y Covey Leadership Center (este último fundado por Stephen R. Covey, el famoso autor de *7 Habits of Highly Effective People*), la empresa había estado luchando por alcanzar un punto de apoyo durante muchos años. Los ingresos alcanzaron un pico de 589 millones de dólares en el año 2000, pero en 2009, después de las ventas de negocios (incluyendo la Agenda Franklin icónica y otros negocios relacionados con la planeación), optimización, periodo de inactividad y cambios de enfoque, bajó a 130 millones de dólares. La compañía había sobrevivido tras algunos años difíciles, pero ahora estaba decidida a acelerar su crecimiento.

Después de tres años, Bob Whitman, el antiguo presidente del consejo, quien había asumido el cargo de presidente ejecutivo, visitó personalmente a casi 400 clientes existentes y potenciales para la línea de la compañía de ofertas de capacitación de negocio a negocio. En su octava visita a los clientes algo llamó su atención. Se estaba reuniendo con un ejecutivo de capacitación de una compañía de *Fortune 500* que había usado el contenido de FranklinCovey para capacitar a 3 500 de sus empleados con el objetivo de mejorar su efectividad personal y profesional. Sin embargo, esta empresa tenía 35 000 empleados que debían haber sido beneficiarios potenciales de los productos de capacitación que vendía FranklinCovey. "¿Cómo es posible que sólo se haya capacitado a 3 500 personas hasta ahora?", preguntó Whitman. El director ejecutivo de capacitación explicó que compró los materiales de capacitación de FranklinCovey para ayudar a construir una actitud y capacidades que fueron fundamentales para la cultura de la compañía. Pero había muchos otros productos que podrían ayudarlo a lograr ese objetivo.

Los profesionistas de recursos humanos necesitaban diversos servicios —como pruebas y análisis de Myers-Briggs, capacitación para la resolución de conflictos, delegación, manejo de conversaciones conflictivas, administración de proyectos, entre otros— para desplegarlos en el seno de la organización. Los servicios de FranklinCovey en esa época sólo eran parte de lo que el personal de recursos humanos podría aprovechar. Y, como FranklinCovey lo había aprendido a fuerza de sinsabores, los presupuestos para capacitación y desarrollo se recortan cuando llegan tiempos difíciles. No había un lado positivo ilimitado en que FranklinCovey creara más productos nuevos y diferentes que hicieran más o menos lo mismo que otras opciones ya disponibles en el mercado.

Pero Whitman siguió investigando: ¿realmente para qué el director ejecutivo de capacitación estaba contratando los productos de FranklinCovey y de otros? Usar los trabajos como marco para la discusión, dice Whitman, reveló una imagen mucho más compleja, que claramente señalaba un trabajo no realizado. Si bien el equipo del director ejecutivo de capacitación amaba los productos de FranklinCovey para capacitación y desarrollo, no había quedado claro para sus propios clientes internos —los líderes de la compañía— cómo estos productos los ayudarían con las prioridades que más les importaban: impulsar la lealtad de los clientes y generar crecimiento.

Al continuar con sus visitas a los clientes, Whitman se dio cuenta de que le decían lo mismo una y otra vez: para las personas que *compraban* los productos de FranklinCovey su principal reto era que los jefes de línea y otros directivos de la compañía reconocieran que lo que hacían en capacitación y desarrollo era una misión fundamental. Querían ser considerados miembros importantes que contribuían a alcanzar los objetivos de largo plazo de la compañía. Pero no siempre habían sido capaces de relacionar el trabajo que estaban haciendo con algo que los jefes pudieran reconocer como contribución al logro de sus objetivos. Estos profesionales de capacitación y recursos humanos querían que su trabajo importara —*y que se reconociera que importaba*— para poner en práctica las prioridades fundamentales de la compañía.

Esa percepción condujo a años de reformular, replantear y reubicar todos los servicios de FranklinCovey con base en los principales *trabajos por realizar* de sus clientes. "Ha sido una parte fundamental de nuestra manera de pensar en todo", dice Whitman. Históricamente, FranklinCovey vendía cursos, en general, al director ejecutivo de recursos humanos o de capacitación. El equipo de ventas de FranklinCovey se enfocaba en identificar y vender los cursos específicos que pudiera necesitar un cliente en un año en particular. Sin embargo, había una falla con ese método. Si un directivo establecía una serie de prioridades y metas que no concordaban con los cursos en particular, no los contrataban. Así, FranklinCovey modificó su enfoque: en lugar de vender cursos, ahora ofrece suscripciones que proporcionan a los clientes un acceso casi ilimitado a todos sus cursos y contenidos. Además, este contenido puede formularse en cursos, módulos de aprendizaje en pequeñas dosis, lecciones de un tema único que un jefe podría usar, por ejemplo, para empezar una reunión, y que pueden emplearse para una amplia gama de modalidades de entrega. De esa manera, el jefe de capacitación tiene acceso a las herramientas que necesite en cualquier circunstancia. "*¡Aquí está toda la colección!* ¿Cómo podemos ayudarle a cumplir cualquier trabajo que surja en su vida este año?"

FranklinCovey también vende *procesos* y experiencias completos orientados a satisfacer un *trabajo por realizar* en particular. En un nivel alto, los productos se agrupan de acuerdo con diversas categorías de trabajos —esto es, dirigencia, ejecución, lealtad de los clientes, rendimiento de ventas—, pero en cada una de esas categorías hay productos dirigidos a *trabajos por realizar* específicos, trabajos que se miden en resultados empresariales.

Por ejemplo, después de que una importante compañía de equipo tecnológico la contrató para mejorar sus ventas, FranklinCovey creó un producto que no sólo incluía capacitación, sino también el compromiso de situar a un asesor de tiempo completo en las oficinas del cliente para que las mejoras del proceso se cumplan para todas las perspectivas de ventas superiores a 500 millones de dólares. "Una compañía no es convocada para recibir muchos contratos de ese tamaño —señala Whitman—, de manera que somos copropietarios de los resultados con ellos. Nuestro producto previsto en realidad es un proceso no un producto. Un proceso que tiene un rendimiento medible de la inversión."

¿Qué ha significado para FranklinCovey innovar con base en los *trabajos*? Entre otros cambios de perspectiva fundamentales, transforma el paisaje competitivo. Ya no está simplemente compitiendo con otras compañías que proporcionan contenido educativo de calidad mundial. Está compitiendo en su propio carril.

"Intentamos ubicarnos en torno de trabajos que no tengan competidores", sostiene Whitman. Si una empresa está tratando de cambiar su estrategia, ese trabajo en general se asigna a una firma consultora convencional. Pero si necesitan ayuda para implantar esa estrategia, lograr que muchas personas hagan algo mejor o de manera más consistente con el fin de que siempre ejecuten una estrategia o alcancen un objetivo empresarial muy específico, como aumentar ventas complejas multimillonarias, FranklinCovey ve pocos competidores para esa misión.

De hecho, afirma Whitman, las compañías consultoras tradicionales se han convertido en una fuente de trabajo para ellos. FranklinCovey ha sido contratada para ayudar a llevar a cabo esa estrategia. Como lo veremos más adelante, la ventaja competitiva no se construye tan sólo comprendiendo el trabajo de los clientes, sino creando las experiencias que buscan los clientes, tanto al comprar como al usar el producto o servicio, y luego, de manera fundamental, establecer procesos internos para garantizar que esas experiencias lleguen al cliente en forma confiable en todo momento. Eso es lo difícil de copiar para los competidores.

Por lo tanto, el potencial de crecimiento es mucho mayor que cuando FranclinCovey sólo competía con otros proveedores de productos de capacitación. En 2015 el rendimiento de FranklinCovey llegó a 220 millones de dólares, un crecimiento anual compuesto de 9.2% en los últimos seis años.

La mitad de la funcionalidad al doble de precio

El cofundador de Intuit, Scott Cook, fue uno de los primeros en adoptar la *teoría de los trabajos* y su labor ha ayudado a definir y a conformar la teoría. En Intuit se refiere al "mejoramiento de la vida del cliente como lo que para él importa más al seleccionar el producto". Pero estamos de acuerdo en que hablamos de lo mismo: el progreso que busca un cliente en circunstancias particulares. Con el tiempo él y yo llegamos a escribir juntos el primer artículo para presentar un avance de la *teoría de los trabajos por realizar* en la revista *Harvard Business Review*[2] (junto con uno de los coautores de este libro, Taddy Hall). Esta teoría ayudó a Intuit a lanzar el exitoso programa computacional de contabilidad QuickBooks para el pequeño mercado empresarial y desde entonces ha dirigido la estrategia de innovación de la compañía.

Curiosamente, Cook dice que casi se le escapó la idea que llevó a la creación de QuickBooks —un producto que ha sido fundamental para el crecimiento a largo plazo de Intuit más allá de su presentación original—, porque no estaba enfocado en lo correcto. Durante muchos años las pequeñas empresas usaban el programa computacional financiero *personal* de Intuit, Quicken, para improvisar una forma de llevar su contabilidad, una solución que no tenía sentido. Quicken no permitía a las pequeñas empresas realizar muchas tareas que otros programas empresariales exitosos ya hacían, como llevar agendas, libros de contabilidad, correos, ventas, débitos, abonos, y hacerlo en el lenguaje reconocido de los contadores. ¿Por qué usaban estas personas Quicken cuando había programas de contabilidad mucho más complejos y fácilmente disponibles?

Resulta que el programa de contabilidad era lo último que querían estas personas. Sólo deseaban la seguridad de que la mecánica financiera estaba funcionando con eficiencia: las facturas enviadas, el dinero cobrado y las cuentas pagadas. El progreso que querían conseguir tenía que ver más con lo que *no* querían hacer que con lo que hacían.

Lo que Cook y su equipo identificaron fue la diferencia entre un trabajo (ingresar un adeudo en el libro de contabilidad) y un problema genuino, en *circunstancias específicas.* Estos propietarios empresariales no necesitaban comprender las complejidades de los estándares reconocidos de la contabilidad. "Los civiles no saben de eso", recuerda Cook. Sólo querían lograr que el dinero saliera y entrara de sus negocios con la mayor eficiencia posible. "Hicimos toda la magia en el trasfondo", explica. Así, si el propietario de una pequeña empresa quería pagar una cuenta, veía una palomita en la pantalla y no tenía que descifrar un lenguaje de contabilidad confuso y engorroso. "Y si quería saber qué clientes estaban atrasados en sus pagos, lográbamos que lo viera rápido y fácilmente".

Quedó claro que los competidores de Intuit para este *trabajo por realizar* no eran los productos complejos de programas de contabilidad que ya estaban en el mercado, sino más bien la decisión de contratar a otra persona sólo para llevar los libros, pasar horas extra en la oficina y realizar todo el papeleo, pensando cómo crear y usar uno de los programas de hojas de cálculo genéricas disponibles, o incluso una caja de zapatos donde se guardan todas las facturas sin esperanzas de que alguna vez se concilien adecuadamente. Así, el tamaño del mercado potencial no podía calcularse con precisión con base en las actuales ventas de los programas de computación de la competencia. Intuit estaba aprovechando la oportunidad para las personas que todavía no habían encontrado ninguna solución satisfactoria, un mercado potencial mucho mayor.

Para un observador externo, QuickBooks podía haber parecido un éxito improbable. Después de todo, el producto ofrecía la *mitad* de la funcionalidad de programas de contabilidad más complejos al *doble* de precio. Pero QuickBooks pronto se convirtió —y así ha permanecido— en el líder global de los programas computacionales de contabilidad en línea. Los competidores se concentraban en realizar los mejores programas de contabilidad posibles. Cook y su equipo se abocaban a hacer el trabajo que los clientes estaban tratando de realizar.

Una visión clara de los trabajos de los clientes significa que una organización nunca debe excederse en lo que los clientes están dispuestos a pagar. Por el contrario, consideramos que cuando los clientes encuentran el producto adecuado que responde a su *trabajo por realizar*, a menudo están dispuestos a pagar *más*, algo que demostraremos a lo largo de este libro. Los ingresos de Intuit por 4 000 millones de dólares en rendimientos y su valor de mercado por 25 000 millones dejan claro que Cook y su equipo entienden eso. "Todo lo que hacemos es concentrarnos en resolver el problema de los clientes —dice Cook—. Eso es todo lo que hacemos y lo único que hacemos."

"Te tengo"

Intuit pudo haber tropezado con los *trabajos por realizar*, pero el descubrimiento inicial de un trabajo no tiene que ser accidental ni aleatorio. Al comprender esta teoría a profundidad, las organizaciones adquieren la capacidad de modificar de raíz su forma de innovar y crecer. Así, muchas innovaciones que se proyectan con grandes expectativas y fanfarrias fracasan porque están enfocadas en mejorar el producto con base en dimensiones que son irrelevantes para el *trabajo por realizar* del cliente, en un proceso que genera un gran desperdicio de recursos. Eso se debe a que los adelantos basados en esas dimensiones *no ocasionan* que el cliente lleve ese producto a su vida. Un producto que ha sido diseñado específicamente para llevar a cabo un *trabajo por realizar* bien entendido permite ponerse en el lugar del cliente y mirar a través de los ojos de éste y le dice al cliente: "Te tengo".

Sin embargo, como lo veremos en esta obra, descubrir un trabajo mal resuelto sólo es el primer paso. La empresa tiene que construir el conjunto adecuado de experiencias en la forma como los clientes encuentran, adquieren y usan el producto o el servicio y luego integrar todos los procesos correspondientes para garantizar que esas experiencias se proporcionen de manera consistente. Cuando se está resolviendo el trabajo de un cliente los productos se convierten esencialmente en *servicios*. Lo que importa no es el conjunto de atributos del producto que se reúna sino las *experiencias* que se hacen posibles a los clientes para ayudarlos a alcanzar el progreso que desean.

Pensamos que las reflexiones de este libro no sólo tienen el potencial de modificar las tasas de éxito de la innovación sino de transformar a las compañías. Pero primero los ejecutivos tienen que cambiar lo que consideran posible. Durante mucho tiempo las empresas han aceptado que el éxito en la innovación es simplemente aleatorio y hemos aceptado tasas de fracaso que no toleraríamos en ningún otro aspecto del negocio. La innovación no tiene que ser lo menos exitoso de una compañía.

RECORDATORIOS DEL CAPÍTULO

- Las organizaciones que carecen de claridad acerca del verdadero trabajo por el que los clientes las contratan pueden caer en la trampa de proporcionar soluciones únicas para todos que al final no satisfacen a nadie.
- Comprender a profundidad los trabajos abre nuevas perspectivas para el crecimiento y la innovación al enfocar distintos segmentos "basados en los trabajos", incluyendo grupos de "no consumidores" para los que todavía no existe una solución aceptable. Deciden no contratar nada, antes que optar por algo que realice el trabajo de manera deficiente. La falta de consumo tiene el potencial de proporcionar grandes oportunidades.
- Ver a los clientes a través de la lente de los trabajos pone de relieve la verdadera competencia por enfrentar, lo que a menudo va mucho más allá de los rivales tradicionales.

PREGUNTAS PARA LOS DIRECTIVOS

- ¿Para qué trabajos están contratando *sus* clientes sus productos y sus servicios?
- ¿Hay segmentos con trabajos específicos que ustedes están atendiendo de manera inadecuada con soluciones únicas útiles para nadie?

- ¿Sus productos —o los de la competencia— exceden lo que los clientes están dispuestos a pagar?
- ¿Qué experiencias buscan los clientes con el fin de progresar, y qué obstáculos deben eliminarse para que tengan éxito?
- ¿Qué revela su comprensión sobre el *trabajo por realizar* de sus clientes acerca de la *verdadera* competencia a la que usted se enfrenta?

Notas

1 He trabajado en el consejo de administración de la SNHU en el pasado y en la mesa directiva de FranklinCovey desde 2004.

2 Clayton M. Christensen, Scott Cook y Taddy Hall, "Marketing Malpractice: The Cause and the Cure", *Harvard Business Review* (diciembre de 2005), https://hbr.org/2005/12/marketing-malpractice-the-cause-and-the-cure.

El trabajo duro —y la recompensa— de aplicar la "teoría de los trabajos"

Llegué pensando que estábamos en el negocio de la construcción de casas nuevas. Pero me di cuenta de que más bien estábamos en el negocio de cambiar vidas.

BOB

CAPÍTULO 4

A la caza de los trabajos

LA GRAN IDEA

Y bien, ¿dónde están todos esos trabajos esperando a ser descubiertos y cómo los encontramos? La respuesta no está en las herramientas que se estén usando sino en lo que se está buscando y cómo se conjuntan todas las observaciones. Si se pueden detectar las barreras que obstaculizan el progreso o las experiencias frustrantes, se habrán hallado las primeras claves de que hay una oportunidad de innovación en la mira. Aquí ofrecemos una muestra de algunas formas de descubrir trabajos: ver los trabajos de nuestra propia vida, buscar oportunidades en "la ausencia de consumo", identificar soluciones alternativas, inspeccionar las cosas que no queremos hacer y detectar usos inusitados para los productos. La innovación tiene que ver menos acerca de producir algo nuevo que de habilitar algo nuevo e importante para los clientes. Aquí presentamos cómo funciona la cacería de trabajos.

Hace una década a Bob Moesta le asignaron ayudar a reforzar las ventas de casas y condominios nuevos para una mediana empresa constructora del área de Detroit, en un mercado cada vez más difícil. La compañía tenía como objetivo clientes en busca de un estilo de vida sencillo, jubilados que buscaban mudarse de la casa familiar y padres divorciados. Las unidades que habían desarrollado se valuaban para atraer a ese sector —entre 120 000 y 200 000 dólares— con toques de calidad superior para dar una sensación de lujo. Pisos que no rechinan, sótanos con triple impermeabilización con recubrimientos de la marca

Tyvek, cubiertas de cocina de granito y electrodomésticos de acero inoxidable. Los compradores podían personalizar cualquier detalle imaginable, desde las perillas de los gabinetes hasta los azulejos de los baños; la compañía proporcionaba una lista de 30 páginas con opciones para elegir. Un equipo de ventas con suficiente personal estaba disponible seis días a la semana para cualquier comprador potencial que entrara por la puerta. Una generosa campaña publicitaria se publicó en las secciones dominicales relevantes de bienes raíces.

No obstante, a pesar de tener mucha afluencia, pocas visitas se convirtieron en ventas. ¿Tal vez con ventanas en voladizo sería mejor? ¿Incluir más parafernalia y accesorios? Los participantes del grupo de debate coincidieron en que todo eso sonaba bien. Así que el arquitecto consiguió añadir ventanas en voladizo a algunas unidades de muestra. Pero aun así las ventas no mejoraron. La empresa estaba sin respuesta en cuanto a la forma de cambiar su trayectoria. El mercado de bienes raíces del área de Detroit estaba en problemas mucho antes de que muchas otras áreas del país empezaran a pasar apuros. Con una industria automotriz que había estado perdiendo empleos durante varias décadas, la tasa de desempleo de Detroit hacia la mitad de la primera década del año 2000 estaba entre las peores del país, casi tres veces superior al promedio nacional. Y con su inversión en la construcción de casas en 14 ubicaciones distintas en un mercado difícil, la compañía necesitaba cerrar ventas muy pronto.

Aunque la compañía había calculado el análisis de costo-beneficio de todos los detalles de cada unidad, casi no tenía idea de lo que podría hacer la diferencia entre atraer a una pérdida de tiempo y un comprador serio. Era fácil especular sobre las numerosas razones de las bajas ventas: el mal clima, los vendedores inexpertos, la inminente recesión, la desaceleración económica por vacaciones, los productos de la competencia, y la ubicación de los condominios. Se habían enfocado en todo lo que podrían añadir a los condominios para atraer a los clientes y que no estaba funcionando.

Pero Moesta adoptó un enfoque diferente: se propuso averiguar para qué trabajo habían contratado el condominio las personas que ya habían comprado una unidad. "Le pedí a la gente que trazara una línea de tiempo acerca de cómo había llegado aquí", recuerda. Lo primero que observó, tras armar patrones con las numerosas entrevistas, fue que *no* podían explicar quién era más probable que comprara. No había un perfil demográfico ni psicológico claro que definiera a los compradores de casas nuevas de la compañía, aun cuando podrían agruparse en un segmento de buscadores de viviendas más sencillas. No había un conjunto de rasgos definitivo en las casas nuevas que los compradores hubieran valorado para influir en su decisión. De hecho, estas características constituían un obstáculo: les resultaba abrumador tener que elegir cada detalle de la casa nueva.

Sin embargo, las conversaciones revelaron una clave inusual: la mesa del comedor. Aunque los clientes potenciales que visitaban las unidades en repetidas ocasiones le decían a la compañía que querían una sala de estar grande, un segundo dormitorio para huéspedes, y una barra de desayuno, para atender a las visitas de manera fácil e informal, les preocupaba no saber qué hacer con su mesa de comedor. "Siempre decían: 'En cuanto pude decidir qué hacer con mi mesa de comedor ya estuve libre para mudarme'". Moesta y sus colegas no entendían del todo por qué la mesa del comedor era tan importante. En la mayoría de los casos la gente se refería a un mueble muy usado, anticuado, que muy bien podía darse a la caridad o simplemente tirarse a la basura.

Pero cuando Moesta estaba sentado ante su propia mesa de comedor con su familia, una noche de Navidad, de pronto comprendió todo. Cada cumpleaños se festejaba alrededor de esa mesa; cada Navidad. Los trabajos escolares se colocaban sobre la mesa, los niños construían fuertes debajo de ella. Incluso cada raspón y cada abolladura tenía su historia. La mesa representaba a la familia. La vida que habían construido juntos. "Ése fue un momento determinante para mí —recuerda—. Me di cuenta de que era algo grande."

Lo que estaba deteniendo a los compradores para tomar la decisión de mudarse no era algo que a la compañía le faltara ofrecer, sino más bien la ansiedad provocada por renunciar a algo que tenía un significado muy profundo. Una entrevistada comentó que necesitó días —y muchas cajas de pañuelos desechables— para limpiar sólo un clóset de su casa para mudarse. Cada decisión acerca de lo que podría caber en el espacio de la nueva casa tenía un sentido emocional. Viejas fotografías, dibujos de primer grado de sus hijos, libretas de recortes. "Estaba reflexionando sobre su vida —señala Moesta—. Cada lección era como desechar un recuerdo."

Comprender eso les ayudó a Moesta y a su equipo a empezar a entender la lucha a la que se enfrentaban estos compradores potenciales. "Llegué pensando que estábamos en el negocio de la construcción de casas nuevas —recuerda Moesta—. Pero me di cuenta de que más bien estábamos en el negocio de mover vidas."

Con esta comprensión del *trabajo por realizar* se realizaron docenas de cambios pequeños pero importantes. Por ejemplo, el arquitecto logró crear espacio en las unidades para una mesa de comedor clásica, reduciendo el tamaño del segundo dormitorio 20%. La compañía también se enfocó en ayudar a los compradores con la angustia de la mudanza, que incluía servicios de transporte, dos años de bodega y un espacio para clasificar, donde los nuevos propietarios pudieran tomarse el tiempo de decidir qué conservar y qué descartar sin la presión de una mudanza inminente. En lugar de 30 páginas de decisiones, que de hecho abrumaban a los compradores, la compañía ofrecía tres variedades de unidades terminadas, un cambio que pronto redujo las cancelaciones de contratos de quienes se echaban para atrás, de cinco o seis por mes a sólo una. Y otros cambios más.

Todo estaba diseñado para comunicar al comprador: "Te tengo. Entendemos el progreso que estás intentando alcanzar y la lucha que requiere". Comprender el trabajo permitió a la compañía llegar al *mecanismo de la causalidad* acerca de por qué los clientes podrían llevar esta solución a sus vidas. Fue complejo, mas no complicado. Eso, a su vez, permitió a la compañía inmobiliaria diferenciar su producto de una manera que resultaba poco probable que sus clientes copiaran o siquiera entendieran. La perspectiva de los trabajos cambió todo. De hecho la compañía aumentó el monto del servicio 3 500 dólares (con beneficio), lo que incluía los costos de mudanza y almacenamiento.

En 2007, cuando las ventas de la industria habían descendido 40% y todo el mercado se estaba derrumbando, los desarrolladores incrementaron el negocio 25 por ciento.

La *teoría de los trabajos* es una herramienta de integración, una forma de dar sentido a una compleja amalgama de necesidades que motivan las necesidades de los clientes en circunstancias particulares. Nos dice qué datos se requieren, cómo se relacionan entre sí y cómo pueden usarse para crear soluciones que cumplan perfectamente con el trabajo. La *teoría de los trabajos* es efectiva porque nos enfoca en la complejidad *adecuada,* dividiéndola en elementos que es preciso comprender para una innovación exitosa. Es la diferencia entre contar con una narración completa, abarcadora, o tener sólo algunas partes dispersas de la película, seleccionadas al azar, como elementos resaltados. Los *trabajos por realizar* nos cuentan toda la historia.

¿Dónde están los trabajos?

Entonces, ¿dónde están todos esos trabajos esperando a ser descubiertos?

A continuación proporcionaremos una guía para los posibles cazadores de trabajos y compartiremos algunas percepciones y métodos que hemos encontrado útiles después de muchos años de trabajar con empresas en retos de innovación del mundo real. No intentamos abarcar todo ni presentar un manual paso por paso. De hecho, como lo señalaremos a lo largo de este libro, no creemos que exista una forma única de identificar los *trabajos por realizar*. Hemos elegido incluir aquí algunas ideas que pueden aportar una visión diferente a través de la lente de los trabajos. Como Jeff Bezos, fundador de Amazon, gusta repetir, "la perspectiva equivale a 80 puntos de coeficiente intelectual".

Algunos de los adelantos más significativos de la ciencia provienen de mentes brillantes que observan lo mismo, con las mismas herramientas, hasta que alguien con una mirada fresca llega con un descubrimiento. Thomas Kuhn, un influyente filósofo y científico historiador examina este fenómeno en *La estructura de las revoluciones científicas.* Estos momentos, concluye, representan un "cambio de paradigma" donde "los científicos ven cosas nuevas y diferentes cuando miran con instrumentos familiares en lugares donde ya habían buscado antes".

Lo mismo ocurre cuando se descubren trabajos: el problema no radica en las herramientas que se usen, sino en lo que se está buscando y en la forma en que se unen las observaciones. El análisis de los trabajos no requiere que se desechen los datos y las investigaciones que ya se han reunido. Tanto los individuos como las investigaciones etnográficas, los grupos de trabajo, los paneles de clientes, el análisis de la competencia, entre otros, pueden ser puntos de partida perfectamente válidos para revelar percepciones importantes si se observa con las lentes adecuadas.

Recordemos el ejercicio mental del capítulo 2 de realizar un pequeño documental. Estamos intentado captar la historia de los clientes en sus momentos de lucha o de deseo de progreso. Una lente enfocada en los trabajos cambia lo que vemos: las prioridades y las concesiones que los clientes están dispuestos a hacer pueden parecer totalmente distintas, el paisaje de la competencia cambia por un sorprendente elenco de personajes y aparece una oportunidad de crecimiento donde ninguno parecía posible. Los trabajos están por todas partes a nuestro alrededor, pero es útil saber dónde buscar y cómo interpretar lo que se encuentra. Es preciso tener una estrategia de cacería de trabajos.

Aquí presentamos cinco maneras de descubrir trabajos que podrían estar justo frente a usted, si sabe lo que está buscando: ver los trabajos de nuestra propia vida, buscar oportunidades en la ausencia de consumo, identificar soluciones alternativas, inspeccionar las cosas que *no* queremos hacer y detectar usos inusitados para los productos. He aquí cómo funciona esto.

1. Buscar un trabajo cerca de casa

En el contexto de un mundo obsesionado con los datos, podría ser una sorpresa que algunos de los más grandes innovadores del mundo hayan tenido éxito con poco más que su propia intuición sobre un *trabajo por realizar* como guía de su esfuerzo. El fundador de Sony, Akio Morita, de hecho aconsejó que no se realizara una investigación de mercado, y en lugar de eso propuso "observar minuciosamente cómo vive la gente, hacerse una idea intuitiva acerca de lo que podría querer y luego trabajar con eso". El innovador reproductor de casetes Walkman de Sony se detuvo temporalmente cuando una investigación de mercado señaló que los consumidores nunca comprarían un reproductor de cintas que no pudiera grabar y que a los consumidores les molestaría usar audífonos. Sin embargo, Morita pasó por alto las advertencias del departamento de mercadotecnia y confió en su propio instinto. Se llegaron a vender más de 330 millones de unidades del Walkman y se creó una cultura mundial de aparatos de música personales.

Comprender los trabajos no resueltos en nuestra propia vida puede proporcionar un territorio fértil para la innovación. Basta con mirarse al espejo; nuestra vida es muy elocuente. Si algo le importa a usted es probable que también le importe a otros. Tomemos como ejemplo al fundador de la Academia Khan, Sal Kahn, y sus primeros videos aficionados que realizó en YouTube para explicar matemáticas a su prima. No eran algo nuevo, pues había cientos de tutoriales de matemáticas en línea tan sólo en YouTube. "No usaban unos auriculares con USB como yo —recuerda—. Mi versión era barata e improvisada." Pero había una diferencia clave. Las otras lecciones parecían complicadas y pedantes. "No se centraban en las principales ideas conceptuales y definitivamente no eran divertidas", comenta. No es que su prima le haya dicho eso. "Tenía 12 años. No sé qué tanto reflexionaría sobre el proceso", recuerda. A Nadia, la prima de Khan, le parecía estresante la manera en que se enseñaban las matemáticas en su escuela, lo mismo que las opciones de que sus padres trataban de ayudarla a entender o de pedirle al profesor ayuda extra. Pero con los videos en línea de su primo había poco en juego. Khan creó sus videos no sólo para enseñar matemáticas a su prima, sino también para mantener el contacto con su familia y compartir la pasión que sentía por aprender. Su prima, por otra parte, contrataba sus videos para sentirse exitosa al poder aprender conceptos matemáticos complejos de una manera que de hecho era divertida.[1]

Resultó que había mucha gente que sentía el mismo dolor que su prima. Hoy millones de estudiantes de todo el mundo aprenden a su propio ritmo con la Academia Khan en línea.

Algunas de las empresas emergentes más exitosas en años recientes han surgido del *trabajo por realizar* personal de sus fundadores. Sheila Marcelo inició Care.com, el servicio de cuidado infantil, cuidado de adultos mayores y cuidado de mascotas con "emparejamiento", después de tener problemas con sus propias necesidades de cuidado infantil. Ahora cuenta con cerca de 10 millones de miembros en 16 países y con ingresos de casi 460 millones de dólares, a menos de 10 años de su fundación.

Pero si usted se ha puesto a temblar preocupado porque no ha tenido una percepción reveladora como estos emprendedores, no se preocupe.

La buena noticia es que no tiene que depender de una inspiración personal para descubrir un trabajo que podría generar una valiosa oportunidad de innovación para su organización. Puede aprender mucho sólo con observar a los clientes que ya tiene, o que todavía no tiene. Pero debe saber qué está buscando.

2. Competir contra nada

Se puede aprender tanto sobre el *trabajo por realizar* de personas que *no* están contratando ningún producto o servicio como de quienes sí lo hacen. A esto lo denominamos "ausencia de consumo", cuando los consumidores no pueden encontrar ninguna solución que satisfaga su trabajo y optan por no hacer nada. Con mucha frecuencia las compañías sólo consideran cómo pueden captar las participaciones de sus competidores, pero no dónde pueden encontrar una demanda no advertida. Es posible que ni siquiera la *vean* porque los datos que existen no les indican dónde encontrarla. Pero la ausencia de consumo a menudo representa la oportunidad más fértil, como ocurrió con la Southern New Hampshire University.

Después de que una compañía se libra de los grilletes de la competencia basada en las categorías, el mercado para una innovación revolucionaria puede ser *mucho* mayor de lo que podría suponerse por el tamaño que la visión tradicional le atribuye al paisaje de la competencia. No podrá descubrirse la ausencia de autoconsumo si no se busca.

Chip Conley, director de hospitalidad y estrategia globales de Airbnb, comenta que 40% de sus "huéspedes" afirman que ni siquiera habrían viajado —ni se habrían hospedado con familiares— si Airbnb no existiera. Y virtualmente todos sus "anfitriones" nunca habrían considerado rentar una habitación libre ni toda su vivienda. Para estos clientes Airbnb no compite con nada.

Kimberly-Clark ya tenía una gran participación en el mercado de los productos para incontinencia de adultos, cuando advirtió que podría haber una oportunidad que no había visto antes. La línea de productos Depend de la compañía fue introducida en la década de 1980, cuando la empresa identificó la oportunidad de resolver un doloroso problema para los adultos que padecían incontinencia, en general personas enfermas o de edad avanzada. Fue un producto muy exitoso desde cualquier punto de vista. Pero aún había mucha gente que prefería arreglárselas con nada antes de contratar Depend.

La compañía siempre ha tenido cuidado de etiquetar el producto en el paquete como "ropa interior", pero más o menos parecía una bolsa de pañales para adulto. Se vendían en bolsas de tamaño y forma similar a las de los pañales para bebés y eran, por lo menos al principio, blancos, voluminosos y, lo peor de todo, crujientes. (El programa televisivo *Saturday Night Live* transmitía una sátira que mostraba a adultos persuadiendo a sus padres ancianos de que usaran la ropa interior "Leyendas Depend" etiquetadas con rostros famosos.)

Con la perspectiva de los *trabajos por realizar*, la compañía se dio cuenta de que todavía había una inmensa oportunidad por aprovechar. Casi 40% de los adultos mayores de 50 años sufren de incontinencia, de acuerdo con la investigación de Kimberly-Clark, una cantidad que se espera crezca al envejecer las poblaciones y aumentar la expectativa de vida. Las investigaciones sugieren que, aunque una de cada tres mujeres mayores de 80 años sufra de algún tipo de incontinencia, sólo un pequeño porcentaje usará algún tipo de producto para la incontinencia. Hay muchos consumidores que optan por nada antes que entrar en una tienda y comprar un pañal para adultos. "El estigma y la ansiedad cobran un enorme precio a la calidad de vida de los afectados", explica Giuseppina Buonfantino, de Kimberly-Cark. Por lo regular las personas sufren hasta dos años antes de rendirse y comprar un producto para la incontinencia. En su desesperación, recurren a cualquier cantidad de opciones; por ejemplo, usar toallas sanitarias femeninas como una medida temporal. O, lo que es más doloroso, simplemente se desconectan socialmente: no viajan, dejan de asistir a restaurantes y a espectáculos, cesan de pasar tiempo con sus amigos y sus familiares. Había un *trabajo por realizar* muy claro para esas personas que preferían permanecer en casa antes que pasar por una situación embarazosa: ayudarlos a recuperar su vida.

Con esa percepción, dice Buonfantino, la compañía concentró sus esfuerzos no sólo en crear un nuevo producto —pantaletas Silhoutte Depend para mujeres y trusas de ajuste real para hombres— sino en romper con el estigma y devolver a las personas su dignidad en el manejo del problema. Hasta arriba de la lista estaba la necesidad de crear un producto que no luciera ni se sintiera ni remotamente como un pañal para adulto. El nuevo producto tenía que inspirar a los consumidores a superar la ansiedad que les provocaba comprar y usar esa prenda de ropa interior para adulto.

Éste no era simplemente un problema cosmético o de mercadotecnia. La empresa tenía que crear materiales y tecnologías completamente nuevos, lo que le permitiría fabricar un producto que tuviera una apariencia y una sensación muy similares a las de la ropa interior común. El paquete estaba diseñado para tener la misma apariencia que cualquier otro producto de ropa interior: con ventanas transparentes que permitían que el propio cliente comprobara que el producto sí se veía como ropa interior.

Después de dedicar tiempo a comprender el trabajo requerido, incluyendo sus componentes emocionales críticos, al final la compañía anotó un jonrón. Como ganador del premio Nielsen Breakthrough Innovation, en su primer año el producto generó 60 millones de dólares en ventas, con un crecimiento de 30% en el segundo año, sin perjudicar la participación de mercado de sus productos existentes. Esto condujo a otros lanzamientos internacionales, todos en la categoría de la edad "madura".

Una perspectiva enfocada en los trabajos puede cambiar nuestra manera de ver el mundo de una forma tan significativa que pueden surgir nuevas oportunidades de crecimiento donde antes no parecía haber ninguna. De hecho, si parece que no hay espacio para el crecimiento en un mercado, podría ser una señal de que se ha definido el trabajo en forma deficiente. Podría haber una oportunidad de crecimiento totalmente nueva justo enfrente de usted.

3. Soluciones alternativas y comportamientos compensatorios

Como innovador, detectar consumidores que estén luchando por resolver un *trabajo por realizar* improvisando soluciones alternativas y comportamientos compensatorios, como lo hizo Kimberly-Clark con su línea Silhouette, debería provocar que su corazón latiera más rápido, una vez que ha encontrado posibles clientes, consumidores que están inconformes con las soluciones disponibles para un trabajo que quieren resolver a toda costa y hacen todo lo posible por crear su propia solución. Cuando usted vea un comportamiento compensatorio, ponga mucha atención, porque probablemente es una clave de que hay una oportunidad de innovación lista para ser aprovechada, una ocasión que sus clientes sabrían valorar en gran medida. Pero ni siquiera verá esas anomalías —los comportamientos compensatorios y las soluciones alternativas improvisadas— si no *está inmerso a fondo en el* contexto *de su conflicto.*

Frustrado por lo ridículamente difícil —y financieramente punitivo— que los bancos hacían de la experiencia de abrir una cuenta de ahorro para niños, un amigo mío hizo un gran esfuerzo para establecer un "Banco de Papá" simbólico para que sus hijos entendieran el poder del interés compuesto. El dinero para gastos y las asignaciones semanales de los hijos nunca se ingresaron en un banco —sus padres lo guardaban—, pero cada mes el padre acreditaba los ingresos a la cuenta y calculaba y sumaba los intereses que habían generado, con una tasa razonable, a diferencia del banco real.

No es de sorprender que mucha gente haya renunciado de plano a las cuentas de ahorro. Durante décadas los bancos tradicionales habían dejado claro que ese segmento de individuos "con un valor neto bajo", que querían simples cuentas de ahorro, era indeseable. No eran redituables en los modelos de negocios bancarios existentes. De modo que los bancos hicieron todo lo posible por desalentarlos: requisitos de saldo mínimo y cargos e intereses por todo tipo de servicios. Los hijos de mi amigo, con el dinero de sus asignaciones y el que les obsequiaban sus abuelos, no eran parte del segmento que los bancos querrían atraer. Pero eso no significa que no hubiera una gran oportunidad por considerar.

Llegó ING Direct, que vio el mercado con una nueva lente.

Había un complejo *trabajo por realizar* que tenía poco que ver con la función de ahorrar dinero. En el caso de mi amigo, él quería sentirse como un buen padre ayudando a sus hijos a comprender la importancia de ahorrar para lograr objetivos. ING Direct eliminó los obstáculos. Es un servicio increíblemente sencillo: el banco ofrece algunas cuentas de ahorros, unos certificados de depósito y fondos de inversión. No exige depósitos mínimos y pueden abrirse cuentas sólo con un dólar si se quiere. Es rápido, conveniente y más seguro que juntar monedas en un cajón, dejarlas en tarjetas de cumpleaños y luego olvidarlas, o que calcular tasas de interés excesivas en el "Banco de Papá".

ING Direct requería una estructura de costos y un modelo de negocios muy distinto si quería ganar dinero, pero eso era más fácil una vez que se comprendía el trabajo que los clientes intentaban realizar. Todo en ING Direct se abocaba a resolver el *trabajo por realizar* de los clientes: debido a que era un banco en línea, sus costos de operación sólo eran una parte de los de sus competidores del mundo real. Y además tampoco tenía los costos generales de especialistas para gestión patrimonial, préstamos, servicios internacionales, entre otros. Eso significaba que la atención en la rentabilidad y en la eficiencia provenía de un ángulo completamente distinto, sin la carga de soportar costos de operación, pero optimizando recursos para resolver los trabajos de los clientes.

ING Direct pronto se convirtió en el banco de crecimiento más rápido de Estados Unidos. Los bancos deberían haber tenido todas las herramientas para captar este mercado, pero se enfocaron en segmentar a los clientes en lugar de comprender sus *trabajos por realizar*. En 2012 ING Direct fue vendido a Capital One por 9 000 millones de dólares.

OpenTable, un servicio en línea de reservaciones de restaurantes en tiempo real, se originó por una solución alternativa común. Siempre he odiado tener que averiguar cómo hacer una reservación para comer en un restaurante. Cuando tiene dos amigos que han llegado a su ciudad y decide que quiere salir con ellos, querrá mostrarles su restaurante favorito. Todos consultan sus agendas y se ponen de acuerdo, de manera que llama al restaurante y se entera de que no tienen cupo a la hora que ha convenido con sus amigos. ¿Podría ser mejor a las nueve? Pero resulta que uno de ellos tiene problemas con la niñera. Está bien, de nuevo a planearlo. ¿A qué otro restaurante podemos ir? Durante muchos años todos hemos tenido que usar estas soluciones alternativas para ir a un restaurante, pero OpenTable resolvió este trabajo.

4. Busca lo que la gente no quiere hacer

Creo que tengo tantos trabajos que *no* quiero hacer como trabajos que definitivamente sí quiero emprender. Los llamo "trabajos negativos". De acuerdo con mi experiencia, los trabajos negativos a menudo son las mejores oportunidades de innovación.

Qué padre no se identifica con este problema: su hijo despierta con la garganta irritada. Por su experiencia piensa que probablemente es un estreptococo. Quiere que su hijo se sienta mejor y sabe que darle medicina lo más pronto posible es fundamental, pero, ¡vaya!, *realmente* no es un buen día para que esto suceda. Tiene mucho trabajo en la oficina, los servicios de cuidado infantil se complican y lo último que quisiera hacer es dedicar tiempo para ir al doctor y lo que será una revisión rápida para confirmar lo que ya sospecha. Si llama al pediatra, él, en conciencia, le dirá que no puede recetarle nada sin examinar al niño. Después de arreglárselas para conseguir una cita no programada podría sentarse en la sala de espera durante un largo rato para que el doctor le haga un espacio. Horas después de la primera llamada, cuando por fin entra en la sala de exploración, el doctor hace un cultivo rápido y concluye que es faringitis estreptocócica. Ordena algo a la farmacia, pero usted tiene que esperar 30 minutos para recogerlo. Ha perdido toda la tarde. En este caso el *trabajo por realizar* es "*no* quiero acudir al médico".

Rick Krieger, alumno de la Harvard Business School, y sus socios decidieron fundar QuickMedx, la antecesora de cvs MinuteClinics, después de que Krieger pasó unas horas frustrantes esperando en una sala de urgencias para que le realizaran una prueba de estreptococos en la garganta. cvs MinuteClinic puede atender a pacientes sin cita instantáneamente y hay practicantes de enfermería que pueden prescribir medicinas para padecimientos de rutina, como conjuntivitis, infecciones de oído y faringitis estreptocócica. Debido a que la mayoría de las personas *no* quiere asistir al médico si no tiene que hacerlo ahora, hay más de 1 000 sedes de Minute-Clinic en farmacias de cvs en 33 estados de la Unión Americana.

5. Usos inusuales

Usted puede aprender mucho al observar cómo sus clientes usan sus productos, en especial cuando los emplean en formas distintas a las que su compañía había ideado. Una historia que suelo contar para explicar a mis estudiantes cómo buscar trabajos que están ocultos a plena vista es el caso de la "categoría" del bicarbonato de sodio de Church & Dwight. Durante cerca de un siglo, la icónica caja anaranjada del bicarbonato de sodio de Arm & Hammer ha sido un producto básico en toda cocina estadounidense, un ingrediente esencial para hornear. Pero a finales de la década de 1960 la administración observó las diversas circunstancias en que los consumidores sacaban la caja anaranjada del estante. Lo añadían al detergente para ropa, lo mezclaban con la pasta de dientes, lo espolvoreaban en la alfombra o dejaban una caja abierta en el refrigerador, entre otros usos inusuales. Hasta entonces, a la administración no se le había ocurrido que su producto básico pudiera ser contratado para otro trabajo que no fuera el clásico horneado. Pero esas observaciones condujeron a una estrategia basada en los trabajos con la introducción del primer detergente para ropa libre de fosfatos y de una serie de otros productos nuevos de gran éxito, como la arena para gatos, los limpiadores de alfombras, los ambientadores perfumados, el desodorante, entre otros.

Ahora vemos la marca Arm & Hammer en una amplia gama de productos, pero cada una responde a un *trabajo por realizar:*

- Ayúdame a sentir la boca fresca y limpia.
- Deodoriza mi refrigerador.
- Mantén mi alberca limpia y fresca para mí y mi ambiente.
- Ayúdame a mantener mis axilas limpias y frescas.
- Limpia y refresca mis alfombras.
- ¡Deodoriza la apestosa caja de arena del gato!
- Refresca el aire de esta habitación
- Elimina las manchas y el moho de la regadera.

No es que estos trabajos sean nuevos, pues siempre han existido. Church & Dwight sólo tenía que descubrirlos. El negocio del bicarbonato de sodio de la caja anaranjada ahora equivale a menos de 7% de los ingresos de Arm & Hammer: observar los usos inusuales ha generado millones de dólares en la creación de productos nuevos.

En años recientes, algunos de los mayores éxitos de productos empacados para el consumidor no han provenido de nuevos y llamativos productos, sino de un trabajo identificado en usos inusuales de productos establecidos de tiempo atrás. Por ejemplo, NyQuil había estado en el mercado durante décadas como un remedio contra la gripe, pero resulta que algunos consumidores estaban tomando un par de cucharadas para poder dormir, incluso cuando no estaban agripados. Así nació ZzzQuil, que ofrecía a los consumidores el descanso que requerían sin los demás ingredientes activos que no necesitaban.

Cuando los comercializadores comprenden la estructura del mercado desde la perspectiva del *trabajo por realizar* del consumidor, en lugar de hacerlo mediante categorías de productos o de consumidores, de pronto el tamaño potencial de los mercados que atienden se vuelve muy distinto. El crecimiento puede encontrarse donde antes ninguno parecía posible.

El "marcador emocional"

Hemos identificado más de cinco áreas fértiles diferentes para buscar trabajos.[2] Pero para hacerlo adecuadamente, una vez que se ha encontrado una veta prometedora, es preciso ver a su alrededor para comprender el *contexto* de un trabajo antes de que se pueda innovar para resolverlo. Si usted quiere crear productos y servicios que los clientes deseen incorporar a su vida, tendrá que cavar profundo y buscar bien, para identificar las dimensiones no sólo funcionales sino también sociales y emocionales del progreso que sus clientes están buscando. Incluso los innovadores más experimentados pueden dejar escapar buenas oportunidades que se encuentren enterradas en el contexto de comprender bien un trabajo, si su enfoque es muy estrecho.

Tomemos como ejemplo a Todd Dunn, quien pasó mucho tiempo pensando qué herramientas necesitan los doctores para hacer bien su trabajo. Como director de innovación de Intermountain Healthcare Transformation Lab,[3] Dunn está encargado de ayudar a llevar la innovación a todos los rincones de la organización, incluyendo replantear los enfoques de las prácticas comunes para la atención de los pacientes. Pero un día de otoño, hace algunos años, se encontró en un terreno poco familiar: como paciente fue atendido por su jefe. Dunn había estado padeciendo problemas de rodilla durante mucho tiempo y finalmente decidió que lo revisara uno de los mejores cirujanos ortopédicos de Intermountain. Había estado en las salas de exploración de Intermountain muchas veces en el transcurso de su trabajo, pero como paciente en esa pequeña sala de exploración todo le parecía diferente ese día. "Estaba en esa sala sentado, sobre ese papel crujiente, esperando al doctor y pensaba: '¿Quién diseñó esto?' Ese papel crujiente es incómodo. No sabes si vas a resbalarte de la mesa. Hace ruido cada vez que te mueves. Aunque sólo parece un pequeño detalle, impide que te relajes. Provoca ansiedad", recuerda Dunn.

Como director de cientos de esfuerzos de innovación a lo largo de su carrera, reconoció de inmediato que el papel se había diseñado para cumplir una función: mantener limpia la mesa de exploración. Pero desde la perspectiva de ser un paciente intensificó su sensación de vulnerabilidad. En combinación con la luz estéril, los rayos X que se alineaban como un mal agüero en un tablero de luz y los ruidos apagados de la gente pasando apresuradamente por su puerta, cuando el doctor Holmstrom entró Dunn ya estaba muy nervioso.

Pero a los pocos minutos de haber iniciado la cita el doctor Holmstrom calmó su ansiedad. Cuando empezó a explicarle su diagnóstico, tomó un pedazo de papel para dibujar, a grandes rasgos, el problema de la rodilla y lo que podía hacerse para arreglarlo. Esto era tranquilizador pero intrigante. Dunn sabía que había un programa actualizado en la computadora que estaba justo atrás del hombro de Holmstrom para ayudarlo a registrar y a comunicar sus diagnósticos durante la exploración. Pero el doctor decidió no usarlo. "¿Por qué no estás tecleando esto en la computadora?", le preguntó Dunn.

En respuesta, Holmstrom acercó su silla a la computadora para demostrarle. El doctor explicó entonces que no sólo escribir la información en la computadora le tomaría demasiado tiempo, sino que también ocasionaría que se diera la vuelta y se alejara del paciente, aunque fuera sólo un momento, cuando estaba dando el diagnóstico. No quería que sus pacientes tuvieran esa experiencia. El doctor quería mantener contacto visual, para que el paciente estuviera tranquilo y sintiera que estaba en buenas manos. En ese momento lo más importante no era recurrir a una imagen de vanguardia, sino mantener contacto con un paciente ansioso y tranquilizarlo. "Habíamos diseñado un excelente programa de computación que podría ayudar a ese doctor a realizar su trabajo, pero elegía 'contratar' un pedazo de papel y una pluma", recuerda Dunn. "Realmente fue una revelación. Habíamos diseñado todo en esa sala desde una perspectiva funcional, pero omitimos totalmente el lado emocional."

Dunn y su equipo ya habían estado explorando la *teoría de los trabajos* para impulsar su innovación, pero esa visita como paciente realmente reveló la importancia de comprender toda la complejidad de un trabajo con todas sus dimensiones sociales, emocionales y funcionales. Por muy vanguardistas que fueran las herramientas computacionales no tenían contemplado todo el cuadro.

La revelación de Dunn como paciente lo ayudó a comprender los defectos del proceso de innovación más amplio de Intermountain. Históricamente, la empresa había dependido en gran medida de programas computacionales patentados para casi todas las funciones, desde permitir que los doctores ordenaran pruebas y servicios de seguimiento para los pacientes hasta programar quién estaba en qué habitación en qué momento. El desarrollo de programas computacionales, dice Dunn, a menudo iba después de que, por ejemplo, los médicos acudían a una sala de conferencias donde les preguntaban qué necesitaban. Los analistas anotaban lo que oían y se lo transmitían a un ingeniero, quien, a su vez, desarrollaba una solución que cumplía con la descripción de los médicos. La premisa era, dice Dunn, que "el médico siempre tiene razón o el médico puede explicar lo que hace con suficiente detalle para satisfacer un 'trabajo' para el que necesita ayuda". Así, lo que quiera que les dijeran que requería un programa era para lo que los ingenieros diseñaban.

Pero de alguna manera lo que los médicos decían no siempre iba de acuerdo con lo que realmente querían que el programa hiciera. Y no tomaban en cuenta al cliente final: el paciente. Con mucha frecuencia los proyectos requerían actualizaciones o ajustes, se retrasaban o se cancelaban. "Habíamos estado pensando en el diseño durante mucho tiempo —dice Dunn—. Pero las cosas seguían sin funcionar. Me di cuenta de que estábamos observando a la gente, podíamos decir mucho sobre su comportamiento y lo que sucedía primero, lo que sucedía después, y así en adelante, pero no estábamos observando el *trabajo*."

Desde entonces, el equipo de Intermountain ha instituido un marco basado en los trabajos (al que internamente llaman *diseño para la gente*), que requiere la observación y el desentrañamiento de los componentes no sólo funcionales sino también emocionales y sociales de un trabajo antes de diseñar el informe de innovación. "Nos dimos cuenta de que la gente tiene una visión más amplia. Se presupone que la 'experiencia del usuario' tiene que ver con una pantalla hermosa y con asegurarse de que todos los botones estén en el lugar correcto. Pero eso no tiene casi nada que ver con lograr que la experiencia de usar un programa de computación sea correcta en el mundo real, donde los médicos la usan. No pueden presentarse requisitos de diseño en una sala de conferencias. Tienes que salir al mundo real y vivirlo."

Muchas compañías caen en la trampa de preguntar a los consumidores qué podrían modificar de su producto actual para hacerlo más atractivo: ¿más velocidad?, ¿más colores?, ¿mejor precio? Cuando se parte del supuesto de que sólo se está alterando lo que ya se ha creado, o bien dependiendo de las definiciones de categorías ampliamente aceptadas en la industria, es posible que se haya perdido la oportunidad de descubrir el verdadero trabajo para los clientes.

Procter & Gamble (P&G) aprendió esto por las malas con su introducción inicial de pañales desechables en China, que debería haber sido un éxito apabullante. P&G sabía cómo fabricar y vender pañales a los consumidores occidentales y había millones de bebés en China que, de acuerdo con las prácticas locales, no usaban pañales. ¿Acaso no era ése un mercado lleno de consumidores potenciales?

"El concepto era que si podíamos producir un pañal lo suficientemente barato para mercados en desarrollo, podríamos desarrollar el mercado sustancialmente", recuerda David Goulait, quien pasó décadas dentro del grupo de investigación y desarrollo mundialmente reconocido de P&G. Gran parte del esfuerzo, comenta Goulait, se dirigía a cómo elaborar "un dispositivo de contención funcional" para niños que sólo costara 10 centavos, llamado "pañal de 10 centavos". La hipótesis era que los padres en China comprarían versiones de menor calidad de los pañales de Estados Unidos y de Europa, si eran lo suficientemente asequibles.

Pero, para sorpresa de P&G, los pañales de precio reducido no estaban volando de los anaqueles. Al darse cuenta de que estaban intentando crear un producto para un mercado que no veía automáticamente el valor de los pañales tradicionales —en lo absoluto—, Goulait estaba impaciente por encontrar claves de lo que estaba fallando. Empezó investigando cómo se sentían los consumidores del mercado en desarrollo acerca de las características funcionales de los pañales que siempre habían sido fuente de orgullo y excelencia para P&G. ¿Los pañales estaban demasiado ásperos? ¿Demasiado endebles? ¿Eran emasiado costosos? Era difícil encontrar una respuesta. Sin hablar la lengua de los países en desarrollo donde P&G estaba investigando, Goulait permanecía en el cuarto trasero de un grupo de sondeo, escuchando y confiando en su traductor. Mientras el moderador se ocupaba del protocolo de preguntas estándar —cómo fue la experiencia, cuál fue el punto principal de la semana, etcétera— la respuesta de una mujer provocó las carcajadas del grupo. ¿Qué había dicho para desatar esa respuesta? El traductor también rió. El punto principal de la semana de esa mujer, informó alegremente, fue la reanudación de la intimidad con su esposo: tres veces en esa semana.

¿Eso qué tenía que ver con los pañales? Debido a que el bebé había dormido toda la noche, ella también pudo dormir y estar más descansada. Entonces el resto de la historia cobró sentido. El moderador le preguntó qué opinaba su marido sobre el pañal. "Fueron los 10 centavos mejor gastados de su vida…" Más risas.

En ese momento Goulait se dio cuenta de que su enfoque había sido muy estrecho, pues se había limitado sobre todo a las características funcionales del pañal. Pero el *trabajo por realizar* que resolvía el pañal era mucho más complejo e interesante: incluía dimensiones sociales relacionadas con su repercusión en la vida familiar y en la relación de una pareja, así como con otras dimensiones sociales. Para Goulait, la perspectiva de los *trabajos por realizar* proporcionaba una especie de eslabón perdido. "Antes de eso —recuerda Goualait sobre su conversión al poder de la *teoría de los trabajos*—teníamos percepciones muy sólidas edificadas sobre la idea de la 'necesidad del cliente'. Nuestro enfoque se basaba en gran medida en definir esas necesidades mediante una investigación de mercado tradicional y luego cumplir esos requerimientos."

Pero en opinión de Goulait las "necesidades" que se identificaban a menudo sólo se limitaban a las necesidades "funcionales" sin tomar en cuenta las dimensiones sociales y emocionales más amplias del problema del cliente. "Y la idea de que en muchos casos las necesidades emocionales y sociales podrían estar en el mismo nivel que las necesidades funcionales, y tal vez incluso podrían ser el motor… —afirma Goulait—. Para mí eso fue revelador. No debemos separar los tres aspectos. Están integrados. De hecho, son la clave para lograr una introducción del producto realmente exitosa." Los *trabajos por realizar* proporcionaron no sólo el lenguaje sino también la *estructura*, la idea de que tienes que comprender e innovar con base en las tres dimensiones del trabajo de un cliente. "*De alguna manera* ya lo sabíamos, pero no teníamos la estructura y el lenguaje para abordarlo de formaa específica y para ponerlo en práctica efectivamente."

Así, en P&G se esforzaron por asegurarse de que los clientes potenciales reconocieran cómo sus pañales en verdad resolvían todo el *trabajo por realizar* en su vida. Con ayuda de un proyecto de investigación de dos años en el Centro de Investigación del Sueño del Hospital Infantil de Beijing, P&G informó que los bebés que usaron pañales desechables Pampers conciliaban el sueño 30% más rápido y dormían 30 minutos más por la noche. El estudio incluso relacionó el sueño extra con una mejoría en el desarrollo cognitivo, un beneficio significativo en una cultura que confiere una alta prioridad al logro académico. Cuando finalmente P&G lanzó nuevamente los pañales en China, la publicidad presentó los beneficios emocionales y sociales explícitos: la investigación que sugería que los bebés que duermen bien por la noche se desarrollan mejor.

Para 2013 Pampers ya era una de las marcas de pañales con más ventas en China,[4] con 1.6 mil millones de dólares y alrededor de 30% del mercado en un país donde una década antes no se usaban pañales desechables.

Si un consumidor no ve su trabajo en el producto de usted se acabó el juego. Incluso peor, si un consumidor contrata su producto por otras razones distintas a las de su *trabajo por realizar*, corre el riesgo de perder a ese cliente para siempre. Como lo veremos más adelante, es importante señalar que "este producto no es para usted", o si no regresarán y dirán que es un producto inútil.

Método en la locura

¿Dónde estaba la genialidad en todas estas historias de éxito? Está en saber dónde buscar. Hay un método en la locura. Lo que tienen en común es la búsqueda de una *causa*. Con una teoría que predice lo que ocasiona que algo suceda, las innovaciones de vanguardia no requieren golpes de suerte. No dependen de que alguien, al juguetear con un magnetrón que emite microondas, descubra accidentalmente que el chocolate de su bolsillo se ha derretido, o cualquier otra brillante alquimia o accidente que se ha convertido en conocimiento popular innovador. La magia de la lente de los *trabajos por realizar* es que no se requiere ninguna magia en lo absoluto. Esta lente le permite ver lo mismo que los demás, pero de una manera diferente.

RECORDATORIOS DEL CAPÍTULO

- La *teoría de los trabajos* proporciona una guía clara para una innovación exitosa porque permite una visión completa, abarcadora, de toda la información que se requiere para crear soluciones que resuelven el trabajo perfectamente.
- Hay muchas maneras de desarrollar una comprensión profunda del trabajo, incluyendo técnicas de investigación de mercado tradicionales. Aunque es útil desarrollar una estrategia de "cacería de trabajos", lo que más importa no son las técnicas específicas que se utilicen, sino las preguntas que se plantean al aplicarlas y la forma en que se conjunta toda la información obtenida.
- Una fuente de ideas sobre trabajos es la propia vida. Nuestras vidas están muy articuladas y nuestras propias experiencias ofrecen un terreno fértil para descubrir *trabajos por realizar*. Algunas de las innovaciones más exitosas de la historia se han derivado a partir de las experiencias y de la introspección de los individuos.
- Mientras muchas compañías dedican la mayor parte de sus esfuerzos de investigación de mercado a intentar comprender mejor a sus clientes actuales, con frecuencia pueden obtenerse ideas importantes sobre los trabajos estudiando a las personas que *no* están comprando nuestros productos, ni ningunos otros, a los que llamamos grupo de no consumidores.
- Si usted ve a personas que emplean soluciones alternativas o "comportamientos compensatorios" para realizar un trabajo, ponga mucha atención. Ésa suele ser una clave de que se ha topado con una oportunidad de innovación con alto potencial, porque el trabajo de esas personas es

tan importante y se sienten tan frustradas que literalmente están inventando sus propias soluciones.

- Estudiar de cerca *cómo* los clientes usan sus productos a menudo origina una importante percepción de los trabajos, en particular si esos productos se usan de maneras inusuales o inesperadas.

- La mayoría de las empresas se enfoca de manera exagerada en las dimensiones funcionales de los trabajos de sus clientes; pero deberían prestar la misma atención a descubrir las dimensiones emocionales y sociales, pues atender las tres dimensiones es fundamental para que su solución resuelva el trabajo.

PREGUNTAS PARA LOS DIRECTIVOS

- ¿Cuáles son los trabajos importantes no satisfechos en su vida y en la vida de quienes lo rodean? Analice detalladamente las circunstancias de estos trabajos, así como las dimensiones funcionales, emocionales y sociales del progreso que está intentando alcanzar. ¿Qué oportunidades de innovación sugieren?

- Si usted es consumidor de los productos de su propia compañía, ¿para qué trabajos los utiliza? ¿En qué fallan para cumplir con el trabajo perfectamente y por qué?

- ¿Quién *no* está consumiendo sus productos ahora? ¿En qué difieren sus trabajos de los de sus clientes actuales? ¿Qué impide que estos no consumidores usen sus productos para resolver sus trabajos?

- Salga al terreno y observe a los consumidores usar sus productos. ¿En qué circunstancias los utilizan? ¿Cuáles son las dimensiones funcionales, emocionales y sociales del progreso que están tratando de conseguir? ¿Los están usando en formas inesperadas? Si es así, ¿qué revela esto acerca de la naturaleza de sus trabajos?

Notas

[1] En *Disrupting Class,* que escribí con mis colegas Michael Horn y Curtis Johnson, afirmamos que asistir a la escuela no es un trabajo. El trabajo en la vida de cada

estudiante es "quiero sentirme exitoso todos los días". Y francamente la mayoría de las escuelas no están diseñadas para realizar bien ese trabajo. De hecho, los chicos a menudo regresan a casa al final de un día en la escuela sintiéndose intelectualmente derrotados, y que han fracasado. Los estudiantes pueden contratar una escuela para realizar el trabajo, pero hay muchos competidores que también podrían contratar. Si, por ejemplo, un alumno no se siente exitoso, podría despedir a la escuela y contratar a una pandilla. Podría conseguir algún trabajo que no requiera preparación y ganar dinero para comprar un auto y sentirse exitoso. Estos son los "chocolates" y las "donas" que compiten contra la escuela y que son muy tentadores para los estudiantes a quienes las escuela no les está realizando el trabajo. Clayton M. Christensen, Michael B. Horn y Curtis E. Johnson, *Disrupting Class: How Disruptive Innovation Will Change the Way the Way the World Learns,* McGraw-Hill, Nueva York, 2008.

En contraste, estoy fascinado con el enfoque con que la Academia Khan está diseñando sus productos. Gran parte del material de la Academia Khan se organiza de modo que *no pueda* fallar. Cuando un alumno se queda atascado con un problema hay recursos fácilmente disponibles para ayudarlo a comprender mejor el concepto. Si el estudiante se frustra y quiere avanzar al siguiente problema, no puede hacerlo. No es posible continuar con el siguiente reto sin antes comprender el problema presente. Con un *click* pueden obtenerse más recursos y más pistas que le permiten superar el reto y sentir que tiene éxito.

[2] Me gusta pensar en esto como buscar el trabajo mediante una fractura hidráulica, o *fracking*. En las excavaciones para extraer petróleo, el *fracking* permite a las empresas ser mucho más productivas en su búsqueda. Antes de que esta tecnología estuviera disponible, las compañías tenían que elegir dónde perforar. Si en un punto no se encontraba petróleo, simplemente avanzaban a otro sitio. Podrían haber estado muy cerca del petróleo, pero si la perforación no llegaba directamente a la fuente, no tenía éxito. Con el *fracking* las compañías pueden perforar muy profundamente, pero luego son capaces de ampliar la búsqueda horizontalmente una vez que han descendido cuando el fluido de fractura se bombea con presiones altas dentro del orificio para buscar y ampliar las grietas. Esto permite una perforación mucho más productiva. Buscar trabajos mediante un *fracking* funcionaría de la misma manera.

[3] Intermountain Healthcar es una asociación no lucrativa en cuyo consejo de administración trabajo como voluntario.

[4] El efecto multiplicador de los productos para la incontinencia de Kimberley Clark y de los pañales P&G en China fue enorme. Piense en la manera en que también mejora la vida de familiares, amigos y colegas de quienes usan los productos.

CAPÍTULO 5

Cómo escuchar lo que los clientes no dicen

5

LA GRAN IDEA

La mayoría de las compañías quieren mantenerse estrechamente conectadas con sus clientes para asegurarse de que están creando los productos y servicios que esos clientes desean. Sin embargo, rara vez los clientes pueden expresarse en forma precisa o completa, pues sus motivaciones son más complejas y sus trayectos para adquirirlos son más elaborados de lo que pueden describir. Pero usted puede ir al fondo del asunto. Lo que contratan —e igualmente importante, lo que despiden— tiene una historia detrás.

Esa historia tiene que ver con las dimensiones funcionales, emocionales y sociales de su deseo de progreso, y con lo que impide que lo consigan.

El reto es convertirse un poco en detective y un poco en documentalista, al reunir pistas y observaciones para descubrir lo que los clientes están intentando realizar.

Pleasant Rowland no llevó a cabo absolutamente ninguna investigación cuando estaba considerando fundar la que sería la empresa de muñecas American Girl en 1985. Toleró sólo un grupo de sondeo en el proceso de abrir la compañía después de que el primer director de mercadotecnia insistió en que tenía que asistir a uno. Sentada tras un cristal observó cómo un grupo de madres de preadolescentes hacían gestos de desprecio cuando el entrevistador les explicó el concepto: muñecas basadas en etapas históricas, con libros y accesorios para complementar las "historias". "Y ellas le respondieron: 'A mi hija nunca le gustaría algo

109

así, basado en la historia. Y todos esos accesorios simplemente se perderían en la aspiradora", recuerda Rowland. Por fortuna, Rowland tuvo más confianza en su propio sentido del *trabajo por realizar*. La empresa tuvo tanto éxito que 13 años después la vendió a Mattel por la impactante suma de 700 millones de dólares.

Los consumidores no siempre pueden expresar lo que quieren. E incluso cuando lo hacen sus acciones pueden revelar otra historia distinta. Si nos preguntaran si estamos interesados en ser amigables con el medio ambiente, la mayoría diríamos que sí. Contaríamos cómo reciclamos o caminamos en lugar de ir en automóvil siempre que podemos hacerlo. Pero si abrieran sus armarios, ¿éstos revelarían la misma historia? ¿Cuántos nuevos padres conoce usted que afirman estar preocupados por el cambio climático, pero con frecuencia almacenan pañales desechables en lugar de los fabricados con tela? ¿Usted alegremente se prepara un café con una cápsula en su cafetera? Por otra parte, las investigaciones han mostrado consistentemente que una parte significativa de los clientes están dispuestos a pagar más por comida etiquetada como "orgánica", un término que se usa de manera tan genérica que ya casi no tiene significado. ¿Qué explica esa disparidad? Nadie aspira a ser no amigable con el medio ambiente, pero cuando tiene que tomar la decisión efectiva de llevar a su vida un producto, usted elige la solución que mejor representa los valores y las compensaciones que le interesan en *esas circunstancias en particular.*

De acuerdo, entonces si lo que dicen los consumidores es poco fiable, ¿no se puede sólo observar los datos? ¿Eso no es más objetivo? Bueno, los datos tienden a malinterpretarse. La información de la industria de juguetes sobre ventas y mercadotecnia le dijeron a Pleasant Rowland que las niñas de siete a 12 años de edad nunca jugarían con muñecas. Y la mayoría de los datos sólo rastrea uno de los dos momentos más importantes de la decisión de un cliente al contratar un producto o servicio. El que se sigue más comúnmente es lo que llamamos la *gran contratación:* el momento en que compras el producto. Pero hay otro momento igualmente importante que no se muestra en la mayoría de los datos de ventas cuando se "consume" el producto. El momento en que un consumidor lleva una compra a su casa o negocio, ese producto aún está esperando a ser contratado de nuevo. A esto lo llamamos la *pe-*

queña contratación. Si un producto realmente resuelve el trabajo, habrá muchos momentos de consumo. Será contratado una y otra vez. Pero los datos que recopilan las compañías sólo reflejan la *gran contratación*, no si realmente cumple con los *trabajos por realizar* de los clientes. Es posible que mi esposa compre un vestido nuevo, pero en realidad no lo consume hasta que no corta la etiqueta y lo usa. Es menos importante saber si eligió el azul en lugar del verde, que entender por qué tomó la decisión de usarlo finalmente antes que todas las demás opciones. ¿Cuántas aplicaciones tiene en su teléfono celular que parecían una buena idea para descargar, pero que casi nunca ha usado? Si el distribuidor de aplicaciones simplemente rastrea las descargas no tendrá idea de si su aplicación está funcionando para resolver su deseo de progreso.

Los *trabajos por realizar* siempre han existido. Las innovaciones han mejorado cada vez más en cuanto a la forma en que respondemos a ellas. Así que no importa qué tan nueva o revolucionaria sea su idea de un producto: las circunstancias de la lucha ya existen. Por lo tanto, con el fin de contratar su nueva solución, por definición los clientes tienen que despedir algún comportamiento compensatorio actual o una solución inferior a lo óptimo, incluyendo despedir la solución de no contratar nada en absoluto. Los relojes de pulsera fueron despedidos en tropel en cuanto la gente empezó a usar teléfonos celulares que no sólo les daban la hora sino que también podían sincronizarse con agendas y proporcionar alarmas y recordatorios. Yo despedí a mi *Sports Illustrated* semanal cuando de pronto podía encender ESPN. Las personas que contrataron los productos para la incontinencia Depend Silhouette despidieron el hecho de quedarse en casa para no arriesgarse a salir. Las empresas no piensan en esto lo suficiente. ¿Qué es lo que debe ser despedido para que mi producto sea contratado? Piensan cómo hacer que su producto sea cada vez más atractivo, pero no qué remplazará.

El proceso de tomar decisiones sobre lo que un cliente despedirá y lo que contratará empieza mucho antes de que entre en una tienda, y es complicado. Siempre hay dos fuerzas opuestas en lucha por dominar ese momento decisivo y ambas desempeñan un papel importante.

- *Las fuerzas que impulsan a cambiar por una nueva solución.* En primer lugar, el impulso de la situación —la frustración o el problema que un cliente está tratando de resolver— tiene que ser lo suficientemente considerable para que el cliente quiera actuar. Un problema que sólo es molesto o incómodo puede no ser suficiente para desencadenar que alguien haga algo de manera distinta. En segundo lugar, el impulso de un nuevo y tentador producto o servicio también tiene que ser muy fuerte. La nueva solución para su *trabajo por realizar* tiene que ayudar a los clientes a alcanzar el progreso que mejorará su vida. Esto es en lo que las empresas tienden a centrar sus esfuerzos, en preguntar sobre las características y los beneficios, y piensan, con razón, que ésta es una guía para la innovación. ¿Y cómo hacemos que nuestro producto sea increíblemente atractivo de contratar?

- *Las fuerzas que impiden el cambio.* Hay dos fuerzas invisibles pero increíblemente poderosas en juego al mismo tiempo que las compañías desatienden por completo: las fuerzas que detienen a los clientes. Primero, "la costumbre del presente" tiene un gran peso en los consumidores. *"Estoy acostumbrado a hacerlo así."* O vivir con el problema. *"No me encanta, pero al menos me parece cómodo como lo manejo ahora."* Y potencialmente más poderoso que la costumbre del presente es, en segundo lugar, la "ansiedad de elegir algo nuevo". *"¿Qué tal si no es mejor?"*

Con frecuencia los clientes permanecen estancados en las costumbres del presente, y la idea de sustituirlas por una solución nueva es muy abrumadora. Quedarse con el demonio que ya conocen, aunque sea imperfecto, es soportable. Yo me rehusé durante años a cambiar mi teléfono celular por una versión actualizada, a pesar de todas las maravillas que mi asistente me explicaba que podría ofrecerme el nuevo teléfono, porque estaba *cómodo* con el que tenía. Esto se debe sobre todo a que —como ha explicado el Premio Nobel Daniel Kahneman— el principal jalón de lo viejo es que no requiere deliberación y tiene cierta plausibilidad intuitiva ya como una solución. La aversión a la pérdida —la tendencia de la gente a querer evitar una pérdida— es el doble de potente que el atractivo de una ganancia, como lo han demostrado Kahneman y Amos Tversky.[1]

Las angustias que entran en juego son poderosas: la angustia por el costo, la angustia por aprender algo nuevo y la angustia por lo desconocido pueden ser abrumadoras. ¿Por qué muchos consumidores se aferran a su antiguo celular, aun cuando podrían recuperar parte de su valor por uno nuevo? *"¿Qué tal si el nuevo falla en algún momento?" "¿Qué tal si llego a estar en una situación inesperada en la que necesite un teléfono de reserva?" "¿Qué tal si...?"* Sólo hasta hace poco los gimnasios adoptaron la idea de que amarrar a los clientes con contratos anuales les crea tanta ansiedad que evita que se inscriban. A menudo los innovadores se enfocan exclusivamente en las fuerzas que impulsan el cambio y se aseguran de que la nueva solución para resolver el problema del cliente sea lo suficientemente atractiva para hacerlos adoptar lo nuevo. Sin embargo, pasan por alto las potentes fuerzas que bloquean el cambio.

ING Direct se tomó muchas molestias para abrir "cafés" en diversas ubicaciones de Estados Unidos y Canadá para mitigar la ansiedad de los clientes provocada por un vacío virtual. Se puede entrar en uno de los cafés, pero no es posible ralizar ninguna transacción en efectivo con cajeros. Se puede hablar con un empleado o usar el cajero automático, pero el principal propósito del café es asegurar a los clientes que es un banco "real" y construir la marca con su presencia. El hecho de que la SNHU sea una organización sin fines de lucro —con un campus auténtico— reduce la ansiedad de los estudiantes de que sea poco fiable y esté enfocada en desplumar hasta el último centavo de los estudiantes desprevenidos. Vencer la ansiedad de los clientes es un asunto muy complicado.

Pensémoslo de esta manera: el trabajo debe ser de la magnitud suficiente para provocar que las personas cambien su comportamiento —*"Tengo un problema y quiero una mejor solución de la que ahora puedo encontrar"*—, pero el jalón de la novedad tiene que ser mucho mayor que la acumulación de la inercia de lo viejo y de la angustia sobre lo nuevo. Casi siempre hay fricciones relacionadas con sustituir un producto por otro, pero en general los innovadores no las toman en cuenta porque están seguros de que su producto es tan fabuloso que borrará cualquiera de esas preocupaciones. Es fácil despedir productos que simplemente ofrecen soluciones funcionales para un trabajo. Pero cuando la decisión implica despedir algo que también tiene dimensiones sociales y funcionales para resolver el trabajo, eso suele ser muy difícil de abandonar. No importa qué tan frustrados estemos con nuestra situación actual o qué tan tentador sea un nuevo producto, si las fuerzas que nos impulsan a contratar algo no superan las fuerzas que nos detienen, y *ni siquiera consideraremos contratar algo nuevo.*

El progreso que los consumidores quieren conseguir debe entenderse *en contexto.* No me imagino ningún trabajo bien definido en el que las fuerzas emocionales y sociales —y las fuerzas que obligan o se oponen al cambio— no sean esencialmente importantes. Los clientes siempre están reacios a despedir algo hasta que no se dan cuenta de que tienen algo mejor, aun cuando se trate de despedir simplemente el vivir con una solución imperfecta. Esto es cierto incluso en el ámbito de las transacciones de negocio a negocio (en inglés B2B), en las que podría pensarse que las restricciones de un proceso de adquisición dejaría poco espacio para los factores emocionales y sociales, y las ansiedades y los hábitos del presente. Pero pensemos en el gerente de la fábrica que debe tomar una decisión para comprar componentes o suministros. Es en extremo importante para él que pueda conseguir los suministros que requiere cuando los necesite. Preocuparse por eso le provocará noches de insomnio e incluso ansiedad profesional. O pensemos en un primerizo gerente de proyectos encargado de dirigir una firma consultora externa. Querrá quedar bien con sus compañeros y gerentes. Deseará que vean que maneja el proyecto apegado al presupuesto, a tiempo, y que ha desarrollado una relación con la firma consultora enfocada en resolver problemas.

Una compañía que se ha tomado esto muy en serio es Mercer, con la que trabajó mi coautor David Duncan, cuando estaba intentando crear nuevos negocios para promover su desarrollo. Cuando en 2013 Jacques Goulet se convirtió en presidente global del negocio de retiros para Mercer, el futuro parecía desafiante. Durante varias décadas, Mercer, una firma consultora global de recursos humanos y servicios financieros, ha ayudado a sus compañías clientes a diseñar planes de retiro para sus empleados y se había convertido en una parte significativa de sus negocios. Pero cuando las empresas empezaron a sustituir cada vez más los planes de beneficios definidos (en los que la compañía garantiza una pensión financiada por ella para empleados admisibles) por planes en los que el empleado realiza la mayor parte de la inversión en su propio plan de retiro (como el plan 401 [k]), la principal fuente de ganancias de Mercer en esa división parecía estar desapareciendo. La empresa debía empezar a innovar —rápido— si no quería enfrentarse a un futuro incierto.

Para Mercer, simplemente plantear algunas preguntas sobre los trabajos de los clientes desató una serie de perspectivas importantes y frescas sobre oportunidades de innovación con sus clientes. Una idea fue que Mercer tradicionalmente había pensado de manera limitada en lo que había sido atender a sus clientes en el pasado: buena asesoría para sus 30 000 clientes empresariales que ofrecen planes de retiro para sus empleados. Este marco, aunque estrecho, le ha permitido a Mercer construir una gran empresa en el ámbito del retiro. Pero eso no iba a ayudar a Mercer a crecer ahora.

¿Realmente para qué trabajo los clientes estaban contratando a Mercer? ¿Esos planes de retiro resolvían todo el conjunto de trabajo de los clientes? En la superficie, los directivos de finanzas empresariales o de recursos humanos estaban enfocados en encontrar un plan para ofrecer a los empleados beneficios para el retiro. Pero había mucho más en ese trabajo. ¿Qué obstáculos se interponían en su camino?

El equipo de Goulet identificó una oportunidad para la innovación en el deseo de muchas organizaciones de sustituir el plan de pensiones definidos tradicionales por un plan de contribuciones del empleado, o bien descartar por completo el plan y venderlo a una compañía de seguros que se hiciera cargo de él. Dirigir un cambio tan grande, de manera eficiente y con un conjunto de nuevas y atractivas oportunidades de inversión y beneficios para los empleados, podría ser abrumador para los profesionistas de recursos humanos y finanzas. Estos profesionistas querían que los vieran siendo cuidadosos y considerados y que asumían grandes riesgos, pero también que eran lo suficientemente competitivos para plantear recomendaciones. Y lo que fuera que escogieran al final, no querían terminar con un flujo interminable de quejas y tareas de mantenimiento para su compañía.

Históricamente, el proceso de identificar nuevas oportunidades para lo que podrían ser responsabilidades de pensiones por cientos de millones de dólares había requerido mucho tiempo y trabajo para el equipo de recursos humanos o de finanzas y no era muy transparente. Era un proceso que pudo haber incrementado la ansiedad de los profesionistas que intentaban orientar la toma de decisiones de sus compañías. Mercer podía acercarse a muchas aseguradoras a nombre de esos clientes, proporcionarles algunos datos sobre su situación y después esperar una cotización sobre cuánto cobrarían por asumir la responsabilidad del plan de pensiones. Después de una negociación Mercer presentaba a la compañía una lista de opciones y esperaba que escogiera una y llevara a cabo el cambio. El proceso de decidir con quién acordar y luego ejecutar la adquisición del fondo de pensiones podría durar hasta seis meses, durante los cuales el mercado y el valor del fondo de pensiones existente pudo haber fluctuado inmensamente. Fue un proceso de mucho estrés para los profesionistas de recursos humanos o financieros, y su reputación personal quedaba unida al camino que recomendaran.

"Ese individuo tiene que responder a su jefe, quien tiene que responder a la mesa directiva, que formulará preguntas muy específicas sobre la dirección del plan de pensiones y las opciones —explica Goulet—. El director de finanzas quiere ser apreciado como muy preparado, alguien que no deja una piedra sin mover. Si lo llama el director ejecutivo o la mesa directiva quiere estar listo. Los sentimientos contribuyen mucho a ello."

Así la solución de Mercer reflejaba eso.

Con una perspectiva centrada en los trabajos nació Intercambio de Riesgo de Pensiones de Mercer, algo similar a un mercado de valores, donde los compradores y los vendedores se reúnen y ejecutan y comercian en tiempo real. Ya no más retrasos prolongados. No más falta de transparencia con Mercer como intermediario. El proceso se diseñó no sólo para que fuera más productivo para los clientes, sino para incluir elementos fundamentales que ayudaran a superar algunas de las fuerzas que naturalmente impidieran el cambio dada la magnitud de la decisión involucrada.

Entre otras soluciones, Mercer integró a sus servicios un módulo que permitía a los clientes rastrear y modelar lo que diversas opciones de adquisición significarían para la compañía mucho antes de que se involucraran formalmente en el proceso de adquisición. Una función de monitoreo les permitía modelar diversas opciones y ver cómo resultarían en la realidad antes de realizar el compromiso final, una especie de prototipo de práctica para reducir la ansiedad.

Eso ha valido la pena para Mercer. El Intercambio de Riesgo de Pensiones ha sido lanzado con éxito en Estados Unidos, Reino Unido y Canadá, un gran logro tanto para Mercer como para Goulet, y es una parte fundamental de la actual estrategia de crecimiento de Mercer. Como lo explica Goulet: "Cuando nos enfocamos en los *trabajos por realizar* nos dimos cuenta de que había una ratonera mejor por inventar".

La *teoría de los trabajos* ayuda a los innovadores a identificar toda la escena del progreso que el cliente está tratando de alcanzar en circunstancias particulares, incluyendo la compleja serie de necesidades competitivas y de prioridades relativas. Hay que entender no sólo lo que los clientes quieren contratar sino lo que necesitarán despedir para dar cabida a la nueva solución. Todo ese contexto tiene una profunda importancia. "Cuando tratamos de responder a la cuestión: ¿Es lo bastante bueno?, recibimos opiniones y un sinfín de argumentos —explica Chris Spiek, el socio de Bob Moesta en el grupo Re-Wired—. Es casi imposible distinguir entre malo, bueno, suficiente o excelente, sin el *trabajo por realizar*. Cuando intentamos responder a la pregunta: ¿Es lo suficientemente bueno para ayudar al cliente a lograr este tipo de progreso en esta situación?, las respuestas llegan fácilmente. La circunstancia del progreso que están buscando es esencial para comprender la causalidad."

Construir las historias de los clientes

Entonces, ¿cómo podemos comenzar a trazar esas fuerzas en conflicto para llegar al meollo de los trabajos de los clientes? Es posible que los clientes no puedan expresar lo que quieren, pero sí pueden hablar sobre sus problemas. ¿Qué están tratando de alcanzar y por qué lo que hacemos para ellos no está funcionando? ¿Qué los lleva a desear algo nuevo? Una forma sencilla de examinar estas preguntas es mediante un guión gráfico. Hable con sus clientes como si estuviera recopilando su problema para después ilustrarlo en un guión gráfico. Pixar ha logrado convertir eso en una ciencia. Cuando se consigue armar el problema del cliente, literalmente se puede esbozar su historia:

- Había una vez...
- Todos los días...
- Un día...
- Debido a ello hicimos...

- Debido a esto decidimos...
- Finalmente llevamos a cabo...

Se construye su historia, porque de esa manera se puede empezar a comprender cómo actúan para ellos las fuerzas rivales y el contexto del trabajo.

Los fundadores de Airbnb entendieron lo anterior con claridad. Antes de su lanzamiento, la compañía identificó meticulosamente y luego integró en un guión 45 distintos momentos emocionales de los anfitriones de Airbnb (gente dispuesta a rentar una habitación extra o toda su casa) y de sus huéspedes. En conjunto, estos guiones casi conforman un pequeño documental de los trabajos por los que la gente contrata Airbnb. "Cuando ilustras algo en un guión, mientras más realista sea, más decisiones tendrás que tomar —le comentó el ejecutivo Brian Chesky a Fast Company—. ¿Esos anfitriones son hombres o mujeres? ¿Son jóvenes o viejos? ¿Dónde viven? ¿En la ciudad o en el campo? ¿Por qué reciben gente en su casa? ¿Están nerviosos? No es que ellos (los huéspedes) aparezcan en la casa. Si aparecen en la casa, ¿cuántas maletas llevan? ¿Cómo se sienten? ¿Están cansados? En ese momento se empiezan a diseñar elementos para un caso de uso muy particular."

Uno de los momentos fundamentales de la historia, por ejemplo, es el primer instante de la *pequeña contratación* para los clientes —cuando llegan por primera vez a la casa donde se hospedarán—. ¿Cómo son recibidos? Si están esperando un sitio que se ha descrito como relajante, ¿es evidente que así es? Tal vez debería haber música suave o velas aromáticas, dice Chip Conley de Airbnb. ¿El anfitrión los ha hecho sentir cómodos con su decisión? ¿El anfitrión ha dejado claro cómo se resolverían los problemas que pudieran surgir durante la estancia? Y otros. La experiencia debe coincidir con la imagen del cliente sobre el trabajo para el que contrató Airbnb. Los guiones de Airbnb —que se modifican constantemente y mejoran desde su fundación— reflejan la importancia de combinar el estire y el afloje que motivan los *grandes contratos* y los *pequeños contratos* de los clientes.

Los momentos de lucha, constantes negociaciones, experiencias imperfectas y frustraciones en la vida de las personas constituyen lo que estamos buscando. Hay que buscar los episodios recurrentes en los que los clientes persiguen un progreso que es obstaculizado por las limitaciones de las respuestas disponibles. Se deben buscar sorpresas, comportamientos inesperados, hábitos compensatorios y usos de productos inusuales. El *cómo* —y aquí es donde muchos vendedores tropiezan— son descripciones realizadas *in situ*, detalladas, amplias, personalizadas. Hay que recordar que las percepciones que generan los exitosos productos nuevos se asemejan más a una historia que a una estadística. Son ricas y complejas. En última instancia, hay que agrupar las historias para ver si existen patrones similares, más que dividir entrevistas individuales en categorías.

La agenda de los colchones

Queremos compartir aquí un ejemplo real acerca de cómo los profesionales buscan ideas y agrupan descripciones útiles para descubrir trabajos de los consumidores. Así, le pedimos a mi colega Bob Moesta que eligiera un producto con el que todos estuviéramos familiarizados. No queríamos enfocarnos en una nueva y popular tecnología de moda ni en una llamativa marca nueva. Queríamos algo común. Y nos propuso los colchones. Perfecto. ¿Cómo podría ser complicada la decisión de comprar un colchón?

En la siguiente cita se transcribe una entrevista sobre *trabajos por realizar*[2] de Moesta y sus colegas del Grupo Re-Wired, con Brian Walker, empresario ubicado en Chicago, quien recientemente había comprado un colchón. La cita se ha editado para hacerla más breve y clara, pero por lo demás se desarrolla justo como se llevó a cabo la conversación. La minuciosa y pausada recopilación de déficits es intencional, pero no es típica de todas las entrevistas entre cliente e investigador. Nuestra intención al mostrarla aquí es dejar claro que descubrir las circunstancias de una lucha e identificar el *trabajo por realizar* no requiere un algoritmo mágico. No hay un método único especial para detectar los *trabajos por realizar* y ése es precisamente el punto: no hay una caja negra. Simplemente hay que conservar "una mente de principiante" al atravesar por el proceso de toma de decisiones de un cliente y buscar las claves de toda la imagen del conflicto.[3]

Tal vez usted esperaría una entrevista típica con un vendedor de colchones para enfocarse en identificar qué detalles sobre ese colchón originaron la decisión de comprarlo. *"¿Era lo suficientemente blando? ¿Lo bastante firme? ¿Proporcionaba el soporte adecuado? ¿Le interesa la cantidad de resortes? ¿El color o el estampado del colchón era atractivo? ¿Qué otro producto consideró comprar? ¿Qué tan importante fue el precio para su decisión de comprar?"*

Pero esta entrevista no se concentra en nada de eso. Por el contrario, Moesta intenta construir una imagen completa de las circunstancias del conflicto del cliente: cómo llegó a pensar en comprar un colchón nuevo. El objetivo inicial implica establecer una línea de tiempo de todo lo que desencadena y conduce a la decisión final. Walker podría parecer un comprador impulsivo. Pero la historia de fondo que se ha determinado, mediante lo que podría parecer una serie de preguntas irrelevantes, revela algo mucho más complejo. Y son precisamente la complejidad, los giros y los vuelcos sorprendentes lo que estamos buscando.

¿Qué papel desempeña el colchón en su vida? ¿Por qué es importante, si acaso lo es? ¿Quién más está involucrado en la compra y en el uso del colchón? ¿Cuáles son los obstáculos y los puntos de fricción al comprar un colchón nuevo? Dependiendo de las luchas actuales del individuo y del progreso esperado, ¿qué alternativas existen para comprar un colchón nuevo? ¿Hay ocasiones en que el individuo no usa el colchón cuando podríamos esperar que lo hiciera? Y, a la inversa, ¿hay momentos en la vida cuando usa el colchón de maneras inusuales? Ésas son sólo algunas preguntas que podríamos plantear cuando buscamos conjuntar la narración más completa posible sobre el proceso de compra del colchón, que comienza mucho antes del momento de la compra, idealmente cuando surge el primer pensamiento sobre la compra de un colchón.

La compra impulsiva, que no era tal

ENTREVISTADOR: La mejor manera de pensar en esto es que literalmente estamos filmando un documental. Queremos todos los detalles acerca del momento en que pensó por primera vez comprar un colchón, cuando tomó la decisión y después usarlo y experimentarlo por primera vez. Esto es como una investigación: estamos construyendo una línea de tiempo. Empecemos en el momento en que compró el colchón.

WALKER: Hace como 45 años. A mediados de septiembre.

ENTREVISTADOR: Okey. ¿Lo compró en línea o lo compró...?

WALKER: Lo compré en Costco.

ENTREVISTADOR: Lo compró en Costco. ¿Era fin de semana o un día entre semana?

WALKER: Era fin de semana.

ENTREVISTADOR: Fin de semana. ¿Sábado o domingo?

WALKER: Creo que era sábado.

ENTREVISTADOR: ¿Compró algo más o fue sólo el...?

WALKER: Nunca puedes ir a Costco y comprar sólo una cosa. Así que sí, compré otras cosas.

ENTREVISTADOR: ¿Fue con la idea de "Okey, voy a comprar esto ahora; ah, también necesito esto y esto"?

WALKER: No.

ENTREVISTADOR: ¿No fue con la intención de comprarlo?

WALKER: No, no fue así.

ENTREVISTADOR: ¡Vaya! Okey. ¿Qué más llevó? ¿Recuerda qué otras cosas compró en esa ocasión?

WALKER: Tengo hijos, así que compré toallitas para bebé. Y mucha leche.

ENTREVISTADOR: ¿Cuánta leche?

WALKER: Esa que tiene tres botellas de leche de almendras, y luego unos ocho litros de otra cosa.

ENTREVISTADOR: ¿Cuál fue la otra cosa?

WALKER: Leche orgánica. Mi hijo toma de 2%, y mi hija toma sin grasa.

ENTREVISTADOR: Entiendo. Okey. ¿Llevaba un carrito de compras desde el principio?

WALKER: Sí, empecé con un carrito para llevar las compras de la semana, del mes. Las toallas de papel, la leche. Las toallitas de bebé.

ENTREVISTADOR: ¿Estaba con alguien o fue solo?

WALKER: Estaba con todo el equipo. Mi esposa y mis dos hijos. Soy un hombre de familia. Era como el "hombre de familia" en Costco.

ENTREVISTADOR: ¿Qué edad tienen sus hijos?

WALKER: Cuatro y dos años y medio.

ENTREVISTADOR: Es una experiencia familiar. ¿Dónde encontró el colchón? ¿Desde el principio o más adelante?

WALKER: Como a los 45 minutos de haber llegado a Costco.

ENTREVISTADOR: Cuarenta y cinco minutos en Costco. ¿Su carrito ya estaba lleno en ese momento?

WALKER: Bastante lleno.

ENTREVISTADOR: ¿Con qué más?

WALKER: Con la leche y las cajas y las toallas de papel y todo lo que llena un carrito rápidamente; así que creo que ya llevaba todo. Había algunas frutas y verduras y casi nada más.

ENTREVISTADOR: ¿Terminó toda la lista? ¿Ustedes tacharon todo lo de la lista?

WALKER: Sí, y como siempre que vamos a Costco, también compramos algunas cosas que no estaban en la lista.

ENTREVISTADOR: Deme un ejemplo de eso.

WALKER: Creo que una ensalada y carne para la cena.

ENTREVISTADOR: Okey. ¿Nada más?

WALKER: Es sorprendente, pero no. Tal vez una caja de... De hecho no, sí *había*. Había una caja que yo insistía en llevar, porque tomé algo del "traficante" [los famosos "promotores" de muestras gratuitas], que eran 45 paquetes de minihotcakes instantáneos Eggo, que ahora vienen con miel de maple incorporada.

ENTREVISTADOR: Okey. Ya estamos llegando al final de la visita.

WALKER: Sí, y se vuelve estresante. En Costco siempre se vuelve estresante al final, porque es como tratar de entrar a la vía rápida de Kennedy a la hora pico. Hay miles de productos en la tienda, pero sólo tienen cuatro cajas abiertas. Se vuelve estresante; ya estábamos llegando al final. De hecho, entré en un pasillo de pronto y se me prendió el foco: ahí estaba el colchón.

ENTREVISTADOR: ¿Por qué pensó que necesitaba un colchón nuevo? En primer lugar, ¿quién lo pensó primero? ¿Usted? ¿Su esposa?

WALKER: Definitivamente yo primero, porque hacía dos años estuve investigando mucho y compré un Stearns & Foster muy costoso, que me garantizaron que me proporcionaría un descanso formidable, y como se supone que vas a tener un colchón al menos por 10 años, vale la pena una buena inversión, y además compramos la cabecera acolchonada. Yo diría que durante un año cada día despertaba diciendo: "Esta cama es horrible, despierto con dolor de cabeza, dolor de cuello y dolor de espalda. Está empezando a hundirse. Malgasté dos mil dólares. Necesitó encontrar ago diferente".

ENTREVISTADOR: ¿Por cuánto tiempo disfrutó del colchón?

WALKER: Sí, bueno, cuando lo compré lo disfruté como durante dos años. En el tercer o cuarto año ya no lo soportaba. Estaba totalmente arrepentido de la compra.

ENTREVISTADOR: ¿Cuándo empezó a decir que sus malestares eran provocados por el colchón?

WALKER: Porque los dolores de espalda, de hombros y de cuello siempre estaban presentes cuando despertaba. ¡Probé dormir sin almohadas, ajustar mi posición, todo. Como puede ver, no soy un tipo muy alto, pero empecé a notar un hundimiento en el colchón. "No sólo necesito Red Bull; necesito tres tabletas de Advil o algo así."

ENTREVISTADOR: ¿Está sugiriendo que viaja mucho?

WALKER: El año pasado sí.

ENTREVISTADOR: Okey. ¿Y no tenía esos problemas cuando estaba manejando?

WALKER: No. El año pasado fue el primero de mi negocio y salí 36 semanas. Tenía que estar en el Marriott Renaisance Center tres días a la semana. Le garantizo que por lo menos el colchón no era como el que tenía en casa y no tenía esos problemas.

ENTREVISTADOR: ¿Qué más hizo? ¿Cambió algo del colchón de su casa? Dijo que había probado no usar almohadas.

WALKER: Sí, lo giré, lo roté. Lo volteé boca abajo, lo saqué del bastidor, le quité el *box spring*.

ENTREVISTADOR: ¿Se esposa tenía problemas para dormir?

WALKER: Es curioso, porque empezó, creo que en los últimos seis meses, a darse cuenta también, ya sea debido a la culpa por asociación o legítimamente, y decía: "También estoy empezando a tener problemas. Es incómodo". Y créame cuando digo que no soy un tipo grande: ella tiene como la mitad de mi tamaño. Ella comentaba: "Estoy teniendo los mismos problemas, y se puede ver que el colchón está empezando a hundirse, y la parte superior no es lo que pensé que sería". Y por otra parte me siento culpable, porque ¡fue mi tío quien me lo vendió!

ENTREVISTADOR: ¿Se quejaba con su mujer sobre esto? ¿Se quejaba por la situación en la que estaban, o era algo que sólo sentía usted en su interior?

WALKER: Al principio sólo lo sentía y después empecé a expresarlo. Luego ella empezó a decir: "¿Por qué estás tan malhumorado?"

ENTREVISTADOR: ¿Recuerda la primera vez que le dijo que le estaba afectando? ¿Se acuerda de la conversación o cuándo fue aproximadamente?

WALKER: Yo diría que probablemente fue hace seis meses más o menos.

ENTREVISTADOR: Está todo el tiempo de viaje y está irritable, necesita regresar a casa, tiene dos hijos. ¿Cuándo ocurrió la discusión? Tuvo que haber sido algo así como "Okey, llegas a casa y estás de mal humor, pero yo no he dormido". Así que debió haber ocurrido algún conflicto sobre esa discusión en algún momento.

WALKER: Sí, y además: "Oye, has estado fuera toda la semana, así que ahora tienes que ser papá por tres días".

ENTREVISTADOR: ¿Por qué no fueron a comprar un colchón antes? Parece que lo sabían durante años. ¿Por qué tardaron tanto tiempo en conseguir otro colchón?

WALKER: Supongo que la vida se interpone entre construir una compañía en los últimos 18 meses y tratar de criar a dos niños en un departamento pequeño y venderlo, y luego mudarse a una casa nueva. Comprar un nuevo colchón no era mi prioridad.

ENTREVISTADOR: ¿Cuándo se mudaron?

WALKER: En junio.

ENTREVISTADOR: ¿Se llevaron con ustedes el colchón viejo?

WALKER: Había comprado el colchón en Macy's Home Store. Sí, bueno, la otra reserva que lo hace interesante y que ya he comentado es que me lo vendió mi tío.

ENTREVISTADOR: ¿Investigó mucho antes de comprar el colchón?

WALKER: Sí y esperaba que mi tío me ofreciera un trato, pero descubrí que no lo haría. Cuando empezó mi problema regresé a Macy's Home Store y les hice algunas preguntas: "Bueno, tiene que girar el colchón. Bueno, tiene que intentar esto. Bueno, quizá sea cómo duerme. Bueno, nuestra garantía es buena para esto, y cubre el hundimiento, y lo que tiene que hacer es medir el hundimiento del colchón con una regla".

ENTREVISTADOR: ¿Y lo hizo?

WALKER: No lo hice porque me dijeron que tenía que ser al menos de 3.8 centímetros. Luego estuve pensando y otras personas me sugirieron: "¿Por qué no consigues unas grandes bolsas de cemento y las colocas donde ya está el hundimiento y luego llamas al tipo para que venga a medirlo?"

ENTREVISTADOR: ¿Quién le sugirió las bolsas de cemento?

WALKER: Como dije antes, aunque estas pequeñas áreas de hundimiento están a cada lado de la cama, no llegaron a medir 3.8 centímetros. La garantía no importaba, así que no iba conseguir nada ahí.

ENTREVISTADOR: Llegó un momento en que ya no dormía bien. Estaba todo estresado. Y está en Costco, tomando un atajo esperando llegar a la autopista Kennedy un poco más rápido, salir de ahí pronto, y ve un colchón. Y "ahora es cuando". ¿Qué le hizo pensar que tenía el tiempo para comprarlo? Porque tenía que regresar y conseguir el colchón y volver a la Kennedy para salir.

WALKER: Como decíamos, estamos a mediados de septiembre. Ahora regresemos tres meses antes. En ese periodo de tres meses había empezado a investigar diciendo: "Hay que reemplazar el colchón viejo". La idea de entrar en una tienda de colchones o de muebles simplemente me ponía los pelos de punta. Investigué mucho en internet y pensé: "¿Sabes qué? ¿Voy a darle oportunidad a algún tipo de colchón de *memory foam*?" Había investigado mucho en línea y estuve muy cerca de solicitar un Groupon para comprar un colchón de *memory foam*, y me dije que después de mi experiencia en Macy's Home Sore lo último que quería era ordenar algo por Groupon en línea. En caso de que no me gustara, ¿qué podría hacer? Esto nos lleva de regreso al día del crimen y a la escena del crimen. Estoy en el pasillo y de pronto veo toda la variedad de colchones de *memory foam*. Y pienso: "Okey, estoy en Costco. He investigado mucho". La idea de los *box springs*, de 45 centímetros, de 30 centímetros, con resortes, ninguna de esas cosas había pasado nunca por mi cabeza.

Para mí se trataba de pasar una buena noche de sueño. Despertar sintiéndome bien, de modo que al día siguiente pudiera ser lo más productivo posible como hombre de negocios, como padre y como esposo. Veo a mis hijos hablando de que quieren comprar una pizza en la caja, y a mí me parece bien. Ahí está. He tenido que regresar por la cama plana porque al bajarla me doy cuenta de que realmente está muy pesada. Lo que más me asombró es que cualquiera que haya comprado una debe saber cómo empacarla. Porque está en una caja así de alta, y así de ancha, un cubo, rectángulo, supongo. Y digo: "Guau". Como me había preguntado, el carro estaba bastante lleno. Intentar colocar eso encima de todo lo demás no funcionaría.

ENTREVISTADOR: ¿En ese momento qué estaba haciendo su esposa? ¿Decía: "Buena idea", o bien: "Ay, vamos"?

WALKER: Estaba un poco escéptica. Tal vez prefería vigilar que los niños no se estuvieran peleando. Había cierta agitación. Hubo algo como "¿Estás seguro de que lo quieres?" Entonces bajé la muestra del hule espuma de 30 por 30 centímetros. "Mira, tócalo, siéntelo." "Ah, no está mal. Si lo quieres, cómpralo. No es muy caro. Sé que no has podido dormir. Cómpralo." Entonces fui y lo compré.

ENTREVISTADOR: ¿Cuánto costó? ¿Recuerda cuánto pagó?

WALKER: Sí, costó 699 dólares. Es curioso, porque el de Groupon estaba disponible y costaba menos, pero repito que yo estaba muy preocupado, porque en caso de tener una mala experiencia sobre esto, en lugar de acudir a Groupon en línea prefería ir a Costco, que está a cinco minutos de mi casa.

ENTREVISTADOR: ¿Había un solo tipo de colchón o una variedad más amplia?

WALKER: No era una gran variedad, pero sí había dos o tres tipos distintos y los tenían en diferentes tamaños de cama.

ENTREVISTADOR: ¿Los probaron todos?

WALKER: Estábamos revisando específicamente dos y uno era mucho más suave.

ENTREVISTADOR: ¿Era el más caro?

WALKER: Sí.

ENTREVISTADOR: Tenían un cupón de Groupon, ¿no es así? ¿En qué tienda iban a comprarlo? No pensaban comprarlo en Groupon, que ofrecía la promoción. ¿Cuál era la compañía que vendía el colchón?

WALKER: Sinceramente no lo recuerdo en este momento.

ENTREVISTADOR: Otra cosa sobre la que necesitamos profundizar es acerca de su comentario de que entrar a una tienda de colchones lo ponía nervioso, o algo así. ¿Cuándo fue la última vez que entró a una tienda de colchones? ¿Lo recuerda?

WALKER: Paso de largo. El otro día pasé por una.

ENTREVISTADOR: ¿Qué pasa en las tiendas de colchones?

WALKER: En primer lugar, tengo fobia a los gérmenes. Veo todas las camas apiladas por todas partes y me parece asqueroso. En segundo lugar, nunca veo a alguien trabajando en la tienda de colchones que me haya preguntado nada parecido a lo que tú me has preguntado. En general me dicen: "¿Qué tamaño de cama tiene? ¿Cuánto está planeando gastar?" Creo que en el mundo de los colchones, por mi experiencia, hay mucha gente que es como la mala versión del vendedor de automóviles. No digo que todos sean así. Es sólo la experiencia que he tenido.

ENTREVISTADOR: El proceso de compra normal es imposible para usted. No puede entrar a una tienda de colchones e incluso probarlos porque tiene esta ansiedad de que se va a acercar un vendedor. Nunca se recuesta en un colchón. No puedo creerlo.

Fin de la entrevista.

Lo que vemos en esta entrevista es la gran cantidad de emociones y ansiedad que este cliente ha acumulado en torno de la decisión de comprar un colchón nuevo. Podría ser considerado como un comprador impulsivo en Costco, y las decisiones comerciales podrían basarse en la idea de que la gente compra colchones por impulso. Pero el hecho es que esta persona ha estado pensando en el asunto durante un año. Ha estado ocupando su mente mucho tiempo con ese pensamiento. Costco podría parecer el lugar menos probable para que él se decidiera por la *gran contratación,* pues está en una tienda tipo bodega donde se pueden comprar calcetines por docena, charolas de camarones gigantes. Está rodeado de ruido y de grandes carritos de compras, así como de empleados que le ofrecen muestras de comida gratis. Pero éste fue el lugar y el momento en que finalmente decidió comprar un colchón nuevo después de meses de conflicto.

Lo que sea que lo haya motivado, definitivamente no constituyó un impulso repentino. Y no tuvo nada que ver con las características del colchón. ¿Estaba preocupado por los resortes? ¿Estaba preocupado por los muelles? Ni siquiera pensó en eso. Todavía no ha mencionado nada acerca del colchón. Ni siquiera un detalle.

El progreso que estaba intentando alcanzar era lograr dormir bien por la noche, para ser un mejor esposo y un mejor padre cuando el resto de su vida le está cobrando factura. Algo que estaba desesperado por conseguir. Cada día en que se veía obligado ha optar por una *pequeña contratación*, con su viejo colchón, lo acercaba más a ese momento en Costco; de hecho, esos momentos fallidos de una *pequeña contratación* pudieron haber desempeñado la función más determinante para su decisión de aquel día. No estaba contratando el nuevo colchón en la medida en que estaba desesperado por despedir al viejo. Ese día en Costco por fin llegó el momento.

Había obstáculos que le impedían tomar una decisión hasta entonces. Dependiendo del trabajo, en ocasiones las barreras para optar por la *gran contratación* son muy profundas. ¿Qué obstaculiza que alguien tome la decisión de contratar algo para resolver su trabajo? Pero en otros casos las trabas están en torno de la *pequeña contratación*. ¿Por qué la solución que es difícil de usar —o no—, *en realidad está resolviendo su problema*? En ambos casos esos obstáculos pueden ser tan importantes como para evitar que un consumidor no contrate su producto o que lo despida después de haberlo llevado a su vida. Los innovadores deben tener un sensor de calor para detectar tensiones, conflictos, estrés y ansiedad, tanto en la *gran contratación* como en la *pequeña contratación*. Cuando salimos a buscar oportunidades de innovación somos como detectives que intentan armar una historia compleja con toda su riqueza emocional, porque sólo al reconstruir la *historia* podemos innovar de manera que es posible cambiar el final.

Algo más que debemos tomar en cuenta es que éste es un minidocumental con más de un personaje. Su esposa lo acompaña en la tienda y también tiene que dormir en la misma cama. Podría ser imposible realizar una compra así, en el lugar, sin su mujer, por la ansiedad de que la esposa critique la decisión: "¡Compraste este colchón horrible sin consultarme!" Debido a que el consumidor y su esposa estaban en el mismo lugar y en el mismo momento, y ambos pudieron tocarlo por lo menos, él pudo superar la ansiedad de que ella se quejara después de la decisión. Tan pronto como ella dijo: "Okey, sé que no estás durmiendo bien", le dio su bendición. Una gran ansiedad se había eliminado. Y, después, saber que Costco aceptaría la devolución sin problemas acabó con el último obstáculo. Por increíble que pueda parecer, debido a las fuerzas contrarias que afectaban la decisión, fue más fácil para él dar ese paso, sin haberse acostado nunca en el colchón, que entrar en una tienda de colchones y recostarse en alguno.

¿Advil, Red Bull o un colchón nuevo?

¿Qué debería un fabricante o vendedor de colchones retomar de esta entrevista? Puesto que sólo es una única entrevista —no demasiado—, descubrir tiene que ver con reunir percepciones, no con tener una sola revelación. Pero podemos empezar a formular hipótesis y a plantear preguntas frescas acerca de lo que podríamos investigar en entrevistas subsiguientes.

Claramente hay una tensión en torno de la experiencia del vendedor de colchones. ¿Cuál podría ser la experiencia ideal para el vendedor de la tienda? Tal vez nuestros vendedores se enfocan casi siempre en las características del colchón y en el precio. ¿Deberíamos pensar en tener en nuestras tiendas empleados expertos en "sueño" más que en "colchones"? ¿Y eso podría revelar oportunidades para mejorar el sistema de contratación, capacitación y compensación? Cuando una pareja usará el colchón, de modo que ambas opiniones cuentan, ¿cómo maneja la situación cuando sólo un miembro de la pareja acude a la tienda? ¿Debería manejar a las parejas de manera diferente? ¿Podría asociarse con mudanzas locales para ofrecer un precio conjunto con el flete?

También la sustitución genera ansiedad: *"¿Qué tal si no me gusta el nuevo? ¿Cómo me deshago del viejo? Para ser honesto, realmente no quiero dejar nuestro colchón de 10 años afuera en la calle para que todos los vecinos lo vean... No me gustaría eso".* Y la lista continúa, pero se puede ver la manera en que otras entrevistas generarían hipótesis adicionales y tal vez el vendedor pueda descubrir oportunidades para incluir el envío inmediato y el retiro gratuito del colchón usado. Quizá podría haber un periodo de prueba gratis, sin condiciones.

Para un fabricante de colchones, una de las grandes revelaciones podría ser qué tan dependientes somos de la experiencia en la tienda, y si sólo pensamos en el desempeño de nuestro producto podríamos estar pasando por alto el verdadero problema. ¿Cómo podemos hacer que los vendedores tengan más éxito? ¿Cómo podemos nosotros y nuestros socios vendedores ajustar nuestra publicidad para comunicar los beneficios que efectivamente generen visitas a las tiendas y ventas? Los fabricantes de seguro han considerado el conjunto tradicional de competidores, pero, ¿habrán incluido Advil y Red Bull? En el caso de nuestro entrevistado, algunas de sus conductas para compensar las noches de mal sueño involucraban alternativas como éstas. Si yo fuera un fabricante de colchones me gustaría tener una comprensión clara de estos "competidores" y explorar la manera de disminuir la fricción relacionada con adoptar mi solución con la promesa de un sueño consistente de alta calidad.

Como alguien ajeno al mundo de los colchones, me asombra la increíble profundidad emocional asociada con la decisión de comprar un colchón. Tampoco había pensado mucho en todos los puntos dolorosos ni en la fricción relacionada con *cambiar* de colchón, desde deshacerse del viejo hasta llevar uno nuevo a casa. Y luego la preocupación: "¿Qué pasa si no está bien o si a mi esposa no le gusta?" Uno de los errores fundamentales que cometen muchos vendedores es recopilar un conjunto de datos de una gran muestra de encuestados cuando lo que realmente necesitan —y esta entrevista lo ejemplifica— es una gran cantidad de datos de una muestra más pequeña. Las grandes observaciones sobre las innovaciones tienen que ver más con la profundidad que con la extensión.

"De pronto se puede ver el camino..."

Como nos dijeron muchos ejecutivos que entrevistamos, cuando das con un trabajo, tiene sentido intuitivamente. Se *siente* como verdadero. Una percepción genuina, como dice el experto en neurocomercialización Gerals Zaltman, un colega de la Harvard Business School, es un pensamiento que se experimenta como verdadero desde su origen. Cuando tienes una percepción no debes convencerte de que es importante o poderosa. Simplemente lo sabes.

La clave para ser contratado es comprender la historia de la vida del cliente con tantos detalles que sea posible diseñar una solución que exceda por mucho cualquier cosa que los propios clientes pudieran haber logrado expresar. En retrospectiva, las percepciones de vanguardia podrían parecer obvias, pero casi nunca lo son. De hecho, fundamentalmente son contrarias: se ve algo que los demás han pasado por alto.

Sin embargo, como lo demostrará nuestro siguiente capítulo, descubrir un *trabajo por realizar* sólo es el primer paso. Usted vende progreso, no productos. Con el fin de crear una solución que los clientes quieran contratar —y hacerlo en forma repetida— tiene que ver todo el contexto de los *trabajos por realizar* de los clientes y los obstáculos que se interponen.

RECORDATORIOS DEL CAPÍTULO

- Comprender a fondo los verdaderos *trabajos por realizar* de un cliente puede ser un reto en la práctica. A menudo los clientes no son capaces de articular lo que quieren; sus acciones suelen contar una historia completamente distinta.

- Los datos aparentemente objetivos sobre el comportamiento del cliente muchas veces son engañosos, pues se enfocan de manera exclusiva en la *gran contratación* (cuando el cliente compra un producto) y pasa por alto la *pequeña contratación* (cuando el cliente lo usa). La *gran contratación* podría sugerir que un producto ha resuelto el trabajo del cliente, pero sólo un conjunto consistente de *pequeñas contrataciones* puede confirmarlo.

- Antes de que un cliente contrate un producto nuevo usted tiene que entender lo que él tendrá que despedir para poder contratar su producto. Las compañías no toman en cuenta esto lo suficiente. Siempre hay algo que debe ser despedido.

- Escuchar lo que un cliente no puede decir requiere una observación cuidadosa e interacción con el cliente, mientras se mantiene una "mente de principiante". Esta actitud ayuda a evitar suposiciones que podrían descartar prematuramente información fundamental.

- Desarrollar una comprensión cabal del trabajo puede lograrse armando una especie de guión que describe con todo detalle las circunstancias del cliente, los momentos de lucha, las experiencias imperfectas y las frustraciones consecuentes.

- Como parte de su guión es muy importante que usted comprenda las fuerzas que impulsan el cambio por una solución nueva, incluyendo el "impulso" del propio trabajo no satisfecho y el "jalón" de la solución nueva.

- También es fundamental entender las fuerzas que se oponen a cualquier cambio, incluyendo la inercia ocasionada por los hábitos actuales y la ansiedad que genera lo nuevo.

- Si las fuerzas que se oponen al cambio son poderosas, puede innovar las experiencias que proporcione de modo que se mitiguen; por ejemplo, creando experiencias que minimicen la ansiedad de avanzar hacia algo nuevo.

PREGUNTAS PARA LOS DIRECTIVOS

- ¿Qué pruebas tiene de que ha entendido con claridad los trabajos de sus clientes? ¿Las acciones de sus clientes coinciden con lo que le dicen que quieren? ¿Tiene evidencia de que sus clientes hacen la *pequeña contratación* y la *gran contratación*?

- ¿Puede reconstruir una historia completa sobre cómo sus clientes pasan de una circunstancia de conflicto a despedir su solución actual y al final contratar la solución de usted (tanto la *pequeña contratación* como la *gran contratación*)? ¿Cuáles son las brechas de su guión y cómo puede llenarlas?

- ¿Cuáles son las fuerzas que evitan que los clientes potenciales contraten sus productos? ¿Cómo podría usted innovar con las experiencias que rodean a su producto para superar esas fuerzas?

Notas

[1] Daniel Kahneman y Amos Tversky, "Prospect Theory: An Analysis of Decision under Risk", *Econometrica* 47, núm. 2 (marzo de 1979), pp. 263-292.

[2] Se puede escuchar la entrevista original, sin editar, en el sitio web de Bob Moesta: Jobstobedone.org.

[3] Cabe señalar la manera en que nuestra *teoría de los trabajos* se relaciona con otra idea popular vinculada a la innovación centrada en el cliente: "pensamiento bajo diseño". Esta etiqueta se aplicaba a un amplio conjunto de ideas y prácticas, pero en el fondo se refiere a una metodología para resolver problemas que pone énfasis en una profunda empatía con el cliente, el pensamiento divergente, y la rápida repetición de las soluciones. Un elemento funbdamental del pensamiento bajo diseño es dar prioridad a las experiencias de los usuarios antes que a las características del producto, y en este importante punto encontramos un terreno común. Debido a que la *teoría de los trabajos* proporciona una explicación *causal* acerca de por qué los clientes adoptan algunas innovaciones en lugar de otras —así como un lenguaje para comprender a fondo las percepciones sobre los clientes que realmente importan—, complementa y es del todo compatible con el pensamiento bajo diseño. El lenguaje y el proceso de pensamiento de los trabajos proporciona una serie de herramientas muy útiles para desarrollar las profundas percepciones de los clientes que requiere el pensamiento bajo diseño, y para inspirar soluciones que los clientes quieran comprar y usar.

CAPÍTULO 6

Construir su currículum

LA GRAN IDEA

Descubrir un trabajo con toda su rica complejidad sólo es el principio. Falta un largo camino para ser contratado. Pero entender a fondo un *trabajo por realizar* proporciona una especie de decodificador de esa complejidad: un lenguaje que permite contar con especificaciones claras para resolver los *trabajos por realizar*. Los productos nuevos no tienen éxito por las características y la funcionalidad que ofrecen, sino por las experiencias que permiten.

Si usted no tiene una chica preadolescente en su vida es posible que no comprenda cómo alguien puede pensar pagar más de 100 dólares por una muñeca. Pero yo lo he hecho. Muchas veces. Eso sin contar lo que hemos gastado en ropa y accesorios extra. Creo que me habría resultado más barato comprar ropa para mí. Mi hija Katie, y muchas de sus amigas, deseaban con locura las muñecas American Girl cuando eran pequeñas. Vea los anuncios del sitio web Craiglist justo después de vacaciones; encontrará una cantidad sorprendente de padres ansiosos por comprar ropa para muñecas American Girl de segunda mano o hecha en casa para complementar los regalos navideños de sus hijas. Según un cálculo, el típico comprador de una muñeca American Girl gasta más de 600 dólares en total. Hasta ahora, la empresa ha vendido 29 millones de dólares y gana más de 500 millones en ventas anuales.

¿Qué tiene de especial la muñeca American Girl? Bueno, no es la muñeca en sí misma. Viene en una gran variedad de estilos y orígenes étnicos, y es una muñeca adorable y robusta. Pero, en mi opinión, es similar a las muñecas con las que han jugado las niñas durante muchas generaciones. Las muñecas American Girl son *lindas*. Pero no son *extraordinarias*.

En años recientes, Toys "R" Us, Walmart e incluso Disney han tratado de desafiar el éxito de American Girl con muñecas similares (Journey Girls, My Life y Princes & Me), por un precio menor, pero hasta la fecha nadie le ha hecho mella. American Girl podría recibir un premio, porque en realidad no está vendiendo muñecas: más bien está vendiendo una *experiencia*.

Cuando vemos una compañía que tiene un producto o servicio que nadie ha logrado copiar con éxito, como American Girl, rara vez es el producto lo que es la fuente de una ventaja competitiva de largo plazo, algo que entendió la fundadora de American Girl, Pleasant Rowland: "No estás simplemente tratando de sacar el producto; esperas estar creando una experiencia que cumplirá con el trabajo de manera perfecta", dice Rowland. Estás creando experiencias que, en efecto, conformarán el currículum del producto: "Esa es la razón de por qué deberías contratarme".

Por eso American Girl ha sido tan exitosa durante tanto tiempo, a pesar de los numerosos intentos de sus competidores por abrirse paso a codazos. Mi esposa Christine y yo estábamos dispuestos a despilfarrar con las muñecas porque sabíamos lo que representaban. Las muñecas American Girl tienen que ver con conexiones y con el hecho de fomentar la confianza en uno mismo, además de que ofrecen la oportunidad de disfrutar nuestra niñez por un poco más de tiempo. He descubierto que crear el conjunto adecuado de experiencias alrededor de un trabajo definido claramente —y luego organizar la compañía en torno de la producción de esas experiencias (que examinaremos en el siguiente capítulo)— casi nos vacuna contra la disrupción. Los competidores disruptivos casi nunca consiguen tener un sentido del trabajo mejor. No ven más allá del producto. Las chicas preadolescentes contratan las muñecas para que las ayuden a articular sus sentimientos y validar quiénes son —sus identidades, su sentido de sí mismas y su origen cultural y racial— y les ofrecen la esperanza de que pueden superar los retos de su vida. El *trabajo por realizar* para los *padres*, que de hecho son quienes compran la muñeca, es ayudarlos a que madres e hijas entablen una conversación fructífera sobre las generaciones de mujeres que las antecedieron y sobre sus luchas y sus fortalezas. Esas conversaciones habían desaparecido desde que cada vez más mujeres accedían a la fuerza de trabajo a partir de los movimientos a favor de las mujeres, y ahora las madres y las abuelas deseaban recuperar esas conversaciones en sus vidas.

"No tengo ninguna duda de que partí de la tesis de que la innovación tiene éxito cuando aborda un trabajo que necesita realizarse", dice Rowland, cuyas deficientes opciones cuando estaba de compras en busca de un regalo navideño para sus sobrinas motivaron esa idea. En esa época las opciones más populares eran las Barbies hipersexualizadas o las Cabbage Patch Kids, ninguna de las cuales podía establecer una conexión con sus adoradas sobrinas. Su visión para la compañía, que se originó casi por completo en sus recuerdos de infancia, se contruyó en torno de la creación de experiencias felices similares para madres e hijas que compran muñecas American Girl. Como dije en el capítulo 4, nuestras vidas están muy articuladas.

Las muñecas —y sus mundos— reflejan la comprensión del trabajo complejo y lleno de matices de Rowland. Hay docenas de muñecas American Girl que representan una amplia taxidermia de perfiles. Por ejemplo, está Kaya, una joven de una tribu nativa del noroeste de Estados Unidos de finales del siglo XVIII. Su historia de fondo habla de su liderazgo, su compasión, su valentía y su lealtad. Está Kristen Larson, una inmigrante sueca que se establece en el territorio de Minnesota y se enfrenta a dificultades y retos pero al final triunfa. Hay una Lindsey Bergman, de la época moderna, que está concentrada en su inminente *bat mitzvah*. Y así, entre otras. Una parte significativa del encanto de estas muñecas son los libros bien escritos e históricamente precisos sobre la vida de cada personaje, que expresan los sentimientos y las luchas que la propietaria adolescente podría compartir. Incluso es posible que los libros sean más populares que las propias muñecas.

Rowland y su equipo reflexionaron sobre cada aspecto de la experiencia requerida para desempeñar el trabajo a la perfección. Las muñecas nunca se vendían en jugueterías tradicionales, mezcladas con una gran variedad de cualquier cantidad de competidores. Al principio sólo estaban disponibles por catálogo, luego en tiendas de American Girl, que se instalaron en unas pocas áreas metropolitanas. Resultó que esto mejoraba la experiencia, al convertir el viaje a una tienda de American Girl en un día especial con mamá (o papá). Las tiendas de American Girl tienen hospitales de muñecas que pueden reparar el cabello enredado o arreglar las partes rotas. Algunas tiendas tienen restaurantes donde los padres, las niñas y sus muñecas pueden sentarse felices y ordenar un menú infantil o celebrar fiestas de cumpleaños. Las muñecas se convierten en catalizadoras de experiencias con mamá y papá que recordarán por siempre.

Ningún detalle se consideró muy pequeño por su valor como experiencia. ¿Ese paquete rojo y rosa en el que vienen envueltas las muñecas? Rowland lo diseñó con una ventana transparente y con la muñeca adentro, pero están empaquetadas con lo que se conoce como "faja", una angosta banda alrededor de toda la caja, y las muñecas están envueltas en papel de seda. Esa banda, recuerda Rowland, añadía dos centavos de dólar y 27 segundos a todo el proceso de empaque. Los diseñadores sugirieron que simplemente se imprimiera el nombre de la muñeca directamente en la caja, para ahorrar tiempo y dinero, una idea que Rowland descartó sin pensarlo dos veces. "Les dije que no lo aceptaría. ¿Qué tiene que suceder para que esto sea especial para la niña? No quiero que vea salir de la caja algo retractilado. El hecho de que tiene que esperar sólo un segundo para quitar la banda y abrir el papel bajo la tapa hace emocionante abrir la caja. No es lo mismo que caminar por un pasillo en la juguetería y simplemente elegir una Barbie del estante. Ése es el tipo de detalles que cuidábamos. Tan sólo sigo remitiéndome a mi propia niñez para pensar en las cosas que me emocionaban."

American Girl tenía tal éxito al cumplir con el *trabajo por realizar*, tanto de las madres como de las hijas, que podía usar sus productos básicos —y la lealtad que establecieron— como una plataforma para expandirse en lo que podría parecer un campo extremadamente diverso. Muñecas, libros, tiendas de menudeo, películas, ropa, restaurantes, estéticas, e incluso un teatro en Chicago, todo lo cual Rowland ya tenía en mente antes de lanzar la compañía. Simplemente apelaba a la intuición para ella —con base en las experiencias felices de su propia niñez— y se ajustaba de manera exacta al trabajo. ¿Asistir a un teatro para ver un espectáculo de American Girl? Eso la remitía a los días en que solía usar guantes blancos para acudir a conciertos de la Sinfónica de Chicago con su madre. "Era un momento que estaba intentando recrear para las niñas cuando iban a la tienda de American Girl. Provenía en gran parte de mi experiencia de vida —explica—. Simplemente confiaba en los recuerdos de mi infancia."

Tres décadas después de su lanzamiento existe una generación de fanáticos de American Girl que ahora son adultos y que están ansiosos por compartir sus muñecas —y las experiencias que aportan— con sus hijos. Tenemos una amiga de la familia que todavía compra muñecas de American Girl para su hija adulta con el deseo expreso de que se las entregue a sus propias hijas un día.

Con la competencia de Mattel ha habido una ligera caída en las ventas durante los dos últimos años, pero nadie ha tenido éxito en destronar a American Girl. "Pienso que nadie estaba dispuesto a profundizar en el producto para crear la experiencia —dice Rowland—. Pensaban que era un simple producto. Nunca entendieron bien la parte de la historia." Hasta la fecha ningún otro fabricante de juguetes ha sido capaz de copiar la fórmula mágica de American Girl.

Descodificar la complejidad

Como ya he comentado, los trabajos son complejos y multifacéticos. Pero la profunda comprensión de un trabajo proporciona una especie de descodificador de su complejidad; una especie de especificación del trabajo. Mientras que el trabajo mismo es el marco de la circunstancia desde la perspectiva del consumidor con el *trabajo por realizar,* cuando él o ella se enfrentan a la lucha por conseguir un progreso, la *especificación del trabajo* se realiza desde el punto de vista del innovador: ¿qué necesito para diseñar, desarrollar y cumplir con mi nueva propuesta de producto de modo que resuelva bien el trabajo del consumidor? Se pueden captar los detalles relevantes de un trabajo en la especificación, incluyendo las dimensiones funcionales, emocionales y sociales que definen el progreso deseado, las concesiones que el cliente está dispuesto a hacer, todo el conjunto de soluciones competidoras que deben derrotarse, y los obstáculos y las ansiedades que deben superarse. Entonces esa comprensión debería hacerse coincidir con una propuesta que incluya un plan para vencer los obstáculos y crear la serie apropiada de experiencias de comprar y usar el producto. La especificación del trabajo se convierte entonces en el proyecto que traduce toda la amplitud y la complejidad del trabajo en una guía práctica para la innovación. Si se diseñan sin una clara especificación del trabajo, incluso los productos más avanzados pueden fallar. Sencillamente hay muchos detalles que cubrir y compensaciones difíciles al crear valor para los clientes como para que los innovadores confíen en la suerte o procedan por tanteo. Las experiencias que se crean para responder a la especificación del trabajo son fundamentales para producir una solución que los clientes no sólo quieran contratar, sino que quieran hacerlo una y otra vez. Hay una razón por la que es difícil copiar las innovaciones exitosas basadas en los trabajos: en este nivel de detalles las organizaciones crean ventajas competitivas de largo plazo, porque de esta manera los clientes deciden qué productos son mejores que otros.

Experiencias y precios especiales

En mi salón de clases comparto un ejemplo con mis estudiantes para resaltar cómo pensar en la innovación con base en los trabajos. Es una representación sencilla, pero tiene le intención de subrayar el punto de que, aunque identificar y comprender el *trabajo por realizar* es la base, sólo es el primer paso de la creación de productos que puede estar seguro que los clientes querrán contratar, los productos por los que *pagarán precios especiales.*

Eso implica comprender no sólo el trabajo sino también el conjunto correcto de experiencias de comprar y usar ese producto, y luego integrar esas experiencias en los procesos de una empresa. Las tres capas —*descubrir el trabajo, crear las experiencias deseadas* e *integrar con base en el trabajo*— son fundamentales. Cuando una compañía comprende y responde a esas tres capas del trabajo habrá resuelto el trabajo de una manera que los competidores podrán copiar con facilidad.

Descubrir el trabajo	Crear las experiencias deseadas	Integrar con base en el trabajo
UN TRABAJO ES EL PROGRESO QUE UN INDIVIDUO BUSCA EN UNA CIRCUNSTANCIA DADA	LAS EXPERIENCIAS QUE HACEMOS POSIBLES EN CADA UNA DE ESTAS TRES DIMENSIONES, PARA CUMPLIR CON EL TRABAJO	ADECUAR NUESTROS PROCESOS INTERNOS AL TRABAJO CON EL FIN DE PROPORCIONAR LAS EXPERIENCIAS DESEADAS
Todo trabajo tiene dimensiones funcionales, emocionales y sociales, cuya importancia relativa varía dependiendo del contexto.	Estas experiencias distintivas en la compra y en el uso comprenden los criterios con los que los clientes eligen el producto de un competidor en lugar del de otro.	Estos procesos, cuando se adecuan al trabajo, son difíciles de copiar y, por lo tanto, generan una ventaja competitiva.

© JAMES DE VRIES

Pensemos en IKEA, por ejemplo. IKEA es una de las empresas más rentables del mundo y lo ha sido durante varias décadas. Su propietario, Ingvar Kamprad, es uno de los hombres más acaudalados del mundo. ¿Cómo hizo tanto dinero vendiendo muebles anodinos que uno tiene que ensamblar? Identificó un *trabajo por realizar*.

Es un negocio que no tiene ningún secreto empresarial especial. Cualquier posible competidor puede caminar por las tiendas, deducir la ingeniería de los productos a la inversa o copiar su catálogo. Pero nadie lo ha hecho. ¿Por qué no? Todo el modelo empresarial de IKEA —la experiencia de venta, la disposición de la tienda, el diseño de los productos y la forma como están empacados— es muy diferente al de cualquier tienda de muebles estándar.

La mayoría de los vendedores al menudeo se organizan alrededor de un segmento de clientes o de un tipo de producto. La base del cliente puede dividirse en una demografía meta, como edad, género, educación o nivel de ingresos. Hay competidores que venden para gente adinerada —¡Roche Bobois vende sofás que cuestan miles de dólares!—. Hay tiendas conocidas por vender muebles baratos a personas con ingresos más bajos. Y hay muchos otros ejemplos: tiendas que se organizan en torno de muebles modernos para residentes urbanos, tiendas que se especializan en muebles para negocios, entre otros.

IKEA no se enfoca en vender a un grupo de consumidores demográficamente definido. Está estructurada con base en trabajos que muchos consumidores comparten cuando están tratado de establecerse con su familia en un nuevo entorno: *"Debo tener este lugar amueblado para mañana porque al día siguiente tengo que ir a trabajar"*.

Otras tiendas de muebles pueden copiar los productos de IKEA. Incluso pueden imitar el ordenamiento de los muebles. Pero lo que ha sido difícil de copiar son las experiencias que IKEA proporciona a sus clientes —y la forma como se ha anticipado y ha ayudado a sus clientes a superar los obstáculos que se interponen en su camino—.

Nadie que yo conozca disfruta la idea de pasar el día comprando muebles cuando les urge conseguirlos de inmediato. No es divertido. Más bien es un reto frustrante. Considere que probablemente sus hijos querrán acompañarlo cuando vaya de compras y podría ser una ocasión para el desastre. Las tiendas IKEA tienen un área designada para niños donde puede dejarlos jugando mientras usted recorre la tienda, y al final le ofrecen café y helado como recompensa. ¿No quiere esperar a tener sus libreros en casa? Vienen en paquetes de cartón planos que caben en la mayoría de los automóviles. ¿Le parece intimidante desempacar todas las partes de un librero desarmado para luego tener que ensamblarlo usted mismo? Absolutamente. Pero no es abrumador porque IKEA ha diseñado todos sus productos para que requieran sólo una sencilla herramienta (que está incluida en cada paquete y de hecho viene guardada dentro de una de las piezas de madera para no perderla por accidente al abrir la caja). Y toda la gente que conozco que ha intentado ensamblar algo de IKEA ha terminado sintiendo mucho orgullo de sí mismo.

¿Con quién compite IKEA? Mi hijo Michael la contrató cuando se mudó a California para empezar sus estudios de doctorado: *"Ayúdenme a amueblar mi casa hoy"*. Tiene que decidir qué contratará para realizar el trabajo. Entonces, ¿cómo toma la decisión? Debe tener algún tipo de criterio para elegir. En un nivel fundamental tendrá en cuenta qué importancia tienen para él los aspectos básicos de la propuesta: el costo y la calidad, y las prioridades y las concesiones que está dispuesto a hacer en el contexto del trabajo que necesita. Pero le interesarán aún más las experiencias que cada posible solución le ofrezca al resolver su trabajo. Y que obstáculos deberá vencer para contratar cada opción.

Contratará a IKEA, aun cuando cueste más que algunas otras soluciones, porque realiza el trabajo mejor que las demás. La razón de que estemos dispuestos a pagar un *precio mayor* por un producto que cumple bien el trabajo es porque el *costo total* de un producto que no realiza el trabajo —tiempo perdido, frustración, gastos en soluciones deficientes, entre otros— es considerable para nosotros. El "problema" es costoso —ya estamos gastando tiempo y energía en buscar una solución y, entonces, aunque haya un costo adicional, el cálculo mental hace que nos parezca pequeño en comparación con lo que ya hemos estado gastando, y no sólo financieramente sino también en recursos personales—.

Otras mueblerías podrían ofrecerle a Michael el flete gratuito, pero tal vez tarden días o incluso semanas en llevarle el mueble que quiere comprar. ¿Dónde se sentará mañana? El sitio Craigslist tiene ofertas, pero deberá reunir rápidamente sus opciones de muebles, rentar un auto y cruzar la ciudad para recogerlos, además de que tal vez tenga que recurrir a un amigo para que le ayude a subirlos y bajarlos de un sitio a otro. Las mueblerías de descuento podrían ofrecer algunos beneficios de IKEA, pero no es probable que los muebles sean fáciles de armar en casa. Las tiendas de muebles desarmados poseen productos de una calidad decente, ¡pero uno mismo debe pintarlos! Eso no es fácil en un departamento pequeño. No es probable que Michael se sienta bien con ninguna de esas opciones.

Sólo se pueden configurar las experiencias que son importantes para los clientes cuando se entiende con quién se está compitiendo realmente. De esa manera sabrá usted cómo crear su currículum con el fin de que lo contraten para el trabajo. Y cuando consiga hacerlo bien, sus clientes estarán más que dispuestos a pagar un precio adicional porque usted habrá resuelto el trabajo mejor que nadie.

Sin embargo, debo precisar que en algunas ocasiones los clientes se ven obligados a pagar productos más caros porque de éstos dependen otros productos que ya habían contratado para cumplir un trabajo en su vida. Pensemos en la llamativa etiqueta de los cartuchos de tinta para impresoras. O en los cargadores o los estuches de los teléfonos celulares. Nos damos por vencidos y pagamos el precio adicional porque no hay otra solución mejor de momento, pero al mismo tiempo sentiremos desprecio por la empresa que nos ha desplumado. De hecho, estos productos *causan* ansiedad, más que aliviarla. Odiaba tener que supervisar cuánta tinta de color gastaban mis hijos cuando usaban la impresora de casa. No me gusta preocuparme acerca de la posibilidad de perder un cargador. Esto *no* es a lo que me refiero con que los clientes están dispuestos a pagar un precio adicional. Por el contrario, con las innovaciones basadas en los trabajos los clientes no se molestan por el precio sino que agradecen la solución.

Eliminar los obstáculos

Los productos que tienen éxito para resolver los trabajos de los clientes esencialmente proporcionan servicios en la vida de los clientes. Los ayudan a vencer las barreras que interfieren con su proceso de lograr el progreso que buscan. *"Ayúdame a amueblar este departamento ahora."* *"Ayúdame a compartir la riqueza de nuestra historia familiar con mi hija."* Crear experiencias y superar obstáculos es la forma en que un producto se convierte en un *servicio* al cliente, más que en un simple producto con mejores características y beneficios.

El fabricante de dispositivos médicos Medtronic aprendió lo anterior por la vía difícil, cuando estaba intentando introducir un nuevo marcapasos en la India.

A primera vista parecía un mercado lleno de potencial porque, desafortunadamente, las enfermedades cardiacas son la principal causa de muerte en ese país. Sin embargo, por diversas razones, muy pocos pacientes optaron por un marcapasos para solucionar su problema médico. Durante muchos años, Medtronic había confiado en las formas de investigación tradicionales para desarrollar sus propuestas de productos. "Somos muy buenos para comprender los trabajos *funcionales*", recuerda Keyne Monson, a la sazón director en jefe de desarrollo empresarial internacional del fabricante de dispositivos médicos. Por ejemplo, cuando Medtronic estaba intentando mejorar sus marcapasos, reunió comités de médicos para averiguar lo que les gustaría ver en la siguiente generación de dispositivos. Entonces la compañía llevó a cabo investigaciones cuantitativas que validaron la retroalimentación de los comités de doctores y se crearon productos nuevos.

Las nuevas versiones del marcapasos eran claramente mejores, pero desafortunadamente en la India no se vendieron tan bien como lo había esperado Medtronic. La empresa había estado agobiando a Monson durante un tiempo porque ni los enfoques cualitativos ni los enfoques cuantitativos en los que habían confiado históricamente habían respondido a la pregunta acerca de *por qué* la gente querría un marcapasos y qué obstáculos podrían interponerse, y para hacerlo para el conjunto de todos los interesados involucrados.

Con la perspectiva de los *trabajos por realizar*, el equipo de Medtronic y de Innosight (incluido mi coautor David Duncan) emprendieron una nueva investigación en la India. El equipo visitó hospitales e instalaciones de atención médica, donde entrevistó a más de 10 doctores, enfermeras, personal administrativo y pacientes en todo el país. La investigación reveló cuatro restricciones fundamentales que evitaban que los pacientes recibieran el cuidado cardiaco tan necesario:

- Falta de una conciencia del paciente sobre sus necesidades de salud y médicas.
- Falta de un diagnóstico apropiado.
- Incapacidad de los pacientes para seguir el proceso de la atención médica.
- Asequibilidad.

Aunque había competidores que estaban consiguiendo cierto progreso en la India, la mayor competencia era la falta de consumo debido a los retos que identificó el equipo de Medtronic.

Desde una perspectiva tradicional, Medtronic se pudo haber enfocado mucho más en los doctores para preguntarles sobre las prioridades y los intercambios del producto. ¿Cuáles características valorarían más y cuáles menos? Preguntar a los pacientes lo que querían no habría estado entre las primeras consideraciones para una perspectiva de comercialización.

No obstante, cuando Medtronic regresó al problema a través de la lente de los *trabajos por realizar*, dice Monson, el equipo se dio cuenta de que el cuadro era mucho más complejo, y no era como lo podrían haber supuesto los ejecutivos de Medtronic a partir de volcarse en las estadísticas de las cardiopatías de la India o preguntar a los cardiólogos cómo mejorar el marcapasos. Medtronic ha pasado por alto un componente fundamental del *trabajo por realizar*. La experiencia de ser un candidato para un marcapasos estaba repleta de estrés y de obstáculos. Para que un paciente reciba un marcapasos que lo ayudará a resolver sus problemas del corazón debería haber recorrido un camino muy complicado. En primer lugar, podría haber visto a un practicante general, por lo regular el primer paso de la atención médica, pero no siempre alguien con capacitación médica formal. Cada uno de estos practicantes ve cientos de pacientes en un día cualquiera. "Había filas de pacientes a lo largo del recibidor —recuerda Monson—. Había tanta gente esperando ver al practicante local, que de hecho pasaba desde el recibidor hasta el cuarto de la entrevista médica y adentro todavía seguía la fila." El practicante local pasaba alrededor de 30 segundos con cada paciente y luego lo despachaba con una receta, con algunas recomendaciones, o bien con un especialista. Los síntomas que sugieren que la persona podría necesitar un marcapasos pueden confundirse fácilmente con los de otros estados de salud. Sería casi imposible que un paciente pasara de una breve visita con un practicante al cirujano cardiólogo para que le implantara un marcapasos.

Aun cuando llegue a ese punto, remitirlo con un especialista de un nivel más alto significaba que el paciente era lanzado a un sistema en el que era un completo extraño para los equipos médicos que debían continuar con el proceso. Recorrer el proceso posterior a que el practicante llega a recomendar a alguien para un marcapasos fue confuso —y costoso— para un cliente que tuvo que pagar la atención médica de su bolsillo.

Por esa razón Medtroic no sólo ajustó sus esfuerzos de comercialización, sino también los servicios que proporcionaba para dirigirse de manera directa a pacientes potenciales. Por ejemplo, en conjunto con los cardiólogos locales, Medtronic organizó clínicas de diagnóstico de enfermedades cardiacas en todo el país, donde proporcionaba a los pacientes un acceso directo gratuito a especialistas con equipo de alta tecnología sin tener que pasar por un practicante con exceso de trabajo.

El aspecto de pagar un marcapasos y los servicios médicos inherentes no era una preocupación menor. Así, Medtronic creó un programa de préstamos para ayudar a los pacientes a pagar el procedimiento del marcapasos. Al principio la compañía supuso que tal vez los pacientes se verían obligados a adquirir préstamos que expiraban con la muerte de esos pacientes, de manera que no le endilgaran a la familia el peso de la deuda, el componente emocional y social de su *trabajo por realizar*. Y como el equipo de Medtronic se enteró por los propios pacientes, a menudo lo elegían por eso. Pero los amigos y la familia querían algo distinto: tendían a agruparse para reunir el dinero necesario. En esos casos era más común que los pacientes sólo necesitaran un préstamo puente mientras reunían los fondos. Medtronic se aseguraba de que el proceso del préstamo no fuera abrumador para la familia: los préstamos suelen aprobarse en dos días, requieren poco papeleo y no conllevan activos respaldados por una hipoteca.

La experiencia de recorrer la compleja red de la atención médica en la India podría ser abrumadora tanto para los pacientes como para sus familias. Por eso la compañía empezó con hospitales locales para crear una función de asesores de pacientes, llamados inicialmente "sherpas", que ayudaban a los pacientes a pasar por la burocracia del hospital, a menudo alucinante, y mantenían el procedimiento y los cuidados posteriores como prioridades.

El papel de asesor del paciente se volvió tan popular que los hospitales le preguntaron a la compañía si podía permitir a los pacientes que obtenían marcapasos por vías tradicionales que también buscaran la asistencia de un asesor. Al ver una posibilidad de identificar más *trabajos por realizar* en el seno del sistema hospitalario, Medtronic se lanzó por la oportunidad. "Al final nos dimos cuenta de que ese papel constituía una posición tan importante, que ajustamos la función. Y estuvimos de acuerdo —recuerda Monson—. Infundía el valor de esa persona en todo el sistema hospitalario, y, por consiguiente, nuestro modelo empresarial. Y nos convirtió en el socio elegido. Para mí era un ejemplo claro de acertar con un *trabajo por realizar*."

El primer marcapasos distribuido en la India por medio del programa Healthy Heart for All (HHFA) (Un Corazón Sano para Todos) fue implantado a finales de 2010. Actualmente Medtronic es socio de más de 100 hospitales en 30 ciudades. La India se considera uno de los mercados de más alto potencial de crecimiento para la compañía.

De acuerdo con Sharnik Dasgupt, vicepresidente del Cardiac and VacularGroup, el Medtronic del subcontinente indio, "con la iniciativa de HHFA, desde su inicio hasta diciembre de 2015, alrededor de 167 000 pacientes han sido examinados para detectar enfermedades cardiacas, de los cuales 89 900 fueron asesorados y aproximadamente 15 000 han recibido tratamiento, con asistencia financiera utilizada en alrededor de 550 casos".

Hacer posible lo anterior implicaba crear relaciones con varios socios que ayudaron a Medtronic a cumplir los trabajos de los clientes. "Por medio de la evaluación de Healthy Heart for All, Medtronic comprendió la necesidad de tener socios en distintas etapas del proceso de atención al paciente, que pueden ser un apoyo sólido para eliminar las barreras del acceso al tratamiento —dice Dasgupta—. En este caso, los socios con habilidades para el financiamiento, la administración de préstamos, los diagnósticos y la asesoría de pacientes desempeñaron un papel fundamental. Con programas como Healthy Heart for All, Medtronic está proporcionando un mayor valor a los pacientes, a los profesionales de la atención médica y a los hospitales. Y este valor aporta una auténtica distinción donde la diferenciación de productos puede no ser fácil de demostrar."

La experiencia de Uber

El valor de crear la serie adecuada de experiencias en un trabajo de una circunstancia específica no es algo que todo el mundo entienda. No conozco a nadie que disfrute la experiencia de rentar un auto, por ejemplo. Aterriza usted en un aeropuerto, cansado del viaje, y ansioso por emprender el camino a su destino final. Pero primero tiene que encontrar el mostrador correspondiente a la renta de autos en el área de llegadas del aeropuerto o descubrir dónde hay un autobús de enlace que lo lleve a un gran estacionamiento exterior donde lo está esperando su auto. Las filas para entrar y salir suelen ser largas y no es raro que al llegar por fin al inicio de la fila descubra que pudo haber optado por algún tipo de registro rápido. Tiene que calcular el tiempo en que regresará al sitio de renta de autos para llenar el tanque justo antes porque no quiere tener que pagar tasas excesivas por la recarga. Y de acuerdo con mi experiencia las personas que rentan, al regresar el auto, se mantienen ansiosamente cerca del empleado que lo revisa para asegurarse de que después no las harán responsables de cualquier raspadura o abolladura que la compañía de renta de autos declare que sucedió mientras usted estaba a cargo. Algunos sitios de renta cierran temprano los fines de semana, lo cual afecta su decisión sobre cuándo necesita regresar al aeropuerto. Incluso cuando nada sale mal casi siempre es una experiencia desagradable, con las frustraciones y las ansiedades concomitantes.

Simplemente busque en Google "reseñas de renta de autos" y verá cuánto adoran los clientes la experiencia de rentar un auto. No es difícil hallar *hashtags* que nos dicen cómo la industria de renta de autos está atendiendo a sus clientes: seguramente encontrará #hertzsucks (Hertz apesta) y #avissucks (Avis apesta) en Twitter, por nombrar sólo dos. En línea verá ataques con quejas que casi no mencionan nada sobre los autos que renta la empresa, pero se enfocan en la experiencia de la renta. Sin embargo, con excepción de algunos detalles (salvo el mostrador para clientes frecuentes), las compañías de renta de autos siguen compitiendo casi exclusivamente con el precio y la variedad de los autos que ofrecen.

Los clientes buscan soluciones alternativas de manera activa, aunque sean imperfectas. Si están viajando por negocios y tienen un puesto lo suficientemente alto en una compañía, podrían pedir a algún empleado local de rango inferior que rente el auto y que luego lo recoja en el área de llegadas del aeropuerto. O bien contratar un servicio de taxi para todo el día. Sé de alguien que, cuando su avión se desvió inesperadamente, pagó un Uber desde Milwaukee hasta Chicago, antes que soportar el estrés y los inconvenientes de rentar un auto.

Estas soluciones alternativas deberían ser señales de alarma para la industria de renta de autos, que podrían estar enfrentando un ataque de nuevos competidores en el futuro cercano al tiempo que el trabajo de la "movilidad" toma forma. No proporcionar a los clientes las experiencias que los ayuden a resolver sus *trabajos por realizar* lo dejan a usted vulnerable a la disrupción cuando surjan mejores soluciones y los clientes cambien de barco.

En contraste, una compañía que comprende con claridad lo que está en juego es Uber. En mi opinión, Uber ha sido exitosa porque ha logrado a la perfección cumplir con un *trabajo por realizar*. Sí, a menudo Uber ofrece un automóvil agradable para llevarlo de un punto A a un punto B, pero no es ahí donde radica su ventaja competitiva. Las experiencias que se tienen al contratar a Uber para resolver los *trabajos por realizar* de los clientes son mejores que las alternativas existentes. Ése es el secreto de su éxito.

Todo lo relacionado con la experiencia de ser un cliente —incluyendo las dimensiones emocionales y sociales— ha sido pensado a fondo. ¿Quién quiere tener que aventajar a otros pobres tipos que están intentando detener un taxi en la misma esquina? Usted no quiere pagar por un servicio de taxis que lo espere afuera de su reunión o quedar a su merced cuando finalmente usted esté listo para llamarlo y que regrese a recogerlo. Con Uber, simplemente oprime unos botones en su teléfono celular y sabe que en tres o siete minutos un conductor determinado pasará por usted. Ahora puede relajarse y esperar. No tiene que preocuparse por tener el efectivo suficiente en su cartera o temer que si desliza su tarjeta de crédito en la máquina del taxi recibirá una llamada de su banco preguntándole si recientemente ha realizado compras en un estado al que nunca ha ido. Llamar a un Uber tiene incluso más potencial para calmar su ansiedad que subirse a un taxi solo. Con Uber hay un registro de su solicitud, usted sabe específicamente quién lo recogerá y por las calificaciones del conductor puede asegurarse de que sea confiable. Uber no sólo compite con taxis y con servicios de automóviles; también compite con optar por tomar el metro a casa o llamar a un amigo.

Las organizaciones que se enfocan en mejorar el producto cada vez más están pasando por alto lo que puede ser el mecanismo causal más eficaz de todos: ¿cuáles son las experiencias que los clientes buscan no sólo al comprar sino también al usar este producto? Si usted no sabe la respuesta a esa pregunta, probablemente no van a contratarlo.

¿Cómo sé si eres bueno para el trabajo?

También Amazon sabe exactamente qué experiencias valoran los clientes. Todo se construye en torno de producir bien esas experiencias. Hay muchos factores que han hecho posible el crecimiento meteórico de Amazon, pero no hay manera de que pudiera ser "la tienda de todo" sin las reseñas de sus clientes. Yo diría que probablemente sería lo más difícil de copiar para cualquier posible competidor.

¿Por qué las reseñas de Amazon son tan poderosas? Porque ayudan a los clientes a conseguir el progreso que quieren. Si, por ejemplo, veo las casas de mis amigos, encuentro una gran diversidad de productos que compraron en Amazon. Un televisor, una vaporera para arroz, una cámara digital, un procesador de *smoothies*. ¿Qué me permite a mí y a millones de personas comprar artículos inusuales con mayor confianza por medio de una lista en un sitio web? La lista de características y funciones no me ayuda mucho; de hecho, mi vista tiende a evitar esa sección. Pero me dirijo directamente a la línea que me dice dónde puedo descubrir si éste es el producto adecuado para contratarlo para mi trabajo: "56 comentarios, 21 preguntas respondidas".

Desde luego, ver un artículo con muchas clasificaciones de cuatro o cinco estrellas ayuda, pero lo que realmente necesito saber es lo que tienen que comentar los consumidores que contrataron para el mismo trabajo que yo. Puede haber muchos comentarios sobre un horno eléctrico, acerca de si tuesta bien el pan, de manera uniforme (al parecer hay mucha gente a la que le importan esas cosas), pero realmente quiero saber si me ayudará a calentar una pizza congelada cuando no quiero usar mi horno convencional. Estoy seguro de que a muchas personas les interesan los pixeles y el *zoom* de una cámara digital, pero yo sólo quiero saber que sea fácil de ajustar y de usar. En otras palabras, Amazon me permite comprar categorías inusuales con total confianza, porque puedo encontrar gente que comparte mi trabajo y evalúa el desempeño que me interesa más en esos comentarios.

Amazon comprende muy bien la importancia de estos comentarios. Hay comentaristas del Salón de la Fama (así se indica en cada comentario) y los primeros 10 000 lugares de comentarios, clasificados según el número y el porcentaje de votos útiles que reciben los comentarios. En 2015 Amazon también introdujo tecnología que automatiza y da más peso a los comentarios más recientes, comentarios de compradores de Amazon confirmados y comentarios que la mayoría de los clientes ha considerado más útiles.

Las empresas que venden sus productos en Amazon son tan sensibles al poder de esos comentarios que por rutina envían correos electrónicos a sus clientes poco después de que la compra ha llegado a su destino para preguntar si tienen alguna observación, esperando prevenir cualquier retroalimentación negativa antes de que termine como un comentario negativo en la página de comentarios. Hacen todo lo posible, incluyendo reembolsos o cambios sin requisitos, antes que arriesgarse a tener una mala reseña de un comentarista, que ciertamente influirá en la cantidad de personas que contraten ese producto para su *trabajo por realizar*. La experiencia que proveen esos comentarios a otros clientes es muy valorada: *"No quiero las molestias de tener que regresar la compra o considerarla dinero perdido. Y no quiero esperar dos días para descubrir que sigo necesitando otra solución. ¿Cómo puedo asegurarme de que no estoy cometiendo un error?"*

Los comentarios en línea han mejorado considerablemente la experiencia de comprar casi cualquier cosa en los últimos años. Podemos revisar los comentarios sobre todos los productos, desde talleres mecánicos hasta compañías de seguros, con sólo un clic en el tablero. Los comentarios en línea ayudan a que los productos sean contratados.

Pero es una moneda de dos caras. Desde la perspectiva empresarial, representan la primera vez en la historia que debe pensar cómo comunicar quién *no* debería contratar su producto. Un cliente que contrata su producto o servicio para un trabajo para el que no está indicado se sentirá muy decepcionado y tal vez escriba en línea un comentario de insatisfacción. Los comentarios negativos pueden hacer fracasar un negocio. Los propietarios de restaurantes con frecuencia se quejan de ser rehenes de sus clasificaciones del sitio Yelp, a merced de comentarios de paladares ignorantes. Airbnb trabaja con sus clientes "anfitriones" para asegurarse de que sus anuncios dejen muy claro quiénes deberían y quiénes no deberían contratar ese servicio particular, dice Chip Conley de Airbnb. Esta empresa aconseja a sus anfitriones que se imaginen que hay una "tarjeta de informes invisible en la frente de los clientes potenciales" en la que se califica todo lo relacionado con la forma en que el sitio cumplió con sus expectativas. "Sobrevender" sus productos actuará en su contra muy pronto en Airbnb y en el creciente número de mercados donde los comentarios funcionan casi como una moneda de cambio.

Los anuncios de Airbnb ponen énfasis en el aspecto del vecindario y en el tipo de experiencia que los huéspedes tendrán en la casa. ¿Es conveniente? ¿Es silencioso y tranquilo? ¿Está en el centro de la acción? Es importante captar todos estos detalles tanto en la descripción como en las fotografías, para que los huéspedes no se decepcionen con su elección y no escriban un comentario desalentador.

Las investigaciones han sugerido que hasta 95% de los consumidores usan comentarios y 86% afirman que son esenciales al tomar decisiones de compra.[1] Y casi un tercio de los consumidores menores de 45 años de edad consulta los comentarios para *todas sus compras*. Las empresas tienen que considerar ahora cómo educar a sus clientes acerca de para qué están diseñados sus productos y sus servicios,[2] y cuándo los clientes potenciales no deberían considerar contratarlos. Ése es un aspecto inusitado.

Una marca con propósito

Hay una herramienta que le ayuda a evitar que su producto o servicio sea vulnerable a los clientes que lo contratan por razones equivocadas. Si se logra a la perfección, su marca podrá convertirse en un sinónimo del trabajo que cumple, lo que se conoce como una *marca con propósito*. Al ver una lista de estas marcas seguramente adivinará de inmediato el trabajo para el cual son contratadas:

- Uber
- TurboTax
- Disney
- Mayo Clinic
- On Star
- Harvard
- Match.com
- OpenTable
- LinkedIn

Y, una de mis favoritas: Jack Bauer. Cuando necesite salvar al mundo en 24 horas, Jack Bauer es su hombre.

Un producto que crea sistemáticamente las experiencias adecuadas para resolver los trabajos de los clientes debería comunicarle al consumidor: "¡Su búsqueda ha terminado, elíjame a mí!" Si necesita amueblar el departamento que acaba de rentar, o decorar el dormitorio de su hija, ojalá tenga cerca una tienda de IKEA, que se ha convertido en una marca con el propósito: "Ayúdame a amueblar mi departamento hoy".

Las marcas con propósito desempeñan la función de comunicar al exterior la forma en que las "características adjuntas" están diseñadas para proporcionar una experiencia muy completa y específica. Una marca con propósito se ubica en el mecanismo que *ocasiona* que la gente compre un producto: cumple a la perfección con el trabajo. Una marca con propósito les dice que lo contraten a usted para el trabajo.

La recompensa de realizar perfectamente un trabajo no es la fama de la marca —aunque esto puede ser una consecuencia— sino más bien que los clientes lo incorporen al tejido de su vida. Debido a que las marcas con propósito se integran alrededor de *trabajos por realizar* importantes más que ajustarse a bases de competencia ya establecidas, las marcas con propósito a menudo reconfiguran la estructura de la industria, cambian las bases de la competencia y determinan precios superiores.

Si usted quería disfrutar una buena taza de café en casa estaba en problemas antes de que Keurig llegara al rescate. Los salvavidas para los padres denominados Lunchables no competían exactamente con el mostrador de Delicatessen, ni con el departamento de quesos ni con el pasillo de galletas, pero sí facilitaban la vida. Antes de que Fred Smith lanzara FedEx, los documentos urgentes tenían que ser entregados a mensajeros que se lanzaban volando a cualquier lugar para cumplir con una fecha límite importante.

FedEx ahora es un nombre familiar, pero ingresar al mercado pudo haber parecido imposible hace algunas décadas. Sin embargo, tiene sentido a través del punto de vista del trabajo. Cuando los competidores logran entrar con éxito a mercados que parecen cerrados y mercantilizados, lo hacen adaptándose a un trabajo importante al que ninguno de los jugadores establecidos ha dado prioridad. Pixar le dio a los espectadores una razón para interesarse por la producción de películas de estudio. La marca Apple garantiza a la gente que la tecnología será fácil de usar y tendrá un diseño elegante. American Girl permite a las madres y a sus hijas conectarse y crear experiencias compartidas en formas que desafían la categorización de la industria.

La Corporation Milwaukee Electric Tool ha acaparado el mercado en dos áreas con sus potentes marcas con propósito: Sawzall y HOLE HAWG. Sawzall es una sierra alternante que contratan los obreros cuando tienen que cortar a través de un muro rápidamente y no están seguros de lo que hay del otro lado. Se contrata para el trabajo de ayudar a los obreros a serruchar con seguridad prácticamente a través de cualquier cosa. No hay que tener pánico cuando se enciende la sierra. Cuando miro una pared y no sé qué hay detrás sólo pienso en una cosa: "¿Dónde está mi Sawzall?"

Los plomeros contratan el HOLE HAWG de Milwaukee, un taladro de ángulo recto, cuando necesitan perforar un agujero en un especio pequeño. Competidores como Black & Decker, Bosch y Makita ofrecen sierras alternantes y taladros de ángulo recto con un desempeño y precios comparables, pero ninguno tiene una marca con propósito que viene a la mente de un obrero cuando hay uno de estos trabajos por realizar. Milwaukee ha sido propietario de 80% de estos dos mercados de trabajos durante varias décadas.

Las otras herramientas de la empresa, que dependen de la marca Milwaukee, no tienen la misma fama ni de lejos. La palabra "Milwaukee" no está en todos los mercados. Pero Sawzall y HOLE HAWG se contratan para trabajos muy específicos y se han convertido en marcas con propósito.

Las marcas con propósito proporcionan una notable claridad. Se convierten en sinónimo de trabajo. Una marca con propósito bien desarrollada evitará que el cliente siquiera considere la idea de buscar otra opción. Quiere *ese* producto. El sobreprecio que exige una marca con propósito es el salario que los clientes están dispuestos a pagar a la marca para obtener esta guía.

Federal Express ejemplifica cómo se construyen las marcas con propósito. Había un trabajo que existía prácticamente desde siempre: el trabajo *"Necesito enviar esto desde aquí hasta allá, lo más pronto posible y con toda certeza"*. Algunos clientes de Estados Unidos contrataban el correo aéreo del Servicio Postal; algunas almas desesperadas pagaban mensajeros que hacían el viaje en avión. Pero debido a que nadie había diseñado todavía para qué realizaría este trabajo bien, las marcas de los servicios alternativos deficientes se desacreditaron cuando fueron contratadas con ese fin. Pero después de que Federal Express diseñó este servicio para realizar ese mismo trabajo, y lo cumplió de maravilla una y otra vez, la marca FedEx empezó a aparecer en la mente de las personas.

Lo anterior no se construyó por medio de la publicidad. Se construyó cuando la gente contrataba el servicio y descubría que cumplía con el trabajo. FedEx se convirtió en una marca con propósito. De hecho, se convirtió en un verbo en el lenguaje de negocios internacional, que está indisolublemente ligado a ese trabajo específico.

Una lista muy larga de marcas con propósito, incluyendo Starbucks, Google y Craiglist.org, se construyeron con muy poca publicidad en sus inicios. Son marcas tan fuertes que se han convertido en verbos: "Sólo googléalo". Pero han sido exitosas porque cada una está asociada a un propósito claro y se ha perfeccionado en torno de un *trabajo por realizar* bien definido. Estas marcas simplemente aparecen en la mente de los consumidores cuando tienen un *trabajo por realizar*.

Del mismo modo, las marcas que no consiguen integrarse en torno de un trabajo corren el riesgo de convertirse en sustitutos, que están obligados a competir desesperadamente con el precio, con competidores similares. Sólo pensemos en las aerolíneas, los fabricantes de automóviles, las cadenas de hoteles para negocios, las compañías de renta de autos o los fabricantes de clones de computadoras. Ser llamado "clon" nunca podrá ser algo bueno.

Sin embargo, es muy fácil que una organización pierda su comprensión del poder de una marca con propósito cuando cae en el mal hábito de añadir nuevos beneficios y características con el interés de crear "novedades" en el mercado o justificar un aumento de precios. Durante muchos años Volvo fue el auto familiar de mi ciudad. Esos autos distintivos, cuadrados, estaban por todas partes en los estacionamientos de las escuelas, en las tiendas de abarrotes y en los campos de béisbol de toda la urbe. Es posible que costaran más que otras opciones de autos familiares y, enfrentémoslo, eran feos, pero representaban algo importante: seguridad. Desde su fundación, en 1927, sus dos directivos originales establecieron el rumbo directamente con este fin: "Los automóviles son conducidos por personas. Por lo tanto, el principio rector de todo lo que hacemos en Volvo es, y deberá seguir siendo, la seguridad". Y durante las décadas siguientes la compañía de automóviles sueca se ha ganado su excelente reputación como una marca con propóstio por su seguridad y su confiabiidad.

Sin embargo, después de que Ford compró Volvo, en 1999, al parecer se desvió de esa marca clara al fabricar automóviles más llamativos para intentar competir con vehículos de lujo estándar. El resultado no sólo fue una caída en las ventas sino la apertura en el mercado para que otros autos de la competencia ofrecieran sus propias características de seguridad. Volvo ya no tenía esa posición. Hacia 2005 dejó de ser rentable. La recesión tampoco lo ayudó. En 2010 Ford renunció por completo a Volvo y lo vendió con considerables pérdidas al fabricante de autos chino Geely. "Perdimos el camino —le comentó Tony Nicolosi, director ejecutivo de Volvo Norteamérica, a *Autoweek* en 2013—.[3] Tenemos que volver a nuestras raíces. La sociedad está regresando a lo que representamos como marca: medio ambiente, familia, seguridad. Sólo que hemos tenido deficiencias para comunicar esto." Bajo la batuta de Geely y de una cuantiosa inversión, además de un renovado foco de atención en la seguridad y la confiabilidad, finalmente Volvo empezó a crecer de nuevo en 2015. Pero me temo que ha perdido para siempre su posición de marca con propósito.

La marca con propósito deja muy claro qué características y qué funciones son relevantes para el trabajo, así como qué mejoras potenciales resultarán irrelevantes al final. Este tipo de marcas no son valiosas sólo para el cliente en el momento de elegir. Además, crean grandes oportunidades para lograr una diferenciación, precios superiores y crecimiento. Una marca con propósito bien definida guía a los diseñadores de productos, a los comercializadores y a los publicistas de la compañía en el proceso de desarrollar y comercializar productos mejorados. Como se examinará en los siguientes dos capítulos, tener un *trabajo por realizar* como brújula ayuda a la empresa a diseñar el producto y las experiencias adecuadas para lograr ese trabajo, y no "excederse" de modo que los clientes no lo valoren.

Conseguir una marca con propóstio constituye la cereza del pastel de los trabajos. Cuando se hace bien, este tipo de marca proporciona la mejor ventaja competitiva. *"Ya no busque más. Ni siquiera se moleste en comprar otra cosa. Sólo contráteme y su trabajo se realizará."*

RECORDATORIOS DEL CAPÍTULO

* Después de haber comprendido a fondo el trabajo del cliente, el siguiente paso es desarrollar una solución que lo resuelva de manera perfecta. Y debido a que el trabajo tiene una riqueza y una complejidad inherentes, su respuesta también debe tenerlas. Los detalles específicos del trabajo, junto con los detalles correspondientes de su solución, son muy importantes para garantizar una innovación exitosa.

* Puedes describir los detalles relevantes del trabajo al especificarlo, incluyendo las dimensiones funcionales, emocionales y sociales que definen el progreso deseado; las concesiones que el cliente está dispuesto a hacer; todo el conjunto de soluciones en competencia que deben ser derrotadas, y los obstáculos y las ansiedades por superar. La especificación del trabajo se convierte en el proyecto que convierte toda la riqueza y la complejidad del trabajo en una guía práctica para la innovación.

* Las soluciones del trabajo no sólo deben incluir su principal producto o servicio, sino también experiencias cuidadosamente diseñadas de compra y uso que superen todos los obstáculos a los que podría enfrentarse el cliente al contratar su solución y despedir otra. Esto significa que al final todas las soluciones exitosas pueden considerarse como servicios, incluso en el caso de empresas de productos.

* Si usted puede cumplir el trabajo con éxito, con el tiempo podrá transformar la marca de su compañía en una marca con propósito que automáticamente sus clientes asociarán con la solución exitosa de sus trabajos más importantes. Una marca con propósito proporciona una guía clara para el mundo exterior, en cuanto a lo que representa su compañía, y una guía clara para sus empleados que modela sus decisiones y sus comportamientos.

PREGUNTAS PARA LOS DIRECTIVOS

* ¿Cuáles son los detalles más importantes que deben incluirse en las especificaciones de su trabajo meta? ¿Entiende usted los obstáculos que se interponen en el camino de los clientes? ¿Sus soluciones actuales enfrentan todos estos detalles?

- ¿Qué experiencias de compra y de uso tienen sus clientes en la actualidad? ¿Qué tanto éstas se ajustan a los requisitos de la especificación completa de su trabajo? ¿Dónde hay oportunidades de mejorarlas?

Notas

[1] *PowerReviews,* proveedor de calificaciones, comentarios y tecnología de preguntas y respuestas para más de 1 000 marcas y comercializadores.

[2] Recientemente leí la cuenta de un restaurantero local que lamentaba las excelentes reseñas que al principio había obtenido en Yelp porque atrajeron a su restaurante a *gourmets* de la gama más alta que buscaban *descubrir* un tesoro oculto. Su restaurante era —según él— un lugar *decente*. Pero de alguna manera los amantes de la buena comida, a quienes él nunca se había propuesto atraer, acabaron decepcionados y escribieron comentarios negativos.

[3] Blake Z. Rong, "The Future of Volvo", *Autoweek* (29 de diciembre de 2013), en http://autoweek.com/article/car-news/future-volvo.

Organización de los "trabajos por realizar"

*El verdadero reto es saber cómo lograr que este grupo
—su equipo— se alinee con toda su energía en torno de un futuro plan
de acción, parte del cual usted todavía no puede ver. La teoría de los trabajos
le ayuda a hacerlo. Es terriblemente poderosa, cuando se ha entendido bien.*

CHET HUBER, director ejecutivo fundador de Onstar

CAPÍTULO 7

Integrarse en torno de un trabajo

LA GRAN IDEA

Las organizaciones suelen estructurarse en torno de una unidad funcional o empresarial o en determinada ubicación geográfica, pero las compañías con un crecimiento exitoso se perfeccionan alrededor de un trabajo. La ventaja competitiva se otorga por medio de los procesos únicos de la organización: la forma como se integran mediante las funciones para cumplir con el trabajo del cliente.

Durante gran parte de 2015 yo estaba luchando contra un padecimiento que tenía sin respuestas a mis doctores. Había pasado por sesiones de pruebas e hipótesis, pero simplemente no podían descubrir qué me pasaba. Entonces me enviaron a la Clínica Mayo durante una semana de citas con especialistas para ver si podían llegar a la raíz de mi problema. La mejor forma de describirlo era que los nervios de mi cuerpo se inflamaban y se crispaban contra mí. En ese tiempo padecía dolor constante y mi estancia en la Clínica Mayo está un poco borrosa. Pero en retrospectiva me di cuenta de que la clínica había integrado a la perfección las experiencias y me había ayudado a superar los obstáculos para realizar mi trabajo, algo que nunca había notado antes en años de visitas a otras instalaciones médicas.

A diferencia de la situación de un hospital tradicional, la Clínica Mayo asigna a una persona a cargo del proceso. Así, por ejemplo, cuando alguien como yo llega para una cita de diagnóstico, esa persona piensa en todas las especialidades médicas que están involucradas, cuáles tienen más probabilidades de aportar la mejor comprensión del problema y en qué orden podría necesitar consultarlas. Esa persona encargada del proceso establecerá las citas —a veces en tiempo real— para que yo vea a todos los especialistas adecuados mientras estoy ahí en esa visita. Se pide a cada especialista que mantenga espacios libres en el día para acomodarse a las necesidades de tiempo real. Esa persona asumió toda la carga de pensar a quién necesitaba ver, qué datos se requerirían para las citas, qué grupos de especialistas requerían hablar conmigo juntos, entre otros. Se responsabilizó de guiarme sin que yo lo sintiera a lo largo del día. Así que, mientras yo apenas toleraba el dolor, alguien se aseguraba de que, si yo debía ver a un determinado especialista a las 2:00 de la tarde, mi resonancia magnética estuviera lista a más tardar a las 11:30. Cualquier ansiedad que pudiera haber tenido durante esa visita —*"¿Veré a todos los especialistas hoy? ¿Tardará dos meses el seguimiento? ¿Mi seguro cubre esta cita extra?",* entre otros— se eliminó antes de que siquiera pudiera darle forma en mi mente.

En apariencia, la Clínica Mayo estaba organizada en torno de las especialidades de los doctores, como muchos otros centros de salud. Pero en realidad el principal principio organizador es un *proceso* para tener las cosas adecuadas en la secuencia apropiada con el fin de cumplir con el trabajo.

Si pensamos en la palabra "proceso" al instante evocamos imágenes de la línea de ensamblaje de una fábrica o de un patrón burocrático. Pero los procesos conciernen a todas las formas en que una organización transforma sus recursos en valor: los patrones de interacción, coordinación, comunicación y toma de decisiones mediante los cuales se cumplen estas transformaciones son *procesos.* El desarrollo de productos, la adquisición, la investigación de mercado, la elaboración de presupuestos, el desarrollo y la compensación de los empleados, así como la distribución de recursos, todo se logra por medio de procesos. Ayudar a los clientes a tener una experiencia placentera al usar sus productos se compone de procesos. *¿Qué información necesitamos tener con el fin de decidir qué hacer a continuación? ¿Quién es responsable de cada paso? ¿A qué le damos prioridad?*

En términos generales, los recursos son intercambiables. Pueden comprarse y venderse. A menudo los productos pueden copiarse fácilmente. Pero mediante la integración de procesos para realizar el trabajo las empresas pueden crear las experiencias ideales y obtener una ventaja competitiva.

En contraste con mi experiencia en la Clínica Mayo, en un hospital tradicional habría un médico de atención personal para que coordinara mi caso. Lo coordinaría con la mejor intención, de manera que cada paciente tuviera una experiencia distinta. Pero eso es diferente a tener un proceso deliberado. El hospital quiere ayudar a todos los pacientes desesperadamente, pero es una ayuda a la medida de cada uno: todos pasan por una secuencia distinta en cuanto a quién los atiende y cuándo. Así, por ejemplo, siempre que parece estar sucediendo algo en la confluencia de dos caminos diferentes en mi cuerpo, pueden pasar meses y varias citas separadas antes de que pueda reunir en un único lugar a los dos especialistas adecuados. Según mi experiencia personal, es mucho más fácil y rápido que los doctores competentes obtengan respuestas cuando trabajan en la Clínica Mayo que cuando lo hacen en un hospital tradicional.

Los procesos son invisibles desde el punto de vista del cliente, pero sus resultados no lo son. Los procesos pueden afectar profundamente el hecho de que un cliente elija su producto o su servicio a la larga. Y pueden ser la mejor opción de una compañía para garantizar que el trabajo del cliente, y no la eficiencia ni la productividad, sigan siendo el punto focal de la innovación a largo plazo. La ausencia de un proceso, como en el caso de la mayoría de los hospitales tradicionales, de hecho es un proceso. Las cosas se llevan a cabo, aunque en forma caótica. Pero eso no es un buen signo. W. Edwards Deming, padre del movimiento de calidad, quizás lo expresa mejor: "Si usted no puede describir lo que está haciendo como un proceso, entonces no sabe lo que está haciendo".

La salsa secreta

Durante muchos años Toyota abrió libremente las puertas a los competidores. Dos veces al mes los fabricantes de autos japoneses permitieron que los ejecutivos y los ingenieros rivales de la industria automotriz entraran al complejo manufacturero para que observaran cómo Toyota fabricaba sus automóviles. No sólo se permitía a los ejecutivos conocer cada aspecto del famoso sistema de producción de Toyota, sino que las visitas incluían una sesión en forma de preguntas y respuestas. *Nada quedaba fuera del alcance.*

Para alguien externo, la apertura de Toyota podría parecer impactante. Después de todo, los rivales estadounidenses estaban intentando aprender los secretos de Toyota con el fin de imitarlos o, incluso, de superarlos. ¿Por qué Toyota estaría tan dispuesta a ayudar a sus competidores?

Realmente, Toyota no estaba preocupada de que se descubriera su "salsa secreta". Su ventaja competitiva permaneció firmemente en sus procesos patentados, complejos y a menudo tácitos. Ernie Schaefer, antiguo gerente de General Motors que visitó la fábrica de Toyota, le dijo a *This American Life* de NPR que se daba cuenta de que no había secretos especiales que ver en las plantas de producción. "¿Sabes? Nunca nos prohibieron caminar por la planta, comprender e incluso hacer preguntas a parte del personal clave —explicó Schaefer—. A menudo me cuestinaba por qué lo hacían. Y creo que reconocían que estábamos planteando las preguntas equivocadas. No entendíamos el panorama más amplio."

En realidad, no es de sorprender. Con frecuencia los procesos son difíciles de ver, pues son una combinación de pasos formales, definidos y documentados, además de expectativas y rutinas o maneras informales y habituales de trabajar que han evolucionado con el tiempo. Pero tienen una gran importancia. Como lo ha explorado y debatido Edgar Schein, del Instituto Tecnológico de Massachusetts (MIT, por sus siglas en inglés), los procesos constituyen una parte fundamental de la cultura sobreentendida de una empresa.[1] Defienden el lema: "Esto es lo que nos importa más que nada".

Los procesos son intangibles; pertenecen a la compañía. Surgen de cientos y cientos de pequeñas decisiones sobre cómo resolver un problema. Son fundamentales para la estrategia, pero además no pueden ser copiados fácilmente. Los Estudios de Animación Pixar también han compartido su proceso creativo con el mundo de manera abierta. El presidente de mucho tiempo de Pixar, Ed Catmull, ha escrito un libro sobre cómo la compañía de animación digital fomenta la creatividad colectiva.[2] Hay procesos estabecidos sobre la manera como se genera, se critica, se mejora y se perfecciona la idea de una película. Sin embargo, los competidores de Pixar todavía no han igualado sus éxitos.

Al igual que Toyota, la Southern New Hampshire University se ha mostrado abierta con los posibles competidores a quienes ofrece con regularidad visitas guiadas y acceso a otras instituciones eduativas. Como señala el presidente Paul LeBlanc, la competencia siempre ha sido posible por parte de organizaciones bien financiadas con un reconocimiento de marca más potente. Pero esos activos por sí mismos no son suficientes para darles una ventaja. A la SNHU le ha llevado años diseñar e integrar las experiencias y los prcesos adecuados para sus alumnos, por lo que sería sumamente difícil que un posible competidor los copiara. La SNHU no inventó todas las tácticas para reclutar y atender a sus estudiantes en línea. Las tomó presadas de algunas de las mejores prácticas del sector educativo con fines de lucro. Pero lo que ha hecho con una atención especial es asegurarse de que todos sus procesos —cientos y cientos de procesos individuales del tipo "Así es como lo hacemos"— se enfocan específicamente en la forma de responder mejor al trabajo por el que los estudiantes la contratan. "Pensamos que tenemos ventaja por ser 'propietarios' de esos procesos internamente —dice LaBlanc—, algunos de los cuales están vinculados a nuestra cultura y a nuestra pasión por los estudiantes."

A diferencia de los recursos, que pueden medirse fácilmente, los procesos no pueden verse reflejados en balances contables. Si una compañía posee procesos sólidos establecidos, los gerentes tienen flexibilidad sobre las asignaciones que adjudican a los empleados, porque los procesos funcionan sin importar quién los lleve a cabo. Tomemos como ejemplo a la empresa consultora McKinsey & Company, que se contrata para ayudar a compañías de todo el mundo. Los procesos de McKinsey están tan generalizados, que consultores de muy distintos orígenes y capacitación pueden "conectarse" a los procesos mediante los cuales habitualmente realizan su trabajo, con la confianza de que producirán los resultados necesarios. También pueden rotar sus recursos —los consultores— cada cierto tiempo, sin temor de que se reduzca la calidad, porque sus procesos son muy sólidos.

Poner los *trabajos por realizar* en el centro de sus procesos cambia todo acerca de lo que una organización busca perfeccionar. Antes de enfocarse de nuevo en los trabajos, por ejemplo, la SNHU medía el éxtio de responder a las dudas de los eventuales estudiantes. *"¿Cuántos paquetes se enviaron por correo?"* La SNHU esperaba entonces a que los alumnos interesados le dieran seguimiento con una llamada telefónica. Si llamaban, la SNHU les pedía que rastrearan su expediente académico para pasar a la siguiente fase de conisderación. Y así en lo sucesivo. El impulso del proceso se dejaba en manos del estudiante potencial. La universidad simplemente respondía. De acuerdo con parámetros tradicionales, el "costo" de adquirir a ese estudiante potencial era relativamente bajo y era fácil dotar de personal a una oficina que simplemente enviaba paquetes de información.

En contraste, la SNHU ahora mide el tiempo de respuesta en minutos. El objetivo es volver a llamar en menos de 10 minutos. Mientras está al teléfono con un representante de admisiones capacitado, éste le pide al candidato que autorice a que se rastreen los expedientes y la SNHU paga la cuota de 10 dólares que suele cobrarse por hacerlo. El éxito se mide ahora al determinar si la universidad puede responder al candidato con una decisión sobre la transferencia de créditos y el resto de la información necesaria en cuestión de días. Pero tiene mucho más éxito porque se centra en el *trabajo por realizar* del estudiante potencial. Hablar con un ser humano, en minutos o bien en horas, es una experiencia completamente distinta a llegar a casa después de un largo día de arduo trabajo para encontrar un sobre blanco entre la correspondencia. La verdadera recompensa para la SNHU está en las adquisiciones logradas. Si los alumnos potenciales creen que la SNHU cumple con su *trabajo por realizar*, dejarán de buscar otras opciones y con gusto pagarán más por la solución que resuelve mejor su trabajo.

Hay otra lección importante en la historia del éxito de la SNHU: sistemáticamente *elimina* la complejidad y las frustraciones de un estudiante potencial, como pasar por el proceso de buscar ayuda financiera y rastrear expedientes académicos, y los resuelve por medio de sus procesos estructurados. Eso es lo que consiguen los procesos ajustados a los trabajos de los clientes: trasladan la complejidad y los inconvenientes *del* cliente *al* proveedor, y aportan experiencias positivas para el cliente y un progreso valioso.

Sin una especificación clara del trabajo de los estudiantes de la SNHU, la universidad nunca habría creado semejante proceso de alta intensidad y tampoco sería tan productivo. Tampoco habría datos de operación estándar que determinaran que debería serlo. El antiguo sistema de la

SNHU podría haber generado, por ejemplo, la cantidad de paquetes de información enviados en comparación con la cantidad de solicitudes de estudiantes nuevos. Pero en esa relación nada le indica a la universidad *por qué* esa cantidad es buena o mala. Por el contrario, las especificaciones del trabajo conducen a los procesos adecuados que producirán los datos necesarios para saber "cómo vamos". La *teoría de los trabajos* se enfoca en ayudar a sus clientes a realizar sus trabajos, más que en reducir la eficiencia medida internamente.

Organización en torno del trabajo

Constituye una rara excepción que un alto ejecutivo de visita en mi oficina no se encuentre en medio de una reorganización empresarial, o bien que no se queje de que ya es momento de llevar a cabo una. Lo que me sorprende es que estas reorganizaciones no sean escasas, sino notoriamente comunes, y que en muchas compañías casi se hayan convertido en una parte rutinaria del ciclo del negocio: cada tres o cuatro años en las grandes empresas arrasa una nueva ola de cambios, con la promesa de un futuro mejor, y afecta las responsabilidades, las estructuras jerárquicas, los ámbitos de autoridad, la participación de pérdidas y ganancias, y los derechos de decisión, sólo por mencionar algunas dimensiones del cambio.

Sin embargo, con mucha frecuencia estas reestructuraciones dolorosas no logran producir los resultados deseados. En 2010 un estudio de Bain & Company informó que menos de un tercio de las principales reorganizaciones examinadas generó *alguna* mejora y de hecho muchas disminuyeron su valor.[3] ¿Por qué los gerentes se someterían a las dificultades y a los inconvenientes, acompañados de interminables reuniones de trabajo y conferencias telefónicas, sin mencionar los costos de oportunidad, propios de las reorganizaciones? Es claro que hay una amplia insatisfacción con el desempeño actual.

La *teoría de los trabajos* sugiere que todo este esfuerzo se concentra en los aspectos equivocados. No es necesario acudir a numerosas reuniones de ejecutivos o a sesiones de planeación estratégica, o bien a reuniones de adquisición e integración, para determinar que el foco de muchas reestructuraciones empresariales son las casillas y las líneas en el organigrama, que representan funciones definidas y la estructura jerárquica. Desde luego, es necesario contar con una estructura organizativa que ayude a superar la complejidad de dirigir un negocio. Se requieren expertos en finanzas y en mercadotecnia, así como en atención al cliente, entre otros. Y es preciso contar con una forma de organizar la estructura jerárquica y la responsabilidad de las pérdidas y las ganancias. Pero hay algo fundamental que falta en estas deliberaciones.

A través de la lente de los trabajos, lo que importa más que quién le reporta a quién es de qué manera las distintas partes de la organización interactúan para elaborar sistemáticamente un producto que desempeñe de manera perfecta los *trabajos por realizar* de los clientes. Cuando los gerentes se centran en el *trabajo por realizar* del cliente no sólo tienen una brújula que indica con claridad hacia dónde van sus esfuerzos de innovación sino que también cuentan con un principio de organización vital para su estructura interna.

Ésta no es una distinción sutil. Tenemos gerentes a cargo de cada una de las principales funciones o serie de actividades. Contamos con ejecutivos al mando de líneas de producción. Pero en la mayoría de los casos nadie está encargado de comprender —y garantizar que la compañía cumpla— el *trabajo por realizar* del cliente.

La medicina de cuidados intensivos ofrece un ejemplo perfecto. En 1952, el pionero de la cirugía, Dwigth Harken (quien además es abuelo de mi coautor Taddy Hall), señaló que, aunque los pacientes en general sobreviven a procedimientos quirúrgicos cada vez más complejos, cantidades alarmantes de ellos estaban muriendo durante la recuperación posoperatoria debido a que simplemente eran transferidos desde el quirófano de regreso a los pabellones generales. Era evidente que no había un conjunto de procesos que garantizara que los frágiles pacientes que se hallaban en cuidados intensivos recibieran las diversas intervenciones requeridas para su supervivencia. En resumen, el trabajo de cuidados intensivos no tenía un responsable en ninguna de las unidades médicas establecidas en el hospital.[4]

La pregunta radical que Harken se planteaba era: "¿Cómo es que todos hacen lo que se supone que deben hacer, todos los procesos existentes en el hospital están funcionando como estaban funcionando, y sin embargo los pacientes están muriendo?" Algo no estaba bien. Al formular la pregunta, Harken abrió un espacio en su mente para seguir buscando y encontrar la respuesta. Su comprensión subsiguiente le permitió ser pionero, pues introdujo el concepto de "medicina de cuidados intensivos" como la conocemos, como líder de la generalizada unidad de cuidados intensivos que ahora hemos llegado a dar por sentada. Esto sólo fue posible tras la comprensión de que los procesos preexistentes de los hospitales no estaban produciendo las experiencias deseadas de los pacientes; en este caso, una recuperación quirúrgica exitosa y la supervivencia.

Mi colega de Harvard Business School, Ethan Bernstein, pasó dos años lejos de esta intitución trabajando con Elizabeth Warren para establecer Consumer Financial Protection Bureau (Oficina de Protección Financiera del Consumidor [CFPB, por sus siglas en inglés]) durante las secuelas de la crisis financiera. Armado con la *teoría de los trabajos*, realizó una elección consciente para tratar de evitar la trampa del organigrama. La promesa de la CFPB era reunir las herramientas y a las autoridades en un lugar de modo que la fragmentación de las responsabilidades, que algunos creían que permitió la falta de resolución de la crisis financiera, no continuara en el futuro.

El enfoque de la CFPB estaba en torno del *trabajo por realizar* de los consumidores, en esencia —"saber antes de deber"—, pero Bernstein y el equipo de la CFPB lo llevó un paso más allá y diseñó la estructura organizativa de la oficina para *apoyar* ese trabajo. "Simplemente parecía natural —dice ahora—. Antes de ver divisiones, veíamos *trabajos por realizar*."

Con un claro *trabajo por realizar* para los consumidores que habían sido gravemente afectados por la crisis financiera quedó claro que algunos de los típicos reductos institucionales (silos funcionales) no tenían sentido para la CFPB. La investigación, los mercados y las reglamentaciones se organizaban en una sola sección. La supervisión, la aplicación y la equidad crediticia, en otra. En una estructura típicamente normativa estos grupos habrían tenido objetivos distintos y en ocasiones opuestos. La aplicación, por ejemplo, tendía a castigar a los malos y reparar el pasado. La supervisión, en contraste, podía enfocarse en evitar futuros problemas entablando relaciones cercanas con quienes debían ser supervisados. Habitualmente, eso representaba no sólo enfoques muy diferentes sino también procesos muy diversos. Pero al colocarlas en una misma sección, personas con antecedentes, trayectoria profesional y visión del mundo se adecuaban con respecto a un trabajo similar: la prevención de futuros problemas financieros del cliente y el resarcimiento de otros anteriores. "La estructura organizativa y los procesos de colaboración que establecimos ayudaron a crear una identificación mutua con las identidades profesionales y el *trabajo por realizar* de la CFPB", dice Bernstein. Por ejemplo, el comité de políticas de la CFPB, que comprende los niveles más altos de los ejecutivos de toda la oficina, se reunían una vez a la semana durante dos horas. La conversación, dice Bernstein, se centraba por completo en uno de los *trabajos por realizar* de la organización y en qué herramientas se iban a usar a lo largo del tiempo para comprenderlos y abordarlos. La reunión se celebraba —tal vez como cabría esperar considerando los antecedentes de Elizabeth Warren como profesora de Harvard— más o menos como una clase socrática de la escuela de leyes. La conversación se centraba en el *trabajo por realizar* de la organización, pero todos estaban invitados a aportar sus conocimientos y sus opiniones sobre cómo resolverlo mejor con los temas tratados esa semana. "Si no tienes ese enfoque —recuerda Bernstein— entonces empiezas a caer en opiniones y en políticas individuales. La organización prosperó durante los primeros días, porque incorporamos a todo tipo de personas: defensores del consumidor, veteranos de Wall Street y otros funcionarios del gobierno. Pero todos en la reunión tenían cicatrices. Si *no* te centrabas en torno del *trabajo por realizar*, entonces te centrabas en las cicatrices. Sólo te sentabas ahí, discutías con los demás y no se llegaba a nada. Resolver un trabajo era nuestra causa unificadora. Nuestra razón de ser. Era fácil apoyarse en torno de ese objetivo. Y como resultado tuvimos acción, más que la típica parálisis DC." La *teoría de los trabajos* proporcionaba un lenguaje de integración a un equipo heterogéneo, lo cual permitía a diversos sectores funcionales comunicarse e interactuar para cumplir el máximo propósito de la CFPB.

Lo que se mide se lleva a cabo

La *teoría de los trabajos* no sólo cambia el fin para el que usted perfecciona sus procesos, sino también la forma en que mide el éxito de éstos.

Sustituye los principales criterios que miden el desempeño financiero interno por otros que miden el desempeño cliente-beneficio *exteriormente* relevante. La SNHU rastrea cuántos minutos toma responder una consulta, por ejemplo, porque se da cuenta de que el tiempo es fundamental para el proceso de sus posibilidades en línea. Amazon se concentra en cuándo se *entregan* las órdenes, no en cuándo se *envían*. Para cada nuevo producto, Intuit desarrolla una serie particular de parámetros de desempeño basados en el *beneficio del cliente* específico que la solución de esta empresa genera.

Mantener el enfoque en lo importante constituye un reto para cualquier organización, en especial con todo lo que está en juego cuando la compañía crece. "Ahora que somos una empresa más grande ha sido un reto mantener las diversas partes de la compañía centradas en el *beneficio del cliente* —dice el fundador de Intuit, Scott Cook—. Es tan tentador para algunas partes de la organización empezar a ver otras cosas. En nuestro tipo de negocio se obtienen muchos datos sobre 'conversiones' y 'retenciones', entre otros. Eso nos sedujo." Es más fácil concentrarse en la eficiencia que en la efectividad. Muchos negocios son muy buenos en eso. Crear los parámetros adecuados es *difícil*, pero es muy importante.

Por ejemplo, relata Cook, cuando Intuit estaba desarrollando una nueva versión de QuickBooks para pequeñas empresas, el departamento de ventas sugirió que se obligara a los usuarios de prueba a registrarse antes de que pudieran tener acceso y probar el producto. "¿Por qué no obligarlos a llamarnos? Así podríamos venderles más cosas —dice Cook—. ¡Compren nuestro servicio de nómina!" A simple vista, el proceso de prueba sugería que podría ser una fuente de nuevos ingresos inmediatos para Intuit. Entonces la compañía estableció un proceso interno para contestar las llamadas de registro e intentar venderles más servicios. "Pero resulta que hicimos que a los clientes les resultara difícil registrarse. Ahora ellos tenían que llamarnos. A veces la línea estaba ocupada. Tenían que hablar con el vendedor cuando en realidad sólo querían registrarse. La gente se enfocaba en el ingreso, no en generar un beneficio para el cliente." Pero ese número de ingresos, dice Cook, puede ser decepcionante. Sí, tal vez Intuit convenció a algunos de quienes llamaban de que adquirieran otros productos o servicios. Nuevos ingresos. Pero ese número no toma en cuenta qué parte de ese ingreso se habría generado de cualquier manera si Intuit se hubiera concentrado mejor en resolver los trabajos de los clientes en lugar de hacerlo en los trabajos de los vendedores para generar nuevas fuentes de ingreso.

Si Intuit quería medir con precisión qué tan bien estaba respondiendo la compañía a los *trabajos por realizar* de los clientes tenía que encontrar nuevas formas de pensar en ello. ¿Cuánto tiempo le ahorramos a este cliente? ¿Le permitimos *no invertir tiempo haciendo algo que no quería hacer*? *¿Nuestros procesos están apoyando las cosas para las que nuestros clientes nos están contratando?*

Pero no es fácil medir el éxito con que se están logrando estas metas, admite Cook. "En nuestro negocio esto es algo difícil. Los parámetros no salen de nuestros sistemas. No hay forma de medir de manera continua y automática las horas de trabajo que evitan los contadores. Tenemos que interpolar la investigación y los datos del servidor —dice Cook—. Porque sin eso simplemente no sabemos cómo vamos con el trabajo que requiere el cliente."

Tener disponibles las mediciones adecuadas contribuye a institucionalizar un proceso. Es la manera como los empleados pueden saber si están haciendo lo correcto, tomando las decisiones adecuadas. Como dice el dicho: "Lo que se mide se lleva a cabo". Desde su origen, Amazon se ha concentrado a fondo en tres aspectos que resuelven los trabajos de los clientes: amplia selección, precios bajos y entrega rápida, y diseñó procesos para ofrecer esto. Estos procesos incluyen medir y monitorear cómo se logran esos tres objetivos fundamentales minuto a minuto. El objetivo final es cumplir con los trabajos del cliente. Todo funciona hacia atrás a partir de ahí. "Siempre empezamos con los clientes y vemos todos los parámetros que importan para ellos", explica el vicepresidente ejecutivo de ventas internacionales de Amazon, Diego Piacentini.

Pensemos, por ejemplo, en el mensaje que transmite esta sencilla línea en cada página de productos de Amazon: *"Si ordena dentro de las siguientes dos horas y 32 minutos recibirá su producto el martes"*. Pero cientos de procesos se han diseñado para garantizar que así suceda. Cuando el cliente oprime el botón de proceso de compra en línea se desencadena una serie de procesos que se extienden hasta el centro de distribución o al proveedor. Entonces Amazon rastrea y mide si se ha cumplido la promesa. ¿Llegó al día siguiente como se prometió?

Los procesos actúan como una especie de subconsciente de la estrategia ajustada de una organización. Con sutileza impulsan a la compañía y la acercan o la alejan de los *trabajos por realizar*, al controlar cientos de acontecimientos decentralizados, decisiones e interacciones cada día. "Estamos mucho más concentrados en los procesos que en la organización —explica Piacentini—. Es una de las razones por las cuales podemos movernos con rapidez. Tenemos la misma tecnología, la misma plataforma y los mismos principios rectores en todas nuestras empresas." Es de todos conocido que las innovaciones de Amazon empiezan con un "comunicado de prensa" simulado que se presenta a un equipo que considerará y trabajará en esa innovación. Todas las experiencias y los procesos se derivan del entendimiento del trabajo para el que los clientes contratarán los productos y los servicios, como se describe en el comunicado de prensa en la reunión de lanzamiento de la innovación. En esa sala no sólo hay especialistas en mercadotecnia, sino también ingenieros y analistas, entre otros, todos aquellos cuyo trabajo desempeñará una función para cumplir con el *trabajo por realizar*. "Todo empieza con ese comunicado de prensa —comenta Piacentini—. Sin importar quién sea el propietario de las partes del producto, usted es parte de ese proceso."

La definición de libro de texto nos dice que la optimización de los productos tiene que ver con la eficiencia. Pero lo que nos dice la *teoría de los trabajos* —y el ejemplo de Amazon— es "Sí, pero..." El *pero* es que la optimización también debería incluir un factor para la adecuación con el trabajo. De otra manera se estaría poniedo énfasis en mejorar cada vez más los aspectos equivocados.

Hay otra lección muy importante en el relato sobre Amazon: los procesos tienen cierta cualidad de ser ambidiestros, lo que les permite ser *tanto* eficientes *como* flexibles. Los trabajos no son flexibles. Han existido durante años y años, incluso durante siglos. Pero la forma en que los *resolvemos* varía con el tiempo. Lo importante es estar vinculado con el trabajo, no con la forma como lo resolvemos *ahora*. Los procesos *deben* flexibilizarse con el tiempo cuando un mejor entendimiento de los trabajos de los clientes requiera modificar la orientación. De otra manera se corre el riesgo de cambiar el concepto del trabajo para ajustarlo al proceso, en lugar de hacerlo a la inversa.

Es interesante que este principio de una estructura modular de procesos internos, en el que unas partes persisten y otras cambian, sea fundamental para lo que los codificadores de computadoras conocen como *subrutinas*. La idea es que las funciones repetidas —digamos la aritmética básica y la trigonometría, por ejemplo— pueden codificarse como subrutinas y después copiarse y pegarse siempre que esa operación se requiera en un proceso diferente. En programación esto es muy importante. El uso adecuado de subrutinas disminuye el costo de desarrollar y mantener un programa y, al mismo tiempo, mejora su calidad y su confiabilidad. Las soluciones de retos comunes no se inventan a propósito por un programador X o Y sentado en un escritorio en el sótano. Son universales, lógicas y se insertan con facilidad en los lugares apropiados.

También Amazon ha importado lo que son esencialmente subrutinas en sus procesos y en su operación, y su fuerza y su eficiencia son muy notorias. Es un gran adelanto con respecto a la práctica tradicional de compartir "mejores prácticas" entre regiones. Por el contrario, el uso de subrutinas plantea la pregunta: "¿Es probable que tengamos que repetir este proceso (o subrutina)?" Esto crea la visión muy dinámica de una organización como un conjunto de procesos en el cual cada proceso es una cadena de subrutinas —algunas a la medida y otras modulares— que se ajustan perfectamente al *trabajo por realizar* de un cliente.

Ajustarse a los trabajos es considerar lo que significa el "perfeccionamiento de los procesos". Al hacerlo, se evita la trampa de permitir que los procesos fundamentales de ahora se conviertan en inhibidores del crecimiento mañana.

Contratar OnStar para tranquilizar la mente

Tengo un amigo que nunca ha estado particularmente preocupado por llegar demasiado cerca de la salida de un vuelo. No creo que haya llegado nunca más de cinco minutos antes del cierre programado de la sala. Pero no le molesta tanto como para cambiar este patrón; de alguna manera siempre le funciona. En una ocasión que lo llevé al aeropuerto, yo era quien se preocupaba por los dos. De alguna manera, en los momentos en que nos apresurábamos para que él llegara a la puerta adecuada, dejamos el auto cerrado con el motor encendido. Y de pronto vimos que a él se le había caído la cartera y que estaba a plena vista en el asiento del acompañante. No podría abordar el avión sin la identificación que estaba en su cartera. Sentí pánico y empecé a buscar alguna piedra para romper el vidrio y sacar su cartera. Entonces recordé que tenemos una suscripción a OnStar de General Motors. En unos momentos pudimos conseguir prestado un teléfono para llamar a OnStar y desbloquearon la cerradura de nuestro auto desde el espacio exterior, recuperamos la cartera de mi amigo y pude despedirlo con mi auto totalmente intacto. Creo que nunca antes había usado el servicio de OnStar, pero en ese momento aprecié su valor.

No puedo imaginar la complejidad de diseñar un sistema que pueda identificar mi auto en particular, donde quiera que se encuentre, a partir de una llamada telefónica, y luego desbloquear la puerta a control remoto en cuestión de segundos. No fue por accidente que OnStar, el servicio que proporciona comunicaciones con base en suscripciones, seguridad de vehículos, llamadas de manos libres, navegación y sistemas de diagnósticos a distancia, en Estados Unidos y en Canadá, pudiera resolver mi problema en el momento preciso del conflicto. Es un producto maravilloso.

Hay millones de razones por las que pudo no haber tenido éxito, pero lo tuvo. En algún punto OnStar generaba anualmente, según mis cálculos, 2.5 mil millones de dólares en ingresos y alrededor de 500 millones de ganancias netas para General Motors con *activos netos negativos.* Durante su ejercicio de 14 años como director ejecutivo de Onstar en General Motors, Chet Huber y yo hablamos a menudo sobre los retos a los que se enfrentaba y los obstáculos que superaba. Él y yo éramos compañeros de clase en Harvard Business School en la década de 1970 y yo seguía su carrera con interés. En esa época yo pensaba que las usuales limitaciones corporativas para una división verdaderamente vanguardista serían imposibles de vencer con un General Motors ligado a la cultura, pero a su favor Huber encontró la manera de hacerlo. No usaba el lenguaje de aquellos tiempos; pero, en retrospectiva, dice Huber, OnStar tuvo éxito porque se enfocaba incansablemente en el *trabajo por realizar*. A partir de ahí todo marchó a la perfección.

Al principio OnStar fue diseñado como una especie de menú chino de muchas cosas diversas geniales que General Motors y sus primeros socios en la empresa podían poner en el servicio para demostrar las sinergias entre las empresas mixtas. La compañía creaba características y beneficios que daban lugar a una cobertura mediática favorable en las exhibiciones anuales de automóviles; cosas como "iluminación de descarga de alta presión" que dejaba ver hasta 11 kilómetros de la carretera o sistemas de visión nocturna que se habían usado en el ejército. El objetivo era provocar comentarios y que el folleto luciera bien, dice Huber, pero en realidad no importaba mucho si una gran cantidad de clientes los compraban. Al principio el propósito era que OnStar fuera el "mejor sitio web a partir de folletos publicitarios".

Eso hizo que fuera divertido construirlo. El equipo de OnStar reunió todas las características y los beneficios que pudieran funcionar y los incorporó en un primer proyecto para los clientes. Estaba completo: si estás buscando un buen restaurante italiano para hacer una pausa en un largo viaje, podrías oprimir el botón de OnStar en tu automóvil y recibir recomendaciones sobre las mejores opciones. O te podrían dar indicaciones para tomar atajos en caso de que te toparas con un congestionamiento vial. En algún lugar de esa lista de beneficios estaba el concepto de un sistema de comunicaciones verdaderamente integrado en su vehículo. Si tiene un accidente, por ejemplo, alertará de inmediato a los servicios de emergencia. O bien, si su auto se queda cerrado, puede llamar a OnStar y se lo abrirán de manera remota.

El equipo de OnStar concibió esto como un servicio de alta calidad, adecuado para autos de lujo, similar a incorporar un fantástico sistema de sonido estéreo o asientos de piel. Pero las cosas no resultaron exactamente como se planearon al inicio. El director ejecutivo de General Motors en esa época, Rick Wagoner, decidió que la división OnStar no obtendría ningún reconocimiento interno por ayudar a vender automóviles. Ése no era el objetivo. OnStar tenía que crear su propio modelo empresarial sustentable y un producto que los clientes estuvieran dispuestos a pagar. Si tenía alguna esperanza de crear el negocio rentable al que Wagoner lo había retado a construir, necesitaba comprender qué era lo que estaba vendiendo y qué estaban comprando los clientes. Al principio, el equipo de OnStar en realidad no podía comprender cómo y por qué los clientes contrataban a OnStar. Bromeaban con eso: "Estamos en un largo trayecto y tenemos un debate que no podemos resolver. ¿Puedes nombrar a los siete enanos?", o algo más escalofriante: "¿Qué traes puesto?" Era un juguete. Un juguete que perdía su encanto tan pronto como lo sacaban de la caja. La gente empezó a cancelar, señalando que, después de todo, en realidad no necesitaban el servicio de conserjería. Era agradable, pero no necesario.

Y había otra sorpresa. No sólo empezaron a cancelar el servicio algunos propietarios de autos de lujo, sino también había una base de clientes inesperados. Resultó que los conductores de autos Chevy —que históricamente conformaban el segmento de presupuesto reducido del mercado de General Motors— adquirían OnStar con la misma probabilidad que los compradores de Cadillac. Que esos dos segmentos coincidieran no tenía sentido para el equipo. Para llegar al fondo del asunto, Huber solicitó que cada uno de los 300 miembros que entonces tenía su equipo pasara una hora escuchando llamadas de clientes reales con el personal del centro de atención telefónica.

Al principio pueden haber refunfuñado por el trabajo extra, pero lo que escucharon en esas horas de monitoreo lo cambió todo. Los miembros del equipo que normalmente no eran parte del centro de atención telefónica se quedaron pasmados por la presión a la que estaban sometidos esos empleados, por la magnitud de los problemas que intentaban resolver. El sistema OnStar se disparaba cuando las personas sufrían un accidente. "De pronto, nuestro equipo de OnStar se hallaba en medio de choques terribles. En algunos casos los autos ni siquiera se habían dejado de mover. La gente gritaba. O bien volvían a ser golpeados en una sucesión de colisiones por rebote."

Comprender esos momentos —las circunstancias del problema— se volvió fundamental para descubrir el verdadero *trabajo por realizar* para los clientes. "Cuando te das cuenta de que las instrucciones son menos del tipo: 'Consígame un buen restaurante chino' y más del tipo: 'Estoy en un lugar desconocido y está oscuro, ¿puede indicarme una ruta para llegar a calles seguras?', cambia la manera en que abordas no sólo el diseño sino la interacción con nuestros clientes en esas situaciones", señala Huber.

Se contrataba OnStar para brindar tranquilidad al conducir. Toda una serie de ideas fluyeron a partir de esa concreción del *trabajo por realizar*. Imaginemos que son las dos de la mañana y que usted está conduciendo. Piense en lo que sucedería si se encendiera la señal: "Revisar motor" en el tablero. ¿Puedo seguir conduciendo? ¿El motor va a estallar? Ayúdeme a decidir qué hacer en este momento. "Ese servicio es mucho más valioso para usted que un diagnóstico que le indica cómo está funcionando su consumo de combustible", comenta Huber. No sólo es necesario que la tecnología sea capaz de comunicar lo que está pasando con el motor al servicio de OnStar; los representantes del centro de atención telefónica también necesitan saber cómo se siente cuando se enciende esa luz y qué necesita que le digan. Comprender el *trabajo por realizar* también desmitificó la sorpresa de que los compradores de Chevy se suscribieran a OnStar en la misma medida que los compradores de Cadillac: la tranquilidad mental es algo esencial, no un accesorio de lujo.

Por necesidad, el equipo de OnStar tuvo que crear una amplia variedad de procesos para proporcionar las experiencias consistentes con ese trabajo en particular. Y fueron necesarias repeticiones rápidas para mejorar las cosas, algo que no era común en la industria automotriz que avanza muy lentamente. Por ejemplo, los procesos que General Motors había inventado para apoyar a los distribuidores, que estaban en la primera línea de ventas, eran terribles. Empezó con lo difícil que era explicar OnStar a lo clientes en la sala de muestras. ¿Cómo funcionaba? ¿Estaba enganchado a satélites o requería un teléfono celular? ¿Había alguien que siempre sabía dónde estaba el conductor? ¿Puede alguien interceptar las comunicaciones del auto sin que el conductor lo sepa? Había cientos de preguntas que fácilmente podían frustrar una venta y no era probable que los vendedores estuvieran motivados. Una venta podía generar al vendedor 10 dólares por una comisión de 20% de las cuotas mensuales, sólo monedas sueltas para vendedores de autos que ganaban más añadiendo asientos con calefacción en una venta, sin tener más responsabilidades, antes que vender cientos de suscripciones de OnStar.

"No puedes darte el lujo de pensar que has hecho las cosas a la perfección desde la primera vez —dice Huber—. Hay mucho en juego, y usted debe aprender conforme avanza. Ése es el origen de su ventaja competitiva. Sus procesos deben ir mejorando cada vez más con base en lo que está aprendiendo. Y todo esto tiene que adaptarse al trabajo para el que sus clientes lo están contratando."

Tal vez lo más significativo para diferenciar el producto de On Star era el proceso mediante el cual Huber y su equipo atravesaron para superar y perfeccionar sin cesar la tecnología de OnStar que se instalaba en los autos. En la industria automotriz suele tardar tres o cuatro años desarrollar y comercializar un auto nuevo, y luego es probable que se mantenga ahí en su estado hasta durante 10 años. La gran oportunidad de desarrollo y venta tiene el fin de asegurar que se revisen y se prueben a fondo antes de que lleguen al público, y luego se fabrican y se producen con eficiencia durante un largo periodo. La tecnología en general repite y mejora con rapidez, de manera que cada generación sucesiva sea de mayor calidad y más barata de producir. Huber sabía que revisar las actualizaciones y las mejoras de OnStar mediante los ciclos de prueba de validación establecidas en General Motors sería como el beso de la muerte. Nadie quiere comprar este año la fabulosa tecnología del año pasado.

Aunque Huber no sabía casi nada sobre la tecnología inalámbrica cuando se hizo cargo de la que se convertiría en la división OnStar de General Motors, sí sabía que cualquier ciclo exitoso de desarrollo del producto tenía que avanzar mucho más rápido que el usual ciclo de vida automotriz. "Mi primera sugerencia era que, a menos que pudiéramos suspender esas normas, ni siquiera deberíamos preocuparnos del negocio, porque acabaríamos ofreciendo cintas de ocho pistas cuando todos ya estaban vendiendo CD", afirma Huber.

Ése era un proceso increíblemente complejo y tenía que funcionar no sólo en uno de los modelos de autos que ofrecía OnStar. Debía funcionar en todos. Eso significaba probar y considerar cada posible combinación de cómo podía usarse, en qué condiciones y en conjunto con cualquier otra cosa que pudiera estar sucediendo con el auto. ¿Qué tal si todas las ventanas del auto estuviesen bajadas? ¿Qué pasa si estuviera lloviendo a cántaros? ¿Funcionaría si la bolsa de aire estuviera abierta? "Teníamos que validarlo para que funcionara con todos los diferentes mecanismos de los vehículos —recuerda Huber—. Y cada auto era distinto". La primera ronda de validación implicaba probar OnStar en cientos de escenarios. Pero mientras el equipo de OnStar mejoraba el producto en forma continua, literalmente había miles de pruebas de validación que debían aplicarse. El sistema de validación de General Motors no podía manejar eso fuera de sus ciclos habituales.

De esa manera, el tema creó sus propios procesos para lograr eso fuera de la secuencia, por primera vez para el gigante automotriz. Trabajando con los equipos de validación existentes, OnStar desarrolló procesos de mitad del ciclo y pruebas, y usó la habilidad de su personal para garantizar que el producto mejorado cumpliera con los estándares de calidad generales de General Motors. Conseguir que funcionara este proceso realmente era muy importante.

Lo anterior permitió a la empresa actualizar continuamente las versiones de OnStar que ofrecía en sus autos. Aun cuando los competidores optaron por comprar la tecnología de OnStar para sus automóviles, sus propios procesos no podían competir con la capacidad interna del equipo de General Motors para validar y probar versiones nuevas en los automóviles de GM. Así, los autos de los competidores podían estar ofreciendo la versión tres de OnStar, mientras los autos de General Motors ya tenían la versión, muy superior, de la quinta generación.

Lo que OnStar construyó durante sus primeros años no fue un producto que los competidores no pudieran copiar, sino un conjunto de experiencias y procesos que se ajustaban perfectamente a los *trabajos por realizar* de los clientes. Y resultó que eso era en extremo difícil. En el año 2000 Ford anunció una sociedad conjunta con Qualcomm para crear Wingcast, un competidor de OnStar, con la promesa de irrumpir en el mercado en 2003. Ford no se enfocó en el *trabajo por realizar* como lo hizo OnStar, sino más bien sugirió que Wingcast sería la próxima gran contribución en cuanto a conectividad móvil. Eso nunca sucedió. Dos años después, Ford descartó el proyecto. Simplemente no podía igualar los procesos que General Motors ya había desarrollado para resolver los trabajos de los clientes con OnStar.

El principal error de Ford —concentrarse en las *especificaciones del producto* más que en las *especificaciones del trabajo*— se repite con el tiempo. De hecho, el tropiezo es tan común en el mundo de la alta tecnología que Anshu Sharma de Storm Ventures ha obtenido un reconocimiento justificado por llamar la atención hacia el problema, al que ha llamado "falacia del montón". La falacia del montón destaca la tendencia de los ingenieros a sobrevalorar la importancia de su propia tecnología y menospreciar las aplicaciones de esa tecnología que van con la corriente, para resolver problemas de los clientes y permitir el progreso deseado.

"La falacia del montón es la creencia errónea de que es trivial superar el propio nivel hacia arriba —dice Sharma—. Es la razón por la cual las empresas fracasan tan a menudo cuando tratan de elevarse por encima del montón. No tienen empatía de primera mano para lo que quieren los consumidores del producto ubicado en un nivel superior al suyo. Están desconectadas del contexto en el que se usará su producto."

La falacia del montón también se aplica fuera del ámbito de la tecnología. Por ejemplo, sería fácil para usted tener un huerto de vegetales. Usted conoce los vegetales que le gustan; todo lo que tiene que hacer es aprender a cultivarlos y a usarlos en su cocina. Por otra parte, el hecho de que usted entienda cómo se cultivan y se usan las hierbas no lo prepara para abrir y administrar un restaurante. De hecho, ocho de cada 10 restaurantes fracasan en cinco años. El conocimiento de la producción, señala Sharma, no es lo mismo que saber lo que están buscando los clientes.

En resumen, la falacia del montón y la *teoría de los trabajos* dan luz sobre el mismo peligro: confundir la habilidad técnica —que Ford y Qualcomm tenían en cantidad— con el *trabajo por realizar* del cliente, el cual ellos comprendían muy poco. La consecuencia más probable es descartar la aplicación específica del cliente como trivial cuando de hecho es esencial. En contraste, Huber y su equipo se mantuvieron claramente enfocados en el *trabajo por realizar*. Inventaron, reinventaron y reforzaron todo un conjunto de procesos para garantizar que estaban ofreciendo tranquilidad a sus clientes. En 2009 OnStar por sí mismo se había convertido en una razón fundamental para que la gente comprara ciertos automóviles de General Motors.

Los procesos son poderosos. Por su propia naturaleza, se establecen de manera que los empleados desempeñen tareas de forma consistente, una y otra vez. Se supone que no cambian. Cuando los procesos se organizan en torno del *trabajo por realizar* del cliente —se perfeccionan para facilitar el progreso y para propocionar las experiencias que buscan los clientes—, estos procesos son la fuente de una ventaja competitiva.

En los últimos seis años FranklinCovey ha duplicado sus ingresos y ha multiplicado por 10 su ganancia al cambiar su foco de vender sus propios productos —módulos de capacitación— a optimizar los resultados empresariales de sus clientes. Históricamente, FranklinCovey operó como una típica compañía de capacitación. Creaba contenido que los clientes potenciales, como agentes de ventas, encontraban útiles y diseñaba cursos que permitían a los gerentes que capacitaban a los clientes desempeñar su trabajo de ofrecer capacitación en ventas a sus empleados. Pero la empresa descubrió que los presupuestos para capacitación son muy vulnerables en tiempos difíciles en cuanto a economía. Aquí es donde los trabajos ejercieron una función fundamental. Con el tiempo, FranklinCovey dejó de enfocarse en suministrar herramientas de capacitación en ventas y se concentró en proporcionar una transformación de las ventas. "Asumimos la responsabilidad de ayudar a nuestros clientes a lograr sus objetivos empresariales", explica el director ejecutivo Bob Whitman. Al haber identificado los *trabajos por realizar* para sus clientes, FranklinCovey ahora se concentra en perfeccionar la forma de integrar los procesos adecuados en el seno de la compañía para asegurarse de que cumplen ese trabajo para cada cliente, siempre.

"Los trabajos le proporcionan una trayectoria de innovación muy clara —sostiene Whitman—. Puedo ver cómo necesitamos mejorar durante los siguientes 10 años. Ahora está menos orientado al producto y más orientado al proceso. Por ejemplo, Marriott estaba dispuesto a dedicar casi 10 empleados de su personal de tiempo completo a aplicar el programa de Cuatro Disciplinas de Ejecución." Pero no todos los clientes tienen los recursos para hacerlo. Por eso FranklinCovey está pensando cómo hacerlo más barato, más rápido y más barato para echarlo a andar. "Dos tercios de nuestro presupuesto de investigación y desarrollo se gastan en innovación de procesos", afirma Whitman. El objetivo es crear propuestas que cambien la complejidad del proceso de los clientes, facilitando la experiencia de usar los productos de FranklinCovey. "No sirve si alguien pensó que se había inscrito en una clase de ejercicio y una vez que llegó se dio cuenta de que ¡se había comprometido a escalar el monte Everest!", comenta Whitman.

Lo contrario es igualmente cierto: cuando los procesos *no* se ajustan a un trabajo apremiante del cliente, perfeccionar el proceso significa mejorar cada vez más en hacer lo equivocado. Hay una razón por la cual la empresa de comida rápida no puso en práctica los cambios que Moesta y sus colegas le recomendaron para impulsar las ventas de malteadas. Pudo haber sido una gran idea, pero el "sistema inmune" de la organización la rechazó tajantemente. Los gerentes locales consideraron que los cambios requeridos en sus procesos rutinarios y la distribución de productos eran muy difíciles de instaurar y la idea fue muriendo lentamente. Sin darse cuenta, muchas compañías inteligentes menoscaban sus propias grandes ideas con procesos rígidos.

Esto es algo positivo cuando los procesos están perfectamente ajustados al *trabajo por realizar*. Pero, como lo demostró OnStar, introducir procesos nuevos a una organización establecida es mucho muy difícil. A menudo, las soluciones que se deben aportar parecen poco prácticas, desde un punto de vista financiero, o bien complicadas, desde una perspectiva cultural. Como lo explicaré en el siguiente capítulo, incluso las experiencias y los procesos mejor construidos son vulnerables a fuerzas poderosas en el seno de una empresa. El empuje gravitacional de los procesos ya existentes es mucho muy fuerte. Pero si está advertido, está preparado. En el siguiente capítulo nos concentraremos en la forma de garantizar que sus procesos se ajusten al *trabajo por realizar* y generen resultados tanto para sus clientes como para sus accionistas.

RECORDATORIOS DEL CAPÍTULO

- Como he explicado en el último capítulo, la clave para una innovación exitosa es crear y proporcionar el conjunto de experiencias que corresponden a las especificaciones del trabajo del cliente. Para lograr lo anterior de manera consistente, una empresa necesita desarrollar e integrar el conjunto apropiado de *procesos* que generen estas experiencias. Conseguir esto puede producir una sólida fuente de ventajas competitivas, que es muy difícil que otros copien.

- A pesar del valor de desarrollar un conjunto de procesos integrados en torno del trabajo del cliente, no surge de manera natural en la mayoría de las compañías. Los procesos abundan en todas las empresas, desde luego, pero en la mayoría de los casos están dirigidos a mejorar la eficiencia o a lograr un resultado pequeño dentro de una función específica. Generar todo un conjunto de experiencias para cumplir con el trabajo en general requiere que deliberadamente se definan procesos nuevos y que se pongan en marcha mecanismos novedosos para coordinar las funciones que suelen estar fraccionadas en "silos".

- Una potente palanca para impulsar el desarrollo y la integración de los procesos centrados en el trabajo es medir y administrar según parámetros ajustados al trabajo del cliente. Los gerentes deberían preguntar qué elementos de la experiencia son más importantes para el cliente y definir los parámetros con los que se mide el desempeño.
- Muchas organizaciones no cuentan con una persona que sea el "asistente" que se asegure de que la empresa siempre cumpla de acuerdo con el trabajo del cliente. Las estructuras organizativas tradicionales y los silos tienen valor y probablemente perduren, y las reorganizaciones a gran escala suelen ser prácticas. Por lo tanto, la mejor manera de avanzar hacia una organización más centrada en los trabajos consiste en esmerarse en establecer e integrar los procesos adecuados, medir los aspectos apropiados y, con el tiempo, incorporar la centralidad de los trabajos en los hábitos de la empresa.
- La forma de resolver el trabajo de un cliente inevitablemente cambiará con el tiempo; es necesario incorporar la flexibilidad en los procesos para que puedan adaptarse de manera continua y mejorar las experiencias que se generen.

PREGUNTAS PARA LOS DIRECTIVOS

- ¿Cómo garantiza su organización que el trabajo del cliente guíe todas las decisones relacionadas con el desarrollo del producto, la mercadotecnia y el servicio al cliente?
- ¿Las distintas funciones que son parte de la experiencia de su cliente (por ejemplo, su producto, su servicio, su mercadotecnia, sus ventas, su servicio posterior a la venta) contribuyen a cumplir con el trabajo del cliente de manera coordinada e integrada o están en conflicto?
- ¿Qué nuevos procesos podría usted definir para garantizar una entrega más integrada de las experiencias que requieren los trabajos de sus clientes?
- ¿Qué elementos de esa experiencia continua son más importantes para resolver perfectamente el trabajo de su cliente? ¿Qué parámetros podría definir para evaluar el desempeño con esos elementos?

Notas

[1] Cónsiderado uno de los libros de administración más influyente de todos los tiempos, *Organizational Culture and Leadership* de Edgar Schein transforma el concepto abstracto de *cultura* en una herramienta que puede usarse para configurar mejor la dinámica de la organización y el cambio. Edgar H. Schein, *Organizational Culture and Leadership*, Jossey-Bass, San Francisco, 1985.

[2] Ed Catmull, "How Pixar Fosters Collective Cretivity", *Harvard Business Review* (septiembre de 2008), en https://hbr.org/2008/09/how-pixar-fosters-collective-creativity. Ed Catmull y Amy Wallace, *Creativity, Inc. Overcoming the Unseen Forces That Stand in the Way of True Inspiration*, Random House, Nueva York, 2014.

[3] Un estudio de 2010 de Bain & Company acerca de 57 grandes reorganizaciones descubrió que menos de un tercio produjo alguna mejora significativa en su desempeño. Algunas incluso destruyeron valor.

[4] En su libro de 2009, *The Checklist Manifesto*, el profesor de Harvard Medical School, Atul Gawande, elaboró una cronología de la significativa mejoría en la seguridad de los pacientes, simplemente creando y siguiendo un proceso —listas de control— en la atención de los pacientes. Atul Gawande, *The Checklist Manifesto: How to Get Things Right*, Metropolitan Books, Nueva York, 2009.

CAPÍTULO 8

Mantener la vista en el trabajo

8

LA GRAN IDEA

El día en que un producto se vuelve real y llega al mercado todo cambia para los gerentes. Hay tanta presión por progresar que es posible perder de vista por qué los clientes lo contrataron a usted en primer lugar. Incluso las grandes compañías pueden salirse del rumbo de cumplir con el trabajo de sus clientes y concentrarse en realizarlo para sí mismas. De acuerdo con nuestra investigación y nuestra experiencia, eso ocurre porque las empresas llegan a creer en tres falacias sobre los datos que generan acerca de sus productos: la *falacia de los datos activos* versus *los datos pasivos*, la *falacia del crecimiento superficial* y la *falacia de los datos ajustados*.

La gente no quiere comprar un taladro de seis milímetros. Quiere un agujero de seis milimetros. Ésta es una idea profunda que dio a conocer el legendario profesor de mercadotecnia de Harvard, Ted Levitt, hace algunas décadas.[1] Los clientes no quieren productos, sino soluciones a sus problemas. Peter Drucker también nos advirtió que el cliente casi nunca compra lo que la empresa cree que le está vendiento. A menudo, como señalaron estos dos expertos, hay una profunda desconexión entre la compañía y el cliente.

Éstas son las dos ideas de mercadotecnia más importantes del último siglo, y yo no conozco a muchos vendedores que no estarían de acuerdo con ellas.

Pero las acciones de los vendedores indican algo diferente.

Creemos que la mayoría de las organizaciones se basa en esta perspectiva; en esencia, al principio identificaban un *trabajo por realizar*. Pero una vez que las empresas han sido lanzadas con éxito, la sabiduría de Levitt y Drucker parece desvanecerse.[2] Algo cambia. Incluso en algunas de las mejores compañías el *trabajo por realizar* que les trajo el éxito al principio de alguna manera puede perderse en el caos de manejar y hacer crecer el negocio. Se definen en términos de productos, no de trabajos. Y eso hace una gran diferencia.

La mayoría de los consumidores de Norteamérica y Europa occidental conoce la marca V8. Es un jugo elaborado con ocho vegetales; de ahí el nombre de la marca. Fue introducida en 1933. En 1948 la compañía de Sopa Campbell's compró la marca V8 y aún la conserva.

En el pasillo de jugos y bebidas de nuestro supermercado local, V8 se exhibe justo frente a su némesis, el jugo de tomate. Más adelante en el pasillo se ven otros competidores, como jugos de uva, de naranja, de toronja, de zanahoria y de granada. Casi la mitad del espacio en los anaqueles está ocupado con botellas de agua de lugares exóticos como el manantial de Polonia, Maine, los glaciares de Islandia, los manantiales de la isla de Fiji, y las aguas de grifos públicos de Ayer, Massachusetts. Gatorade G, que solía llamarse sólo Gatorade, ahí está también, defendiéndose contra Powerade. En el siguiente pasillo están otras bebidas dulces como Coca-Cola, Pepsi y Red Bull. Si esta diversidad no basta, puede caminar hasta Starbucks, donde es posible conseguir un *latte*, un *cappuccino*, un *frapuccino* o un *macchiato*.

Señoras y señores, la competencia mercantil de los jugos y las bebidas es *dura*. Y la diferenciación es incluso más dura. Por definición, el mercado de las bebidas no puede crecer más rápido que la población, lo cual significa que una marca no puede crecer sólo con ir peleando contra los competidores directos.

Para diferenciar su producto de esta categoría atiborrada, hace años los gerentes de producto de la marca V8 crearon el lema "Debí haber tomado un V8", con lo que sugerían que V8 es una opción refrescante frente a sus vecinos del anaquel del supermercado. Ocasionalmente, inspirado por ese lema, he tratado de diferenciarme comprando una lata de V8, cuya mezcla de jugos de jitomate, betabel, zanahoria, apio, lechuga, berro, perejil y espinaca verdaderamente distinguen el producto y a la gente que lo consume. No ha sido un mal lema. Después de todo, V8 tiene 83 años y todavía sigue trabajando cada día.

Hace unos 10 años un caballero tocó a la puerta de mi oficina y se presentó como uno de los cuatro miembros del grupo que administra la marca V8 en Sopa Campbell's. Dijo que el grupo leyó un artículo que habíamos escrito sobre el concepto de *trabajo por realizar*. Explicó que realmente habían planteado su tarea en términos de diferenciar el producto de Campbell's de los otros jugos y bebidas. Pero más bien el concepto los inspiró para preguntarse si había un trabajo que surgiera en la vida de las personas para el que podrían contratar V8. Descubrieron uno. De acuerdo con uno de sus clientes, era algo así:

> Cuando fui lo suficiente mayor y me fui de casa, le prometí a mi madre que siempre comería vegetales. Soy un hombre ocupado. Cuando ahora pelo la estúpida zanahoria y hiervo las sosas espinacas pregúntandome por qué a Popeye le gustan tanto, lamento el día en que le prometí a mi madre que haría esto. Toma mucho tiempo preparar esta comida que sabe horrible.
>
> Entonces me di cuenta de que si bebo un jugo V8 cada día puedo llamar a mi madre mientras conduzco mi auto y bebo mis vegetales, y comunicarle que estoy comiendo mis vegetales, como se lo prometí.

Cuando se observa a través de la lente de los trabajos, el jugo V8 no necesita competir con la Coca-Cola de dieta ni con el *capuccino*. ¡Puede competir con los vegetales! Y justo como la malteada gana sin duda alguna en contra de los plátanos y los bagels, el jugo V8 gana sin problemas en contra de pelar zanahorias, hervir espinacas y retirar las hebras del apio de los dientes.

El equipo directivo cambió rápidamente la publicidad para yuxtaponer el jugo V8 en contra de pelar y hervir zanahorias en la vida de un hombre ocupado. Mi visitante después me comunicó que en menos de un año las ventas de jugo V8 se habían cuadruplicado. Competir contra el jugo de manzana es difícil. Competir contra el apio es como ir cuesta abajo. Y V8 se convirtió en una perfecta marca con propósito.

¿Qué sucedió después? Es una desilusión. No conozco todo el manejo interno, pero entiendo que miembros del equipo lo abandonaron. Sospecho que el *trabajo por realizar* se extravió en el caos. En cualquier caso, algo cambió.

Así, ahora cuando uno recorre con el carrito el pasillo de los jugos y las bebidas, esto es lo que encuentra, si el distribuidor cubre toda la línea V8: V8 Spicy Hot, V8 Limón, V8 Picante, V8 Pollo Rostizado, V8 Bajo en Sodio, V8 Orgánico, V8 Splash (elaborado con frutas, vegetales *y jarabe de maíz alto en fructosa*), V8 V-Fusión + Té, y otras variantes de variantes. Casi de la noche a la mañana la organización pareció reorientar el negocio por línea de producto y competir de nuevo contra otros productos de la línea de jugos y bebidas con una línea atiborrada que crea confusión, no claridad. Sin un objetivo de la marca bien definido, los clientes han de preguntarse: "¿Qué trabajo realiza el jugo V8?"

Si Yogi Berra aún estuviera con nosotros tal vez leería el lema de Ted Levitt acerca de que los clientes quieren un agujero de seis milímetros, no un taladro de seis milímetros. Leería esta historia y comentaría: "Esto es como un *déjà vu* que se repite".

¿Por qué?

Las tres falacias de los datos de la innovación

Incluso las grandes empresas cambian de rumbo cuando cumplen con el trabajo para sus clientes y se enfocan en cumplirlo para sí mismos. Según nuestra investigación y nuestra experiencia, lo anterior se debe a que caen en una de estas tres falacias:

- La falacia de los datos activos *versus* los datos pasivos
- La falacia del crecimiento superficial
- La falacia de los datos ajustados

Expliquémoslas.

LA FALACIA DE LOS DATOS ACTIVOS *VERSUS* LOS DATOS PASIVOS

Cuando una compañía —o un producto— es lanzada por primera vez, suele estar impregnada del contexto del trabajo que ha descubierto. Y al haber descubierto un trabajo sin aportar ninguna solución adecuada, a menudo no compite con nada. Se pueden dedicar energía, enfoque y recursos para comprender y resolver los trabajos de los clientes, pero una vez que la compañía o el producto han sido lanzados al mundo, su energía, su enfoque y sus recursos se enfocan en una dirección distinta.

Pensemos en el mundo de las tiendas de descuento. Esta industria no se organiza en torno de un trabajo, sino de productos y niveles de precios. Por consiguiente, en los últimos 20 años el sector ha estado muy saturado. Hemos visto a Walmart, Kmart, Ann & Hope, Costco, Marshall's, Woolworth, Zayre, Bradlees, y Caldor, sólo por mencionar algunas empresas, pelear con uñas y dientes por el predominio del mercado. Casi no había ninguna expectativa de que todas estas tiendas sobrevivieran a largo plazo. Era una pelea a puño limpio, una prueba por la supervivencia del más apto basada en quién podía vender más mercancías. No había manera de predecir quién ganaría. Cuando escribí *The Innovator's Dilemma,* hace dos décadas, Kmart era la gran cosa. Ahora sólo es la sombra de lo que fue. Resulta que Walmart, Costco y Targe han prevalecido. Y aun cuando estas tres compañías han ganado la batalla por la deserción de las demás, no hay ningún cliente en el planeta que tenga un *trabajo por realizar* del tipo: *"Realmente hoy necesito pasar un par de horas en la tienda".* Por lo tanto, las empresas que se organizan en torno de un modelo de negocios físicos, más que de un trabajo del cliente, probablemente no triunfarán a largo plazo. Cada vez más se encontrarán jugando a la defensiva, más que expandirse y lograr un crecimiento lucrativo.

En contraste, consideremos recientes historias de éxito como las de OpenTable, Salesforce.com y Airbnb, o bien los triunfos perdurables de Craiglist o IKEA. Cada uno de estos negocios está bien organizado en torno de un *trabajo por realizar* definido y cada uno ha tenido un éxito sostenido con una competencia mínima. Es un juego totalmente distinto.

Este no es un fenómeno nuevo. Como señaló Ted Levitt en las páginas de *Harvard Business Review* hace algunas décadas, la industria de los ferrocarriles no declinó debido a que haya disminuido la necesidad de los pasajeros de transporte y carga. De hecho, esa necesidad aumentó, pero los automóviles, los camiones, los aviones e, incluso, los teléfonos se incorporaron para llevar a cabo el trabajo de manera adecuada. Los ferrocarriles estaban en problemas, escribió Levitt en 1960, "porque asumieron que estaban en el negocio de los ferrocarriles, en lugar de en el de transporte".[4] En otras palabras, los ferrocarriles cayeron en la trampa de permitir que el producto definiera el mercado en el que estaban, más que el trabajo para el que los clientes los estaban contratando. Se organizaron, se evaluaron y se midieron como si estuvieran en el negocio de vender taladros, no agujeros, de seis milímetros.

En contraposición, muchas iniciativas empiezan vendiendo agujeros de seis milímetros. El meollo de la idea original de Netflix se descubrió de la manera como muchos negocios nuevos adquieren impulso: el empresario estaba en una circunstancia que carecía de una solución clara y expresó: "¡Voy a solucionar esto!" En cierto sentido, empezó como director ejecutivo y como consumidor meta. No había separación entre el innovador y el trabajo del consumidor. Gran parte de la información necesaria para tomar decisiones sobre resoluciones de un trabajo determinado se encuentra en el contexto del problema. Llamamos a eso "datos pasivos" porque no tienen voz ni estructura clara, ni impulsor, ni agenda. Los datos pasivos, por sí mismos, no indican lo que está sucediendo en el mundo, porque el *trabajo por realizar* no cambia mucho. Lo datos pasivos son simplemente el contexto sin filtros. Siempre están presentes, pero no son ruidosos.

Al buscar un trabajo no cumplido, o realizado en forma deficiente, los gerentes se ven rodeados de falta de consumo y de soluciones alternativas. Están inmersos en los datos pasivos del contexto. No existen los tradicionales indicadores del mercado, como las ventas del producto, las normas de calidad y los referentes de la competencia. Por el contrario, hay señales de oportunidades para la innovación que toman la forma de frustraciones, intercambios y experiencias indeseables de clientes individuales. Sacar algo en claro a partir del caos de las experiencias de la vida real no tiene que ver con tabular datos, sino con reunir las historias que revelan el *trabajo por realizar*. Los innovadores deben sumergirse en el contexto desordenado de la vida real para descifrar qué productos nuevos potencialmente exitosos podrían ofrecer a los clientes. En una primera etapa, los gerentes se dedican a descifrar incógnitas, no a realizar cálculos numéricos. Los datos pasivos no se anuncian en voz alta. Hay que indagar, reunir pistas y preguntar constantemente: ¿por qué?

Lo anterior es muy importante porque es la manera de identificar oportunidades de innovación.

Así es como empieza el problema: por su propia naturaleza, los gerentes reaccionan a la información y, en particular, la información negativa hace que respondan de inmediato.

Sin embargo, podemos predecir que tan pronto como un *trabajo por realizar* se convierte en un producto comercial, la visión llena de contexto del trabajo empieza a desvanecerse, mientras que los datos activos de las operaciones reemplazan y sustituyen a los datos pasivos de la innovación. Una vez que los productos han sido lanzados se abre una llave y se crean datos, información que no existía antes de que se realizaran ventas y se crearan clientes. Comprensiblemente, los gerentes tienen una sensación de alivio cuando cambian su atención desde los contornos difusos de una *historia de conflictos* hasta la nítida precisión de una planilla. Y este cambio ocurre naturalmente y con poca algarabía:

1. Las ventas de productos generan *datos sobre los productos:* cuántos, qué tan redituables y cuáles, entre otros.
2. Las compras de los clientes producen *datos sobre los clientes*: negocio o consumidor, grandes o pequeños, adinerados o no tanto, directos o mediante canales de ventas, locales o remotos, entre otros.
3. Las inversiones en personal, instalaciones y tecnología proporcionan *información sobre su productividad, su rendimiento y su valor.*
4. Los competidores surgen y guían a los inversionistas y a los gerentes para generar *referentes que crean datos.*

Resulta que estos datos son muy ruidosos. Le gritan a usted que se concentre en ellos, que les dé prioridad y que los mejore. Son fáciles de monitorear y de medir, y, en general, se consideran una representación de la forma como el gerente está desempeñando su trabajo. Éste es un cambio de perspectiva sutil, pero transformador, y se siente bien sustituir el desorden desestructurado de los datos pasivos por los datos activos tranquilizadoramente concretos.

No obstante, lo que parece progreso puede resultar veneno si lleva a los gerentes a confundir el modelo de realidad que ofrecen los datos activos para el mundo real.[5] Los datos *siempre* son una abstracción de la realidad con base en suposiciones subyacentes en cuanto a la manera de categorizar los fenómenos desestructurados del mundo real. Con mucha frecuencia los gerentes hacen a un lado este hecho: los datos son creados por las personas.

Mientras los datos sobre las operaciones se difunden a sí mismos a todo volumen y con claridad, es muy fácil —especialmente a medida que aumentan las capas filtrantes de una organización— para los gerentes empezar a administrar los números en lugar del trabajo.[6] Un gran ejemplo de esto es la forma en que las escuelas de Estados Unidos enseñan de modo que sus alumnos aprueben los exámenes requeridos porque el gobierno depende de que las escuelas se apeguen a ciertas normas determinadas. O, en medicina, consideremos cómo los doctores con frecuencia tratan los síntomas antes de llegar a la causa del problema. La presión alta, por ejemplo, es un síntoma de diversas enfermedades. Pero la mayoría de los medicamentos para la gente que lucha contra la presión alta se enfocan en reducir las mediciones, más que en curar lo que causa el problema.

Las empresas también hacen esto. Manejan los números. Piense usted en la correlación entre sus ganancias por acción y el precio de sus acciones en el mercado. Si una compañía entra en el mercado y compra de nuevo sus propias acciones puede mejorar las ganancias por acción, y a menudo el precio de las acciones aumenta. Pero con eso no se ha hecho nada para que la empresa se vuelva más innovadora o más eficente. Los números se elevaron. Punto.

LA FALACIA DEL CRECIMIENTO SUPERFICIAL

Cuando una compañía invierte mucho dinero en desarrollar su relación con los clientes, los incentivos naturales aumentan para encontrar formas de vender más productos a los clientes existentes. El costo marginal de vender más productos a clientes existentes es muy reducido y la ganancia es muy tentadora. Llamamos a esto "crecimiento superficial". Las compañías ven productos a su alrededor fabricados por otras empresas y deciden copiarlos o adquirirlos. Pero al hacerlo con frecuencia terminan intentando crear muchos productos para muchos clientes y pierden el foco en el trabajo que les produjo éxito desde el principio.[7] Y, lo que es peor, realizar muchos trabajos para diversos clientes puede confundirlos, de manera que éstos contratan productos equivocados para trabajos equivocados y acaban por despedirlos por la frustración que les provocan. Esto propicia que las compañías sean vulnerables a disruptores que se enfocan en un solo trabajo, y lo hacen bien.

Los mismos incentivos y la misma lógica se aplican a las inversiones en capacidades de producción, propiedad intelectual y talento. Una vez que estos costos han bajado, la presión de "aprovechar bien los activos" siempre está presente, en especial con accionistas que constantemente preguntan: "¿Qué has hecho por mí últimamente?"

El *New York Times* proporciona un buen ejemplo. Hay dos clientes que le importan al *Times:* los lectores y los anunciantes. En el caso de los primeros, hay muchos trabajos que surgen en su ámbito, y el *Times* se esfuerza en realizar cada vez más trabajos para el mismo conjunto de clientes. Por ejemplo:

- Ayudar a los clientes a relajarse al final del día.
- Proporcionar noticias actualizadas a los lectores.
- Ayudar a los lectores a estar informados.
- Ayudar a los lectores a llenar su tiempo de manera productiva.

Pero con cada trabajo adicional que resuelve el *Times* se encuentra frente a un competidor que sólo se concentra en ese trabajo en específico, y lo hace muy bien. El *Economist* es una magnífica forma de sentirse informado con un resumen semanal, en lugar que tener que dedicar tiempo a enterarse cada día. Nada es más sencillo que encender el televisor y relajarse por la tarde, con todas las opciones que hay para lo que se quiere ver. El periódico *Metro* que los lectores obtienen gratis en el metro los ayuda a ocupar su tiempo productivamente en su trayecto al trabajo, entre otros. De pronto el *Times* tiene muchos competidores —además de otros medios de comunicación populares— que están resolviendo los trabajos de los clientes mejor que él. No es de sorprender que tantos periódicos se hayan visto luchando por sobrevivir en años recientes. No se concentraban en torno de un trabajo. En contraste, Deseret News

Publishing Company, que examinaré a fondo en el siguiente capítulo, ha escenificado un sorprendente giro al reorientar su periódico tradicional en torno de un *trabajo por realizar* muy definido.

LA FALACIA DE LOS DATOS AJUSTADOS

Esta falacia provoca que los clientes pierdan el enfoque en el *trabajo por realizar* de los clientes. Los datos tienen una forma fastidiosa de adaptarse para apoyar cualquier opinión que uno quiera. De hecho, Nate Silver, un estadístico reconocido, fundador del blog sobre política FiveThirtyEight (adquirido por ESPN en 2013), señala: "Los fracasos más calamitosos de las predicciones suelen tener mucho en común. Nos enfocamos en las señales que nos cuentan una historia sobre el mundo como quisiéramos que fuera, no como es en realidad".[8] No nos damos cuenta, no pretendemos que suceda así, pero es consecuencia de la desafortunada fragilidad del cerebro humano.

Los psicólogos han explicado que cuando mantenemos ideas o creencias contrastantes en nuestra mente, esta "discordancia" produce reacciones de estrés y de ansiedad que naturalmente buscamos reducir y evitar. Las verdades incómodas son justamente eso: incómodas. Cuando entran los datos, no es que *perdamos* objetividad, pues en realidad nunca la tuvimos desde el principio. No puedo evitar pensar en las pláticas entre padres y maestros a las que asistí; mi esposa y yo siempre salíamos de la sala de juntas con perspectivas totalmente distintas sobre lo que habíamos escuchado. Estoy seguro de que yo escuchaba lo que confirmaba mis expectativas. Sospecho que mi esposa oía algo más cercano a lo que el maestro efectivamente decía. Nosotros elaboramos los datos y los mensajes se ajustan a lo que creemos.

Así, a menudo las empresas son atacadas en su lado ciego por la innovación de un competidor o por lo que se convierte en una oportunidad desaprovechada. *"¿Por qué no lo vimos venir?"* La verdad es que no tenía usted oportunidad de verlo porque no lo estaba buscando. En palabras de Sherlock Holmes: "No hay nada más decepcionante que el hecho obvio".

¿Lo anterior le suena familiar? Sus equipos de ventas, de mercadotecnia y de investigación y desarrollo están en la misma sala con la unidad directiva de negocios debatiendo en qué enfocar los recursos para la innovación. El equipo de ventas está seguro de que sabe lo que los clientes quieren porque constantemente habla con ellos sobre sus imperiosas necesidades. El equipo de mercadotecnia tiene montones de ideas para aventajar a la marca existente, tal vez ofreciendo nuevas versiones, nuevos sabores, nuevos colores o bien ofertas especiales. El equipo de investigación y desarrollo está entusiasmado con las nuevas características y los beneficios en los que está trabajando, impulsado por nuevas tecnologías y aplicaciones excelentes. Y el directivo de la empresa está enfocado inexorablemente en llevar los productos al mercado que tengan posibilidades de contribuir al balance de pérdidas y ganancias para fin de año. No es necesario mencionar que cada equipo está armado con datos cuidadosamente elaborados que apoyan el modelo de realidad que ofrecen a través de la perspectiva de sus responsabilidades funcionales, sus parámetros de desempeño y sus incentivos financieros. Todos los equipos trabajan con una especie de sesgo de confirmación, que sólo ve la información que tiende a apoyar su punto de vista. Ninguna de estas perspectivas está equivocada, pero el caso es que ninguna es verdaderamene objetiva. Y, lo que es más importante, ninguno de los modelos refleja el trabajo del cliente.

Elegimos los datos que nos convienen. "Las decisiones no se toman, suceden", señala el experto en neuromercadotecnia Gerald Zaltman, un antiguo colega de Harvard Business School, quien ha pasado años estudiando cómo los gerentes representan sus ideas y aplican sus ideas y su conocimiento. Entre los errores comunes que ha identificado está la "tendencia a tratar los hechos como percepciones y brincar directamente de los datos a la acción", escribió Zaltman recientemente en el *Journal of Advertising Research*. "Es común cuando la investigación se usa para probar argumentos más que como combustible para ideas imaginativas."

De hecho, Zaltman asevera que con frecuencia nos engañamos sobre qué tan objetivas son nuestras decisiones. "Podría parecer que un líder ha tomado una gran decisión —entre A y B— cuando, de hecho, en todas las etapas que llevaron a esa decisión los datos se inclinaban cada vez más hacia A. Un directivo puede pensar que ha tomado una decisión con base en datos claros, pero en realidad esa decisión ya estaba predeterminada." Las innovaciones se inclinan a cumplir los trabajos que los *ejecutivos* quieren que realicen, que es confirmar que los clientes quieren comprar los productos que los gerentes desean venderles.

El origen de los datos crea el problema

Hay un problema todavía más importante con los datos. Muchas personas creen que los datos numéricos son más confiables que los datos cualitativos. Pero ¿de dónde provienen los datos? La información utilizada en muchos proyectos de investigación se origina en los informes financieros de las compañías, por ejemplo. ¿Esto es objetivo? H. Thomas Johnson y Robert S. Kaplan mostraron de manera muy convincente que los números que representan ingresos, costos y ganancias en los informes financieros son resultado de procesos de cálculo, negociación, debate y política para asignar costos generales que pueden producir reflexiones muy inadecuadas sobre costos y ganancias verdaderos.[9]

La actitud más sana para la innovación es que casi *todos* los datos —ya sea que se presenten en forma de un gran grupo de datos cuantitativos, en un extremo, o bien como una descripción etnográfica del comportamiento, en el otro— se construyen con el juicio y el sesgo humanos. Los datos, tanto numéricos como verbales, son abstracciones de una realidad mucho más compleja, de la cual el investigador intenta extraer las variables o los patrones más relevantes para su análisis. Mientras que la subjetividad de la investigación etnográfica basada en el campo es claramente aparente, el sesgo subjetivo de los datos numéricos se oculta detrás de su precisión superficial. Tom Monahan, quien construyó la compañía CEB de percepción de la práctica y la tecnología y la convirtió en una empresa cotizada en miles de millones de dólares, bromeaba conmigo y me decía que con sus ganancias uno de sus sueños era fundar el Museo de la Precisión Falsa. Promete exhibir una colección bien abastecida.

Los datos no son el fenómeno. La principal función de los datos es representar los fenómenos: crear una simulación de la realidad. Pero hay una concepción errónea sobre los datos que es prevalente y que está tácitamente incorporada en muchas organizaciones: la idea de que sólo los datos cuantitativos son *objetivos*. Hay una creencia generalizada de que hay un conjunto ideal de datos que puede producir las percepciones perfectas sobre los clientes. Sólo es cuestión de averiguar cuáles son los datos correctos. En resumen, podemos conocer la "verdad" si reunimos los datos adecuados en forma *cuantitativa*, el tipo de información que puede vaciarse en una hoja de cálculo o en un análisis de regresión. ¿Cuántos? ¿Qué? ¿Dónde? ¿Quién? ¿Cuándo? En contraste, los datos cualitativos —las observaciones y las percepciones que no se ajustan bien en una hoja de cálculo para ser rebanados y seccionados— no son tan confiables como los datos cuantitativos, porque no hay una sola "verdad" en el núcleo. Según se cree, los datos cuantitativos son mejores.

Pero eso no es correcto. La deidad no crea los datos y luego los otorga a los seres humanos. Todos los datos son elaborados por las personas. Alguien, en un punto determinado, decidió qué datos recopilar, cómo organizarlos, de qué manera presentarlos y cómo deducir un sentido de ellos, por lo cual incorporan todo tipo de falso rigor en el proceso. Los datos tienen la misma agenda de la persona que los creó, consciente o inconscientemente. Por todo el tiempo que los altos ejecutivos pasan *analizando* datos debería haber las mismas inversiones para determinar *qué* datos tendrían que crearse de manera prioritaria. ¿Sobre qué dimensiones de los fenómenos deberíamos recolectar datos y qué dimensiones de los fenómenos deberíamos pasar por alto?[10]

En la primavera de 2014 la revista *Science* publicó los hallazgos de un estudio académico del popular Google Flu Trends,[11] el servicio de Google que rastrea la influenza y que, se supone, predice las tendencias de esa infección antes que los tradicionales informes de los centros para el control y la prevención de enfermedades. Google Flu Trends (GFT) se basó en un algoritmo que compaginaba 50 millones de términos de búsqueda contra 1 152 bases de datos. En esencia, Google esperaba predecir brotes de influenza haciendo referencias cruzadas de términos de búsqueda (síntomas, personal médico, remedios) con datos objetivos relevantes. Los autores, académicos de la Northeastern University, de la Harvard University y de la University of Houston concluyeron que GFT había sobreestimado en gran medida la cantidad de casos de influenza en Estados Unidos durante más de dos años. El artículo "The Parable of

Google Flu: Traps in Big Data Analysis" concluyó que los errores se debieron, por lo menos en parte, a las decisiones tomadas por los ingenieros de GFT sobre qué incluir en sus modelos, errores que los académicos llamaron "dinámica de algoritmos" y "arrogancia de los grandes datos".

Google tenía objetivos admirables: tal vez una alerta temprana sobre las tendencias de la influenza podría prevenir la propagación de la enfermedad y salvar vidas antes que los métodos convencionales. Pero, como lo descubrieron los ingenieros de Google, se deben tomar decisiones sobre qué analizar. Desafortunadamente, el vínculo exacto entre términos de búsqueda específicos y el algoritmo de Google era muy complicado y estaba sometido a múltiples dinámicas humanas (quizá los hipocondriacos buscaban los mismos términos mes tras mes, o tal vez los ingenieros de Google variaban su forma de recopilar los datos de tiempo en tiempo, etcétera) como para proporcionar una herramienta predictiva confiable.

Debido a que los términos de las búsquedas de Google se crean en las computadoras y pueden almacenarse y analizarse de muchas maneras, tienen la apariencia de ser un conjunto de datos válidos, pero no lo son. Simplemente porque los fenómenos —en este caso las búsquedas— puedan computarizarse y analizarse no significa que merezcan el estatus de datos. ¿Son útiles como guía? Sí. ¿Constituyen una realidad objetiva? No.

Los datos pasivos necesitan una administración activa

¿Las compañías están destinadas a desviarse del curso de los trabajos cuando sus sistemas operativos normales irrumpen y ven cómo se desvanece la ventaja competitiva que tanto trabajo les costó alcanzar? No, si los directivos se protegen a sí mismos y a sus organizaciones de caer presas de las tres falacias de los datos de la innovación. Pero ocurrirá irremediablemente si no se le da al trabajo del cliente una voz y un defensor. Los datos pasivos requieren una administración activa. Retomaremos este reto en el siguiente capítulo.

RECORDATORIOS DEL CAPÍTULO

- La historia del origen de la mayoría de las compañías en general incluye a un emprendedor que identifica un trabajo importante sin una solución existente satisfactoria y que elabora una forma creativa de resolverlo.
- Sin embargo, al ir creciendo, es muy común que la compañía pierda su enfoque en el trabajo que impulsó su lanzamiento inicial. A pesar de las mejores intenciones y de un siglo de sabiduría mercantil, las compañías comienzan a actuar como si su negocio se definiera por los productos y los servicios que venden ("taladros de seis milímetros"), en lugar de hacerlo por los trabajos que cumplen ("agujeros de seis milímetros").
- Si bien hay muchos motivos que conducen por esta desviación, lejos del verdadero norte del trabajo del cliente, sobre todo la tendencia de los gerentes a caer presas de las tres falacias de los datos de la innovación:

  — *La falacia de los datos activos* versus *los datos pasivos.* En lugar de mantenerse conscientes y concentrados en el tipo de datos que caracterizan la abundante complejidad del trabajo (los datos pasivos), las compañías en crecimiento comienzan a generar datos relacionados con las operaciones (los datos activos), que pueden seducir a los gerentes con su aparente objetividad y su rigor, pero que tienden a organizarse en torno de productos y características del cliente, más que en los *trabajos por realizar.*

  — *La falacia del crecimiento superficial.* Cuando las compañías realizan grandes inversiones en sus relaciones con los clientes, concentran su energía en dirigir el crecimiento mediante las ventas adicionales de productos a esos clientes o por medio de la resolución de una serie más amplia de sus trabajos, lo que llamamos *crecimiento superficial,* en lugar de mantenerse enfocados en resolver el trabajo central de mejor manera.

  — *La falacia de los datos ajustados.* Los gerentes se concentran en generar datos que se ajusten a sus modelos de negocios preexistentes.

- Tener conciencia de estas falacias es el primer paso para evitar que se apoderen de la innovación en una compañía, pero conseguirlo de manera constante requiere una continua vigilancia e intervención.

- ¿Qué tan conectados están sus esfuerzos de innovación con los trabajos centrales por los que inició su empresa?
- ¿Cómo caracterizaría su personal el negocio básico en el que se encuentra? ¿Lo describiría en términos de resolver un trabajo importante en la vida de sus clienes o en términos de los productos y los servicios que ofrece?
- ¿Qué datos determinan sus decisiones de innovación e inversión? ¿Qué tan conectados están estos datos con los trabajos de sus clientes?
- ¿Está usted cayendo presa de la falacia del crecimiento superficial, es decir, se enfoca demasiado en impulsar el crecimiento vendiendo productos nuevos a clientes ya existentes sin comprender el progreso que los clientes están intentando conseguir en sus vidas?
- ¿Qué datos se recopilan y se presentan para tomar las decisiones importantes en cuanto a innovación e inversión? ¿Qué mecanismos ha instalado para garantizar que estos datos revelen lo que necesita ver, más que lo que se ha condicionado a creer?
- ¿Cómo se está asegurando de que el *trabajo por realizar* de sus clientes tenga voz en sus actividades de toma de decisiones y de asignación de recursos?

Notas

1. Por lo general se da crédito a Levitt por esta idea. Pero en su libro *The Marketing Imagination* la atribuyó a Leo McGinneva. Sin embargo, fue Levitt quien popularizó el término. Theodore Levitt, *The Marketing Imagination*, Free Press, Nueva York, 1986.

2. Cuando fui estudiante de posgrado en Harvard Business School nunca oí nada acerca del agujero de un milímetro o sobre vender a los clientes los productos o servicios equivocados. Tampoco cuando era estudiante, ni siquiera después, cuando trabajaba en el Grupo Consultor Boston ni durante mis estudios de doctorado. Sólo escuché sin querer a alguien referirse a toda esa analogía mucho después en mi carrera, y lamenté no haberlo sabido antes. ¿Cómo podría algo tan profundo volverse tan oscuro?

[3] Tuve un gran intercambio de ideas con el caballero que me visitó ese día. Aunque compartió libremente su historia conmigo, he elegido proteger su identidad aquí. Pero los hechos públicamente disponibles sobre el jugo V8 hablan por sí mismos.

[4] Theodore Levitt, "Marketing Myopia", *Harvard Business Review* (julio-agosto de 1960).

[5] Por analogía, observe usted su sistema de atención médica. Mi cardiólogo nunca me llama porque los datos sobre mi corazón no cambian. Me alegra decir que está sano. No hay datos activos a los cuales deba responder. Pero eso ejemplifica por qué tenemos un sistema que sólo trata la enfermedad; no es un sistema de "salud", sino un sistema de "enfermedad". No es lo mismo. Cuando enfermamos, los datos sobre nosotros que los doctores ven se disparan y el sistema se organiza para que los datos mejoren. Pero eso no es lo mismo que mantenernos saludables desde el principio. Es lo mismo que hacen los gerentes: responden a los cambios en los datos activos, pero no prestan atención a los datos pasivos que se sumergen en el contexto de lo más importante en lo que debe concentrarse el gerente: los trabajos del cliente.

[6] Muchos economistas suponen que existe un agente racional en sus modelos porque las personas tienen acceso a toda la información necesaria y así pueden actuar racionalmente. Pero, en realidad, confiamos en la información creada por la situación en la que estamos, como los ganadores del premio Nobel, Herbert A. Simon y James G. March, lo exploran en sus explicaciones sobre la "racionalidad acotada". La racionalidad acotada es la idea de que, al tomar decisiones, la racionalidad de los individuos está limitada por la información que poseen, las limitaciones cognoscitivas de su mente y la cantidad finita de tiempo del que disponen para tomar una decisión.

[7] Un buen ejemplo de esto es la línea DeWalt de herramientas eléctricas, que había adquirido su reputación gracias a su sierra radial estelar. Era la mejor de la industria y contribuyó a que DeWalt se estableciera como una marca en la que se podía confiar. Pero después de que Black & Decker la compró, en la década de 1960, Dewalt se expandió hacia nuevas áreas. Me parece que Black & Decker sólo recorría los pasillos de la tienda de la ferretería para ver lo que estaban haciendo los demás —taladros, abrazaderas, etcétera— y pensaba: *"Ah, nosotros podemos hacer eso también. Nos producirá un nuevo ingreso".* Entonces DeWalt descubrió la manera de subcontratar la manufactura de estos nuevos productos de modo que pudiera producirlos a un costo bajo. Pero intentar robar ingresos de sus competidores enfrentándose a ellos con imitaciones de calidad inferior no es un buen plan de crecimiento del cual se deba depender. Por eso lo llamamos *crecimiento superficial*. Se pueden copiar ideas que ya se han visto en las estanterías, pero eso no tiene nada que ver con una comprensión clara de los trabajos y es mucho muy improbable que tenga éxito.

[8] Nate Silver, *The Signal and the Noise: Why So Many Predictions Fail-But Some Don't,* Penguin Press, Nueva York, 2012.

[9] H. Thomas Johnson y Robert S. Kaplan, *Relevance Lost: The Rise and Fall of Management Accounting,* Harvard Business School Press, Boston, 1987.

[10] Conozco de primera mano los límites de lo que nos dicen los datos. Nuestro hijo Michael se graduó de Harvard Business School como *baker scholar*, el más alto honor académico concedido a estudiantes de maestría en administración de empresas. Si se observan los datos sobre él mientras estaba en HBS, probablemente aparecerá la lista de los cursos que tomó, las calificaciones que obtuvo y su registro de asistencias. Pero lo que no está en el registro es que fue "representante de educación" de su sección de clase. Era su responsabilidad cultivar una cultura del aprendizaje y de apoyo mutuo en la sección. Me parece que de verdad fue una gran sección, en parte debido a lo que Michael hizo como su líder. Creo que fue la lección más potente que aprendí en HBS: cómo inspirar a la gente creando la cultura adecuada. Pero no hay datos que reflejen eso. Esos datos están incorporados en el contexto.

Esto me recuerda un conmovedor discurso de Bobby Kennedy: "Nuestro producto interno bruto (PIB) es ahora de más de 800 000 milones de dólares anuales... Sin embargo, el PIB no garantiza la salud de nuestros hijos, la calidad de su educación, ni la alegría de sus juegos. No incluye la belleza de nuestra poesía ni la fortaleza de nuestros matrimonios, ni la inteligencia de nuestros debates públicos ni la integridad de nuestros funcionarios públicos. No mide nuestro ingenio ni nuestro valor, nuestra sabiduría, nuestro aprendizaje, nuestra compasión, ni nuestra devoción por nuestro país. En resumen, lo mide todo, excepto lo que hace que valga la pena la vida. Y puede decirnos todo sobre Estados Unidos, excepto la razón por la que estamos orgullosos de ser estadounidenses".

[11] David Lazer, Ryan Kennedy, Gary King y Alessandro Vespignani, "The Parable of Google Flu: Traps in Big Data Analysis", *Science* (14 de marzo de 2014).

CAPÍTULO 9

La empresa enfocada
en el trabajo

LA GRAN IDEA

Muchas compañías poseen frases grandilocuentes que describen su misión con diversas intenciones, desde motivar a los empleados hasta comunicar estrategias para atraer inversionistas, pero casi la misma cantidad de las empresas enfrenta dificultades para traducir esas frases de su misión en comportamientos cotidianos. Sin embargo, cuando el trabajo cuenta con voz en una organización, las líneas individuales cobran sentido y los trabajadores comprenden por qué su labor es importante. Un trabajo bien articulado proporciona una especie de "propósito del jefe", lo que elimina la necesidad de una microadminsitración porque los subalternos de todos los niveles entienden y están motivados por la forma en que la actividad que desempeñan encaja en un proceso mayor para ayudar a los clientes a que su trabajo se lleve a cabo.

Hace no mucho tiempo, el fundador de Intuit, Scott Cook, encabezó una sesión de lluvia de ideas para mejorar uno de los productos emblema de Intuit, el TurbTax. Durante algunos años el equipo se ha enfocado en la forma de mejorar la "entrevista" construida en TurboTax que pide a los clientes que respondan preguntas y asienten datos para generar una devolución de impuestos precisa. Cada año el equipo debatía cómo mejorar la herramienta de la entrevista, puliendo, perfeccionando y añadiendo especificaciones que condujeran a los resultados más precisos posibles.

207

Con el esfuerzo bien intencionado de dar a los clientes lo que piden, recuerda Cook, los equipos de desarrollo de Intuit investigaban a fondo a los clientes acerca de las nuevas características que les gustaría ver en sus productos. Y los clientes tenían mucho que decir. Les mencionaban una extensa lista de peticiones. "Pedían 150 características", dice Cook. Así que el equipo comenzó a trabajar con esa retroalimentación. Los equipos de desarrollo pasaban semanas discutiendo y debatiendo cuáles de las características potenciales de la lista eran más importantes de proveer. Todos, señala Cook, se guiaban por lo que pensaban que estaba bien para el cliente. Pero en realidad no había ninguna guía. "Entramos en una búsqueda de características —afirma Cook—. A menudo veíamos lo que los clientes pedían y lo creábamos." Pero sin una compensión clara sobre el trabajo por el cual los clientes estaban contratando el producto "simplemente no había manera de distinguir qué características eran las apropiadas. Era como navegar sin brújula".

Entonces Intuit promovió a un nuevo líder, Sasan Goodarzi, a gerente general de la organización TurboTax. Se le ocurrió que tal vez TurboTax no había captado lo importante. Los clientes no estaban contratando a TurboTax para que les proporcionara una mejor herramienta de entrevista sobre impuestos. "Sasan condujo a la empresa a una comprensión más profunda —dice Cook— acerca del 'problema que realmente el cliente quería resolver'". Durante varios años la energía de la organización se había concentrado en un buen objetivo, pero no en el que los clientes preferían. Éstos no querían tener datos de entrada. Contrataban a TurboTax para organizar sus impuestos. Punto.

Fue un cambio abismal, desde perfeccionar las entrevistas hasta eliminar la necesidad de tenerlas. Pero fue un cambio energizante. El darse cuenta de eso, sostiene Cook, provocó un arranque de creatividad en la organización. Una vez que el equipo se concentró en el *trabajo por realizar* estuvo claro en lo que TurboTax tenía que trabajar para resolver: completar los impuestos de los clientes sin que éstos tuvieran que responder preguntas o ingresar datos.

¿Cómo es posible eso? Goodarzi y su equipo todavía están trabajando para solucionar el reto, pero han logrado avances. Por ejemplo, si un cliente le otorga permiso a TurboTax para obtener información del formulario W-2 de una empresa contratista de recursos humanos como

ADP, se puede descargar mucha información básica inmediatamente en la devolución de impuestos del cliente. Lograr prescindir de entrevistas a TurboTax le tomaría una década, dice Cook, pero incluso los pequeños pasos que han podido dar hacia esa meta ya han producido una diferencia significativa en la experiencia del cliente. En 2015 Intuit experimentó con datos precargados, como información de la nómina, en un solo "capítulo" (hay entre cuatro y 40 capítulos, dependiendo de la situación del contribuyente) en el cuestionario de TurboTax. Con un solo capítulo prellenado, Intuit notó un repunte notorio en la cantidad de clientes que llenaron la entrevista de TurboTax, aun cuando aquéllos tenían que corregir manualmente algunos datos que ya estaban incluidos de manera automática.

En el caso de TurboTax, el equipo tenía una defectuosa unidad de análisis esencial cuando se enfocó en mejorar la entrevista sin cesar. Pero eso es exactamente lo que la mayoría de las empresas hace cuando sigue las guías para la innovación equivocadas. ¿Cómo puede un líder reunir de manera sistemática a su equipo en torno de un objetivo tan desafiante y mantenerlo enfocado? "Yo creo que estás listo para la pregunta de los 64 000 millones de dólares", dice Cook. Mantenerse incansablemente enfocados en el trabajo permite —e incluso obliga— a los empleados a encontrar nuevas y mejores formas de trabajar. Una profunda comprensión de los *trabajos por realizar* de los clientes debería disparar una cascada de preguntas sobre cómo está organizada la compañía, qué se mide y qué se recompensa, qué prioridades tiene, y cómo trabaja la gente en equipo para resolver los problemas. Como sugiere Cook, todavía no tenemos todas las respuestas a esas preguntas, pero sí sabemos que los líderes entrevistados para este libro nos han dicho que la *teoría de los trabajos* es una poderosa herramienta para concentrarse y dirigir la organización en su conjunto. En el caso de Intuit, afirma Cook, la empresa está tan enfocada en los trabajos de los clientes que puede operar como una "red de inicios" en la que equipos pequeños lanzan productos nuevos con una mínima aprobación del nivel gerencial porque están claramente adaptados a los trabajos. Cuando todos los miembros del equipo comprenden que el objetivo es que los "impuestos se organicen" están empujando en la misma dirección.

Tener una organización concentrada en los trabajos, aseveran los directores ejecutivos que entrevistamos para esta obra, conduce a un claro beneficio en cuatro categorías:

- Permitir que las decisiones se distribuyan y se tomen con una claridad de propósito; los empleados de toda la organización tienen la posibilidad de tomar buenas decisiones centradas en los trabajos y de ser autónomos e innovadores.
- Ajustar los recursos a lo que importa más y liberar recursos de lo que no es relevante.
- Inspirar a las personas y unificar la cultura de la empresa con respecto a lo que les importa más.
- Medir lo más importante: el progreso del cliente, las contribuciones de los empleados y los incentivos.

Enfocarse en los *trabajos por realizar* de los clientes proporciona no sólo una idea única para mejorar sino también una guía perdurable para innovar. Ayuda a cruzar la brecha entre lo que la gerencia general espera que suceda y lo que los empleados de la base saben hacer instintivamente. Es inspirador y al mismo tiempo fortalece.

La mayoría de las compañías tiene una frase que expresa su misión, y si tiene suerte los empleados la habrán memorizado para repetirla al pie de la letra. Sin embargo, las frases de la misión suelen estar redactadas en un nivel tan alto y de manera tan genérica que a los empleados les resulta difícil usarlas como guías para la acción, para la toma de decisiones y para la innovación. Veamos como ejemplo las frases de la misión de varias empresas incluidas en *Fortune 500:*

- *Ayudar a todas las personas a llevar una vida saludable* (Becton, Dickinson and Company).
- *Descubrir, desarrollar y proporcionar medicinas innovadoras que ayuden a los pacientes a superar enfermedades graves* (Bristol-Myers Squibb).
- *Nuestra visión es desarrollar el inmenso potencial del Ferrocarril Burlington Northern and Santa Fe proporcionando servicios de transporte que satisfagan siempre las expectativas de nuestros clientes* (BNSF, Burlington Northern and Santa Fe).
- *En el corazón de The Chevron Way está nuestra visión de ser la empresa de energía global más admirada debido a su gente, a sus socios y a su desempeño* (Chevron).

- *Nuestro objetivo es ser la firma de servicios financieros más respetada del mundo, y atender a corporaciones e individuos de más de 100 países* (J. P. Morgan).

Ésta sólo es una muestra aleatoria, pero representativa, de declaraciones de misiones empresariales típicas. No hay nada de malo en tener una frase de misión. Son como los temas de nuestra vida de los que hablaba antes: *Quiero ser un buen padre. Quiero ser un buen esposo. Quiero hacer una contribución a mi comunidad.* Pero por sí mismos no bastan para proporcionar una guía en la toma de decisiones de cada día.

No obstante, una especificación clara del trabajo sí es suficiente. Por ejemplo, a diferencia del caso del negocio de las grasas amarillas, Unilever ha conseguido transformar Lifebuoy, la marca de jabones "saludables" más antigua del mundo, en una de las marcas de crecimiento más rápido de la compañía durante los últimos años, al adoptar un trabajo con la misión de ayudar a los niños de los mercados emergentes a sobrevivir hasta la edad de cinco años. No se puede innovar en cuanto al amplio objetivo de ayudar a los niños a sobrevivir, pero sí es posible innovar en torno de circunstancias muy específicas de esa lucha. Los expertos aseguran que toma 30 segundos un lavado vigoroso con jabón y agua caliente para eliminar los gérmenes, pero en las circunstancias en que Unilever estaba innovando eso no era posible que sucediera. La mayoría de las personas tarda alrededor de siete segundos en lavarse las manos, y, en muy raras ocasiones, más de 15 segundos. Los niños suelen tener todavía más prisa. En los mercados emergentes las circunstancias aún son más desalentadoras. En la India, por ejemplo, cerca de 400 000 niños menores de cinco años mueren al año por enfermedades diarreicas, un promedio de más de 1 000 muertes al día. Sin embargo, las madres y los hijos en algunas partes de la India, y en otros países de mercados emergentes, no se lavan las manos de manera rutinaria.

Entonces Unilever creó una serie de productos que ayudan a los consumidores a lograr el progreso por el que estaban luchando, en sus circunstancias particulares. Se creó un jabón que cambia de color para garantizar que los niños se tallen el tiempo suficiente para acabar con los gérmenes. El jabón cambia de color al pasar 10 segundos, el tiempo requerido para matar los gérmenes con la fórmula especial de Unilever (y se vuelve más divertido para que los niños esperen el tiempo suficiente). La misión de salvar vidas de niños era potente, pero sólo con la especificidad del trabajo que los clientes estaban intentando realizar Unilever fue capaz de revitalizar su marca de jabones más antigua. Mientras más comprenda usted sobre el trabajo, mejor se podrá conectar con él internamente.

Un manual intuitivo de estrategias

Un líder tiene que contar con empleados en todos los rangos de la compañía para tomar las decisiones correctas en las decisiones cotidianas. Esas decisiones determinarán la verdadera estrategia de una empresa. Como comentamos antes, la forma en que los empleados trabajan juntos para alcanzar metas en común es la base de la cultura de la compañía. Si colaboran juntos enfocados en el *trabajo por realizar* surge una cultura que refuerza ese trabajo y se mantiene profundamente conectada con éste. Si esa cultura se ha creado en torno del trabajo, de manera independiente las personas harán lo que tienen que hacer para conseguir el éxito.

Pero esos instintos no se forman de la noche a la mañana. Más bien son resultado de un aprendizaje compartido: de empleados que trabajan en equipo para resolver problemas y descubrir lo que funciona. Mientras que el método que han elegido siga funcionando para resolver un problema, esa cultura se va a consolidar y se convertirá en un conjunto de reglas y lineamientos interiorizados a los que los empleados de la empresa recurrirán al tomar sus decisiones. La ventaja de lo anterior es que provoca que una organización se vuelva autogestionada. Los gerentes no necesitan hacer cumplir las reglas. Comprenden el "propósito del comandante", un término militar que explica por qué los soldados de todos los rangos saben cómo tomar las decisiones adecuadas cuando no reciben una orden específica. Tienen claras las metas y las prioridades del comandante.

Los líderes empresariales necesitan garantizar que los empleados de toda la empresa tomen las decisiones adecuadas cada día sin requerir una supervisión constante. Esto no es nada nuevo: desde la antigua Roma, los emperadores enviaban a un colaborador a gobernar un territorio recién conquistado a miles de kilómetros de distancia. Cuando veían cómo se alejaba el carruaje tras las colinas —sabiendo muy bien que no volverían a ver a su colaborador en muchos años— necesitaban estar seguros de que las prioridades de sus suplentes eran compatibles con las suyas propias y que usarían métodos probados y aceptados para resolver problemas.

La especificación bien definida de un trabajo que todos comprendan puede servir para el mismo objetivo, un punto focal para que los empleados tomen las decisiones correctas sin que sea necesario decirles qué hacer en todo momento. En caso de que no haya una directiva, los empleados saben cómo equilibrar las negociaciones que necesariamente surgen con cada nueva iniciativa. ¿Qué es más importante? ¿En qué no podemos ceder? ¿Cuál es nuestro objetivo primordial? ¿Cuál es mi función para lograr ese objetivo primordial? La *teoría de los trabajos* le proporciona a usted la lente apropiada para tomar las decisiones cotidianas que se conectan con los trabajos que está resolviendo en la vida de sus clientes. La *teoría de los trabajos* aporta un lenguaje de integración mediante el cual los comercializadores, los ingenieros, los vendedores y los empleados de atención al cliente pueden interactuar comunicándose entre sí más que evitando prestarse atención.

Como lo señala Jacques Goulet de Mercer, el concepto de un *trabajo por realizar* cumple este objetivo perfectamente "*debido* a su sencillez. Es una expresión simple; palabras cortas: *trabajo por realizar*. No está muy trabajada ni demasiado complicada. Es potente y sencilla, y sirve para enfocar la mente".

No es fácil cumplir bien con esas metas basadas en los trabajos; como hemos comentado, los trabajos son complejos y detallados y requieren una comprensión profunda del progreso que el consumidor está intentando alcanzar. Pero cuando se logra lo anterior, el efecto en la productividad de una organización puede ser espectacular, porque la claridad que genera permite una participación mucho mayor del capital humano de la empresa para desplegarlo en el equilibrio adecuado de autonomía y ajuste. Debido a que sabemos que la estrategia se conforma en las decisiones cotidianas que toman los empleados acerca de los recursos, los procesos y las prioridades, la claridad sobre los trabajos por los que los clientes los están contratando propocia una especie de manual de estrategias intuitivo.

Una brújula de dos lados

Una vez que OnStar de General Motors descubrió que los clientes estaban contratando su servicio para mantener la tranquilidad mientras conducían, esa claridad cambió el enfoque de la empresa de nuevas características fabulosas del "folleto" por beneficios para el cliente con una meta auténtica y que se ajustaban al *trabajo por realizar*. Era un enfoque que repercutía no sólo en qué y cómo OnStar diseñaba su servicio, sino en las decisiones cotidianas que tomaban sus empleados en todas las partes de la organización. En una empresa como General Motors, donde se formó OnStar, hay posibilidades ilimitadas potenciales para lo que puede desarrollar un servicio como OnStar. Pero, ¿debería hacerlo? Tener claridad sobre los *trabajos por realizar* consiguió que fuera más fácil determinar lo que pertenecía y lo que no pertenecía al conjunto de beneficios de OnStar. ¿Qué perseguir y qué no perseguir? ¿Qué prioridades técnicas eran las más importantes? ¿Cuáles no añadieron valor? ¿Cómo hablamos con nuestros clientes? ¿Cómo nos aseguramos de que los distribuidores no sean obstáculos para el trabajo por el que nos están contratando nuestros clientes? "El verdadero reto es cómo conseguir que este grupo con toda su energía —su equipo— se reúna en torno de un plan de acción, parte del cual aún no se puede ver. La *teoría de los trabajos* le ayuda a lograrlo —dice Chet Huber, director ejecutivo fundador de OnStar—. Es terriblemente eficaz cuando se entiende bien."

Antes de concentrarse en el *trabajo por realizar*, Huber y su equipo elegían, entre todo tipo de asombrosa parafernalia, lo que OnStar podía ofrecer *técnicamente*. "Perfeccionar los procesos en torno del *trabajo por realizar*, explica Huber, podría haber parecido como estrechar el enfoque del equipo de una manera limitante, pero en realidad nos porporcionó una claridad útil. Se dedicaba menos tiempo y energía a evaluar opciones. El enfoque que se obtiene contribuye en gran medida a simplificar."

Por ejemplo, los huracanes *Katrina* y *Rita* que azotaron la costa del Golfo con menos de un mes de distancia en 2005 desencadenaron todo un conjunto de experiencias y procesos nuevos esenciales para mantener la promesa de la tranquilidad. Cuando llegó *Katrina*, OnStar era muy reciente y no había tenido la experiencia de lidiar con un desastre natural. Cuando el centro de atención telefónica empezó a saturarse con llamadas, se informaba de todo tipo de problemas que antes nunca se habían considerado. Un cliente entraba en pánico cuando llamaba en el momento en que estaba por iniciar su camino y le comunicaban que su plan de OnStar no incluía indicaciones en tiempo real. Así, al principio OnStar requería que sus clientes compraran una actualización para tener acceso al plan que les proporcionaba esas indicaciones.

La víspera en que *Rita* se acercaba, OnStar se dio cuenta de lo que estaba sucediendo en el país y de que no se trataba de problemas individuales de un suscriptor, sino de acontecimientos de crisis regional. Y aun cuando no podría imaginarse un motivo más poderoso que quedar atrapado en medio de un huracán para comprar la actualización de un servicio, simplemente no les parecía adecuado a las personas que proporcionaban ese servicio, pues no era consistente con el trabajo por el que los habían contratado. Entonces el empleado encargado de esa parte del negocio de OnStar sencillamente tomó la decisión de proporcionar de inmediato todos los servicios de OnStar a todo aquel que llamara desde el área en crisis, sin requerir ninguna actualización del plan. Claramente, fue una decisión correcta, comenta Huber. "Tuvimos una conversación de unos 15 segundos en mi oficina. No me imagino que haya muchas empresas en las que eso sea posible".

Seguramente no, porque, además, tomar la decisión y ejecutarla son dos cosas diferentes. La forma en que el sistema de OnStar se había diseñado y construido en ese punto hacía técnicamente difícil que un empleado declarara por sí solo que todas las personas del área afectada recibirían de manera automátida todos los servicios que ofrecía OnStar. La empresa debía crear atajos imperfectos: "Teníamos que improvisar con cinta adhesiva y velcro para que funcionara", recuerda Huber. Por ejemplo, OnStar tuvo que crear un sistema que detectara todas las llamadas que procedían de la región en crisis y desviarlas hacia un equipo de atención telefónica especializado que les diera acceso a valiosa información en tiempo real, como las mejores rutas o informes actualizados sobre el clima. Lograr eso no era sencillo. Pero la dificultad del reto nunca minó la claridad de su propósito. Le dio al equipo un enfoque preciso. En opinión de Huber, el *trabajo por realizar* funcionó como una brújula.

Como le ocurrió a Cook, de Intuit, Huber descubrió que el poder de concentrar a su equipo en torno del *trabajo por realizar* se extendía más allá de saber qué características y beneficios tenían más sentido. La claridad de un *trabajo por realizar* motivó a los empleados a esforzarse en el trabajo porque entendían claramente por qué era importante. Cuando la flecha de "la brújula de dos lados" cambia e indica con más claridad hacia una comprensión más profunda del trabajo, así también debe suceder en el otro extremo y ajustarse a una mejor especificación del trabajo.

"Siempre que surgía algo en lo que nunca habíamos pensado, pero que de un modo claro se cruzaba con la flecha de la brújula, la gente simplemente lo hacía. Se dedicaba a eso —afirma Huber—. No se obtenía la reacción normal del tipo: 'No me asignen otro trabajo más'". En lugar de eso, comenta Huber, como también lo descubrió Cook en Intuit, el equipo se animaba con el enfoque.

He aquí un ejemplo de la brújula de dos lados en acción. Después de los comentarios en la sala de urgencias los doctores mostraron, a quienes atendían llamadas del 911, que proporcionar información previa sobre la gravedad de un accidente automovilístico al que estaban respondiendo tenía el potencial de salvar vidas. El equipo de Huber se congregaba con empeño en torno de un objetivo con nuevos procesos. Era un problema técnico muy difícil de resolver: ¿qué información se requería para determinar qué tan grave había sido un accidente? Se necesitaba un algoritmo complejo y la capacidad de distinguir la información relevante de manera automática. *¿El cambio en la velocidad? ¿El uso de cinturones de seguridad? ¿La dirección de la fuerza? ¿Cuántos trabajos estaban involucrados?* Y otras preguntas. "Recuerdo la conversación que sostuve con los ingenieros —rememora Huber—. Estaba un poco nervioso; obviamente era lo correcto que debíamos *intentar* hacer, pero era probable que fuera difícil y muy costoso. Sin embargo, en un tiempo relativamente breve, regresaron y dijeron: 'Creemos que podemos solucionarlo'. Y no fue porque yo les hubiera dicho que trabajaran por la noche y durante los fines de semana para hacerlo. Ocurrió porque sabían lo que estaba en juego y porque se ajustaba perfectamente al trabajo por el que nos habían contratado. Esto no era igual que averiguar cómo transportar cupones de café *latte* de Starbucks a la unidad de OnStar. Esto salvaría vidas."

Como lo descubrió, un claro *trabajo por realizar* puede proporcionar los cimientos de la cultura de una organización: *Resolvemos los problemas de esta manera porque sabemos lo que importa y por qué.*

Paul LeBlanc, de la Southern New Hampshire University, considera que la claridad de esta organización en torno de ese trabajo fortalece a los empleados para eliminar los obstáculos a los estudiantes. "Tenemos una cultura que fortalece a la gente para poner eso en funcionamiento", dice. Por ejemplo, un miembro del personal de una consultoría de carreras apoyaba a una estudiante que aseguraba que estaba quedándose sin dinero. Era una madre que carecía de una buena red de apoyo en su casa. El consejero decidió adquirir por su cuenta una tarjeta de regalo de 200 dólares en una tienda de abarrotes local y se la envió a la estudiante. Por otra parte, un empleado del mostrador de ayuda de tecnología y un asesor que trabajaba con una alumna a quien le faltaban algunos créditos para su graduación, pero que estaba muy enferma, resolvieron presentar el caso ante el decano argumentando que la joven había cumplido con el suficiente trabajo para concluir su grado. Cuando obtuvieron la aprobación, volaron para entregarle el diploma a la estudiante en el hospital. "Estas cosas sucedían sin que nadie lo impulsara —afirma LeBlanc—. Pero son claramente congruentes con el *trabajo por realizar*. Mi meta es asegurarme de que sigamos creando las estructuras y la cultura con la cual la gente toma esas decisiones correctas sin que nadie se lo pida." En el mejor de los casos, la *teoría de los trabajos* permite operaciones "austeras"; el desperdicio, los gastos generales y el tiempo se reducen sistemáticamente porque una vez que te has adaptado al trabajo, explica LeBlanc, se minimiza el desperdicio de tiempo, de energía y de recursos.

"Teníamos un lema cuando yo dirigía American Girl —comenta la fundadora de American Girl Pleasant Rowland—: 'American Girl es historia, no objetos'. Era una frase que usábamos con frecuencia para demostrar nuestra lealtad a la empresa. Creo que en la compañía podías entrar a cualquier lugar, hablar con cualquier persona y todos te dirían eso. Todos éramos fanáticos; pensábamos que íbamos a cambiar el mundo y detener la adolescencia durante un par de años." El enfoque en el trabajo, sostiene Rowland, constantemente estaba empoderando a los empleados de todos los rangos. Los motivaba. "A cualquiera que llegara a trabajar aquí le gustaba el *trabajo por realizar*: lograr que la niñez fuera mejor para las niñas y para sus madres."

Medir lo que importa

"Lo que se mide se lleva a cabo." Esta frase generalmente se usa en un sentido positivo para instar a los gerentes a medir la eficiencia de la evaluación comparativa y las mejoras. Pero los datos que usamos para medir la eficiencia tienen un doble filo. Sí, permiten las mediciones y la dirección, pero también crean un modelo del mundo exterior. Los gerentes de una empresa —en especial de las grandes— rara vez conocen a sus clientes directamente. Los conocen sólo a través de los datos: los modelos y las hojas de cálculo que cortan, seccionan y recontruyen gente real en "segmentos" de fenómenos que se caracterizan de manera similar. Cuando las empresas se organizan en unidades empresariales con responsabilidades de productos con ciertas características, o bien en unidades con responsabilidades de determinados grupos de clientes, se recopilan los datos a través de esos filtros y se crean modelos que casi nunca trazan los trabajos del cliente.

"Resulta que en el mundo moderno hay mucho que se puede medir fácilmente: pantallas, tráfico, tasas de conversión, frecuencias, pantallas por uso. Había tantas cosas que medir que nuestro personal se saturó midiendo todo lo que era fácil de evaluar porque salía de nuestras computadoras", sostiene el fundador de Intuit, Scott Cook. Pero, a pesar de la gran cantidad de datos que Intuit obtenía con cada click que daban sus clientes, faltaba algo fundamental. "No estábamos midiendo lo más importante para nuestros clientes. Porque es difícil medir, pero tiene una gran importancia: no estábamos midiendo si mejorábamos la vida de nuestros clientes."

"Mejorar la vida de nuestros clientes" no se traducía sólo en datos que Intuit ya estuviera capturando. Pero era posible medir si Intuit proporcionaba las experiencias de compra y uso que sus clientes buscaban al contratar los programas computacionales que ofrecía. Por ejemplo, Intuit sabe que los contadores que contratan sus programas tratan de ahorrar tiempo al elaborar las devoluciones de impuestos de sus clientes.

Eso los libera para atender a más clientes (y, por lo tanto, para facturar más) o simplemente para tener más tiempo libre y realizar otras actividades. ¿Los programas de Intuit los ayudaban a lograr sus objetivos?

Cook, quien trabajó en la mesa directiva de Amazon durante varios años, señala que el gigante de ventas en línea es un modelo para comprender cómo medir lo que más importa para los *trabajos por realizar* de los clientes y, al mismo tiempo, seguir concentrándose en mejorar la eficiencia. Como señalamos antes, el fundador de Amazon, Jeff Bezos, ha sido muy claro desde siempre en que hay tres aspectos que importan en el negocio de las ventas: una selección amplia, precios bajos y entrega rápida. En el ya famoso proceso de innovación "desde el cliente hacia atrás" estos tres elementos son monitoreados minuto a minuto. Bezos no cree que los retrasos sean consecuencia de accidentes o de un desempeño defectuoso; los considera "defectos" que deben erradicarse. Por ejemplo, para mantenerse fiel a su promesa fundacional de tener "los precios más bajos", Amazon construyó un robot comprador, una máquina de búsqueda automatizada que explora los precios de cientos de productos de referencia dos veces al día. Si encontraba un precio más bajo, inmediatamente el precio de Amazon se rebajaba para vencer al de la competencia. Por eso en ocasiones se porduce una caída inesperada del precio de un producto que se encuentra en el carrito de compras de Amazon. Si el precio más bajo cae más allá de un umbral de utilidad bruta adecuado se desencadena una revisión humana. Todo en ese sistema está diseñado para la eficiencia, pero se concentra básicamente en entregar con eficacia el trabajo para el que los clientes contratan a Amazon. Bezos en persona entrega el premio de Amazon "Sólo Hazlo" —un viejo zapato Nike— cada varios meses a un empleado que se haya alejado de las responsabilidades oficiales de su puesto para llevar a cabo algo para beneficio de Amazon. Ese tipo de enfoque mantiene a los empleados claros en cuanto a lo que es más importante para los clientes de Amazon.

La SNHU tiene un enfoque similar. "Nuestro éxito se define por el éxito de nuestros estudiantes", afirma el presidente Paul LeBlanc. Mientras la SNHU rastrea montones de datos en un nivel micro, LeBlanc y su equipo directivo mantienen una estadística fundamental en un lugar primordial: ¿los graduados de la SNHU volverían a realizar sus estudios en esa universidad si tuvieran la oportunidad? En esencia, ¿contrataron la "solución" correcta para realizar su trabajo? Desde 2016, el 95% de los encuestados dijo que sí. LeBlanc lo expresa del siguiente modo: "Podemos medir muchas cosas. Pero lo que medimos cuenta".

Los trabajos lo cambiaron todo...

La noche en que fue lanzada una bomba durante el Maratón de Boston, el 15 de abril de 2013, Clark Gilbert quedó atrapado en las pantallas de la televisión y de su laptop en su cuarto de hotel, mientras el mundo intentaba esclarecer qué había sucedido en el caótico momento posterior a la explosión. Gilbert permaneció despierto gran parte de la noche, viendo las noticias que iban llegando, tratando de entender la impactante tragedia. Pero este intenso interés en la cobertura noticiosa no era sólo el de un ciudadano preocupado. Entonces Gilbert era director ejecutivo de la compañía de noticias Desert News Publishing Company,[1] la organización que publica el periódico más antiguo de Utah, *Deseret News*. A la mañana siguiente, mientras caminaba por los corredores de su hotel hacia el elevador y por el vestíbulo, no podía evitar mirar con ojo crítico las filas de periódicos afuera de las habitaciones y en el propio vestíbulo. Se habían perdido la historia que estaba surgiendo porque decidieron imprimir antes de que aparecieran los detalles fundamentales de aquella noticia. A lo largo de la noche, hora tras hora, se habían hecho públicos nuevos detalles, se subían a la red videos de la bomba y muchas fotos, se corregían las primeras noticias falsas, y empezaban a aparecer los nombres de las víctimas y de los héroes. Todo un nuevo ciclo de noticias se había producido en ese lapso.

Mirar los titulares de esos periódicos en el vestíbulo del hotel fue un recordatorio contundente: los trabajos por los que la gente contrataba los tradicionales periódicos impresos eran realizados de una manera mucho mejor por otras fuentes de información. Esa mañana ningún periódico del vestíbulo de su hotel, incluyendo el suyo, habría podido ser la mejor solución que contratar para ponerse al día sobre la bomba. El ciclo de noticias 24/7 de la televisión, los blogs en vivo de los principales medios, e incluso Twitter, los habían eclipsado. Si todavía no sabías que el día anterior habían lanzado una bomba en Boston debías haber estado viviendo en una cueva.

Desde luego, darse cuenta de aquello no fue ninguna sorpresa para Gilbert. La industria de los periódicos había estado peleando una batalla perdida durante décadas por ser contratada para el trabajo de tener noticias de última hora. Y Gilbert había estado dirigiendo una reorganización en *Deseret News* durante varios años concentrado en ampliar las habilidades digitales de la organización para competir mejor en un mundo de noticias instantáneas. Pero la cobertura de la bomba en el Maratón de Boston le reveló que concentrarse en mejorar los medios digitales no abordaba la pregunta fundamental: ¿para qué trabajo nos están contratando nuestros lectores?

Históricamente, los periódicos habían sido contratados para cumplir de cuatro a cinco trabajos diferentes. Por ejemplo, los anuncios clasificados estaban destinados a trabajos del tipo: "Ayúdame a encontrar empleo" o "Ayúdame a localizar un producto de bajo costo que pueda comprar este fin de semana". Las columnas de opinión podían tener la meta del trabajo del tipo: "Encuentra a alguien que apoye mi punto de vista o que pueda explicarlo". Y antes de la revolución en la velocidad de la comunicación que trajo internet los periódicos impresos eran el medio al que recurría la gente para mantenerse al tanto de las últimas noticias, o, en palabras de Gilbert, para satisfacer el trabajo del tipo: "Dime qué esta sucediendo en este momento en mi comunidad".

Pero realizar todos esos trabajos sólo saliendo del paso, sin llevar a cabo bien ninguno, evitó que los periódicos entendieran lo que la gente realmente estaba tratando de lograr, sin importar que fuera mediante un periódico impreso o a través de una publicación en línea. Esta percepción clave les habría permitido ganar por partida doble haciendo que su solución fuera más específica para estos trabajos y logrando que dejaran de desperdiciar recursos al tratar de cumplir trabajos para los que ya no eran relevantes.

Si había muchas soluciones para realizar el trabajo del tipo: "Dime qué está sucediendo en este momento en mi comunidad", entonces ¿habría todavía un *trabajo por realizar* que *Deseret News* pudiera cumplir y que fuera irrefutable? Gilbert y su equipo recurrieron a la *teoría de los trabajos* para responder esta pregunta.

Lo que empezó como una segmentación demográfica generó una segmentación basada en los trabajos, informa Gilbert. "Encontramos un segmento en el país que buscaba resolver un trabajo muy común: quiero estar bien informado, sentirme más confiado con mi conocimiento y aun así ser fiel a mis creencias, de manera que pueda hacer una diferencia en mi hogar y en mi comunidad." El público meta estaba compuesto por subgrupos: creyentes tolerantes (gente de fe, con valores familiares, pero sin un enfoque confesional), personas devotas con un credo (gente con antecedentes definitivamente religiosos) e individuos en conflicto (gente que podría haber tenido aspiraciones de pertenecer a alguno de los dos grupos anteriores pero para quienes la vida había sido más difícil). Tomados en conjunto, estos tres grupos se conocieron colectivamente como "creyentes afines". Valoraban a la familia, en general estaban orientados hacia la fe, preocupados por el declive de los valores morales, centrados en educar a sus hijos y con la intención de colaborar con sus comunidades.

Sorprendentemente, según la investigación del *Deseret News*, estos creyentes afines representaban casi 56% de los consumidores de noticias en Estados Unidos y, sin embargo, se sentían muy mal atendidos. Parte de la razón de que los medios tradicionales los estaban pasando por alto era que no podían ser identificados de acuerdo con dimensiones demográficas o psicográficas tradicionales. No eran básicamente ricos o pobres, demócratas o republicanos, e incluso urbanos o rurales. Lo que distinguía a estos nuevos consumidores es que tenían un *trabajo por realizar* completamente distinto y nadie lo estaba proporcionando en los medios de noticias. Lo que brindaban los medios tradicionales con frecuencia eran noticias sobre la parte de la vida horrible y sórdida. Estos consumidores querían noticias objetivas, sin polémica, y análisis de fuentes creíbles. Pero también deseaban que las noticias y la información contemplara asuntos que les concernieran, incluyendo su familia, su perspectiva sobre la religión y su deseo de comprender soluciones. Gilbert describió las frustradas costumbres relacionadas con las noticias de estos creyentes de esta manera: "Leían el *New York Times*, veían a Sean Hannity y odiaban a ambos. Admiraban el rigor y la profundidad del *New York Times*, pero sentían que había una desconexión, e incluso un desconocimiento, de sus valores primordiales. Detectaban algunos de sus valores en Sean Hannity, aunque éste les parecía polémico y resentido". En ese incumplimiento, *Deseret News* empezó a cumplir el *trabajo por realizar* que había estado ahí todo el tiempo en el público estadounidense, pero que nunca se había identificado ni había sido atendido de manera deliberada.

Deseret News es una filial de la Iglesia de Jesucristo de los Santos de los Últimos Días (LDS, por sus siglas en inglés), pero históricamente había sido dirigido más o menos como un periódico tradicional, que competía con otros diarios locales y nacionales para ser la principal fuente de información de su región. Con una perspectiva funcional, emocional y social, el equipo de *Deseret News* identificó una brecha significativa entre lo que los medios tradicionales (incluyendo el histórico *Deseret News*) habían estado proporcionando y lo que muchos clientes querían. "Nos dimos cuenta de que el trabajo era del tipo: 'Estar bien informado con noticias que reflejen mis valores' —señala Gilbert—. La gente quería este tipo de información, de manera que pudiera tener más confianza para vivir sus creencias y hacer una diferencia en sus hogares y en sus comunidades." No estaban buscando el valor de la noticia de "conmocionar y asombrar". "Sabíamos que si podíamos cumplir atendiendo la dimensión emocional del trabajo iban a leernos cada vez más."

Gilbert usó esta percepción para delimitar el reto ante su equipo directivo: encontrar un trabajo para el que los medios impresos sigan siendo relevantes y puedan ser distintivos, y concentrar toda su energía en cumplir con ese trabajo. "Yo solía decirle a la gente: 'Vas a tener que simular que ya todos conocen la historia sobre la que estás escribiendo. Son noticias viejas. Ése es el contexto de consumo de todo lo que pudiéramos imprimir'."

Afortunadamente para el equipo de *Deseret News,* esta línea de pensamiento pronto los orilló a identificar un trabajo muy urgente relacionado con obtener una percepción y un análisis más profundo sobre los acontecimientos noticiosos que ya habían ocurrido. Para describir este trabajo tomaron prestado un acrónimo de los editores del *Dallas Morning News,* PICA: "perspectiva, idea, contexto y análisis". Los lectores buscaban todo eso después de un acontecimiento que ya había ocurrido y del que ya se había informado. En otras palabras, todavía había un trabajo enfocado en ayudar a los lectores a comprender el significado y la relevancia de una noticia después de que ya se había dado a conocer al público. Pero ésa era la única parte funcional del trabajo. Para *Deseret News* la parte emocional se colocaba encima de la parte funcional y ayudaba a los lectores a conectar esos hechos con sus intereses más profundos en torno de sus familias y de su religión. "Lo que el *Washington Post* representa para la política de la capital queremos representarlo nosotros para la familia estadounidense", comenta Gilbert.

La descripción de Gilbert destaca perfectamente la importancia de la *circunstancia* al delimitar este trabajo: "Nos dimos cuenta de que, en el aspecto funcional, todavía había una tarea para el periódico cuando llegaba al último a la noticia. Es la circunstancia de 'la mañana siguiente', que ocurre después de que una noticia ya se ha comunicado y la gente conoce los hechos básicos. Las personas sólo pueden oír a la CNN repetir lo mismo durante mucho tiempo. Lo que todos necesitamos al día siguiente es un análisis más profundo de lo que significa la noticia".

La claridad sobre los trabajos que *Deseret News* podía resolver específicamente no sólo proporcionaba una brújula para saber cómo conformar sus soluciones y cómo competir, sino también un filtro para lo que *no* hacer. Tomemos como ejemplo la cobetura de la sesión legislativa del Congreso. Las organizaciones de noticias tradicionales dirían: "Estamos cubriendo la legislatura", y poporcionarían una amplia cobertura de todas las propuestas de ley y de todos los debates que tuvieran lugar en esa sesión. Pero la perspectiva basada en los trabajos generó un enfoque diferente: "Para nuestra cobertura de la primera plana sobre la sesión legislativa podría haber 30 propuestas de ley en marcha. Pero sólo nos enfocaríamos en los cinco temas que habrían de afectar a su familia. Una vez que definimos este trabajo relacionado con la religión y la familia, se determinó la forma como buscamos, descubrimos y cubrimos las noticias. Se trató de comprender el trabajo del lector: de ponerse en sus zapatos".

También tuvo el beneficio de esclarecer quiénes eran los empleados adecuados para llevar a cabo ese *trabajo por realizar* para los lectores. "No somos el periódico *Sacramento Bee*", se convirtió en la declaración general para dejar clara la diferencia. "Lo que yo inentaba decir es que no somos un periódico tradicional. No somos genéricos. Usábamos eso para ayudar a subrayar lo que *no* haríamos porque no se ajustaba a nuestro *trabajo por realizar* —explica Gilbert—. Todos sabían que el peor insulto que podríamos recibir era que una historia o una página se parecía al *Sacramento Bee.* Eso es lo último que hubiésemos querido que se dijera sobre nuestro trabajo en la organización."

No todos lo comprendieron en la organización, comenta Gibert. Y algunos empleados tuvieron que pasar por una reestructuración o por una asesoría. Pero otra faceta de esos cambios es que han generado una cultura que se enfoca en las mismas metas: "Una de las razones por las que tuvimos semejante crecimiento es que fuimos capaces de reclutar y cultivar a gente talentosa que cree profundamente en la idea de que hay una brecha en la cobertura de noticias sobre la familia y la religión en este país".

"Reorientar toda la organización en torno de ese trabajo realmente lo cambió todo", afirma Gilbert. *Deseret News* tuvo grandes aumentos de su circulación con respecto a sus competidores de medios impresos. También se disparó su tráfico en línea. Y se dio cuenta de que también estaba abordando una importante dimensión del trabajo, que consistía en conectarse con lectores con una forma de pensar similar. "Una vez que unimos a ese público socialmente encontramos interesantes conexiones entre nuestros lectores. Fue electrizante: reunimos a comunidades sociales en internet conectadas por su común interés en temas relacionados con la religión y la familia."

Sin embargo, más que construir sus comunidades sociales en torno de publicaciones tradicionales, el equipo de *Deseret News* empezó a construir comunidades alrededor de los beneficios emocionales del trabajo y organizó comunidades en Facebook en torno de temas orientados a la fe y a la familia, dejando que esos canales llevaran el nuevo contenido a un público mucho más amplio. La cantidad de sus seguidores en redes sociales creció de algunos millones a más de 100 millones (aunque se crearon diversos canales sociales por medio de la red de FamilyShare de *Deseret News*), una cantidad que podría asombrar a la gente que no había oído hablar de *Deseret News*. Pero eso, sostienen Gilbert y sus colegas, está relacionado con un claro *trabajo por realizar.* "Descubrimos un gran compromiso con gente que pudo no haberse acercado nunca a nosotros —comenta Gilbert—. Cuando construimos nuestra estrategia social en torno del *trabajo por realizar,* en oposición al producto del periódico, abrimos nuestro mercado a un público mucho más amplio de lo que nunca creímos que fuera posible."

Mantener el contexto

Toda organización de éxito logra un triunfo inicial, conscientemente o no, cuando desempeña un trabajo valioso para un grupo de clientes. Al principio hay muy poco que interfiera con los procesos o con el tipo de reglas que conocemos como "prioridades", como la manera en que las compañías evalúan las oportunidades, recompensan a los gerentes y miden el éxito. En general, un inicio próspero se organiza en torno del trabajo, lo que tiende a parecer un pequeño grupo que usa múltiples sombreros y comparte la comprensión de lo que la entidad está produciendo para lograr que el cliente progrese. En resumen, la unidad organizadora del lanzamiento es el trabajo del cliente.

Las situaciones cambian con el tiempo: el crecimiento requiere más niveles gerenciales y un incremento de la comunicación. Responsabilidades individuales claras y procesos definidos constituyen una sencilla necesidad como antídoto contra el caos. La manera informal, a menudo inconsciente, como las entidades se organizan orgánicamente, en una primera etapa, en torno del *trabajo por realizar* —debido a que así es como se crea valor y se genera la ganancia—, se vuelve insostenible e incontrolable cuando las compañías crecen. Inexorablemente, la unidad organizadora avanza hacia un enfoque mucho más intenso en los consumidores, los productos, los competidores y los inversionistas, pero hacia un enfoque cada vez menos intenso en los trabajos. Sin embargo, el aumento del control y la eficiencia no carece de riesgos. El riesgo es que los gerentes delimiten su tarea de manera que se ejecuten eficientemente los procesos internos, en lugar de que se resuelvan de manera eficiente los *trabajos por realizar* de los clientes. Y mientras más alejados estén los gerentes del contexto del cliente, más fácil será caer en una visión muy editada del mundo exterior.

Con el tiempo, nuestra organización se puede volver cada vez menos alineada con el trabajo para el que nos contratan los clientes, mientras alegremente nos expandimos y perfeccionamos nuestras habilidades basándonos en estas "competencias" de referencia. Pero Intuit, SNHU, American Girl, OnStar, *Deseret News,* y muchas otras organizaciones exitosas que hemos estudiado en este libro, revelan una orientación muy distinta: un enfoque en el trabajo fundamental del cliente como el principio de organización para definir y alinear los procesos en la empresa.

La perspectiva funcional y la eficiencia constituyen un requisito de los mercados competitivos. Sin embargo, la eficiencia sólo crea valor cuando se refiere al desempeño de un proceso que crea valor para el cliente al realizar un trabajo de alta prioridad. Las organizaciones exitosas consiguen la eficiencia operativa sin comprometer el *trabajo por realizar* del cliente.

"Podría usted estar en desacuerdo con las hojas de cálculo o con las campañas de mercadotecnia —observa Hari Nair, jefe de grupo de la oficina de Estrategia de Innovación en Sime Darby, Malasia; Nair ha utilizado la *teoría de los trabajos* en su labor de innovación durante muchos años, incluso en puestos anteriores en Innosight, Procter & Gamble y Kimberly-Clark—, pero internamente nadie debería estar debatiendo sobre el *trabajo por realizar*. He visto que es una fuerza unificadora en una corporación. Estamos inundados y ahogados con mensajes, en ocasiones contradictorios. Pero es simplificador decir: 'Regresemos al *trabajo por realizar*. ¿Para qué nos están contratando los clientes?' Sobre eso no discutimos."

RECORDATORIOS DEL CAPÍTULO

- Comprender los trabajos más importantes que su compañía resuelve para los clientes puede traducirse en un grito de guerra que agrupa a los individuos de toda la organización tras un propósito y funciones en común, como una guía perdurable para la innovación.
- En contraste con la naturaleza usualmente genérica de las expresiones de la misión de la mayoría de las empresas, una expresión bien elaborada de los trabajos de una compañía puede ser inspiradora y práctica.
- Una organización explícitamente enfocada en un trabajo definido con claridad tiene cuatro beneficios fundamentales:

—*Toma de decisiones distribuida.* Los empleados de toda la organización se empoderan para tomar decisiones correctas que se ajustan al trabajo y para ser autónomos e innovadores.

—*Optimización de recursos.* El foco en el trabajo da luz sobre cuáles recursos están alineados con lo que más importa, y cuáles no, y, en consecuencia, permite que se equilibren.

—*Inspiración.* Resolver el trabajo de un cliente es inherentemente inspirador para los empleados de una organización, pues les permite ver cómo su trabajo contribuye a que la gente logre progresar en su vida.

—*Mejor medición.* Con un enfoque en el trabajo, la gente buscará naturalmente medir y dirigir, de acuerdo con parámetros más concentrados en el cliente.

- Encontrar la forma adecuada de articular el trabajo por el que su compañía está en el negocio —e incorporarlo profundamente en su cultura— puede ser difícil y requiere mucho trabajo, pero los beneficios hacen que valga la pena.

PREGUNTAS PARA LOS DIRECTIVOS

- ¿Cuáles son los trabajos más importantes —o el trabajo más importante— para cuyo cumplimiento existe su organización?
- ¿Qué tan ampliamente se comprenden estos trabajos a lo largo y ancho de su organización? ¿Se ven reflejados en la declaración de su misión o en otros mensajes claves de la compañía?
- ¿Cómo podría integrar estos trabajos en todos los comunicados de la directiva, en sus comunicados corporativos y en su cultura?

Notas

[1] Trabajé en el consejo editorial consultivo de *Deseret News*.

CAPÍTULO 10

Observaciones finales sobre la "teoría de los trabajos"

10

LA GRAN IDEA

En este último capítulo cifro tres esperanzas. En primer lugar, quiero transmitir mi entusiasmo por lo que la *teoría de los trabajos* puede lograr para los innovadores, debido a que responde una de las preguntas más importantes que han atormentado a los gerentes durante muchas décadas: "¿La innovación es inherentemente una cuestión de suerte?" Nuestra respuesta, en definitiva, es: "¡No!" En segundo lugar, quiero comunicar los límites de la teoría: lo que puede explicar y lo que no. Esto es fundamental. Si la teoría se aplica más allá de lo que estaba diseñada para explicar, perderá claridad y predictibilidad. En tercer lugar, quiero incentivar la curiosidad del lector mostrándole con ejemplos la profundidad y el alcance de aspectos que podemos explorar con la lente de la *teoría de los trabajos*.

¿Realmente podemos llamarla teoría?

Para muchas personas que lean este libro la palabra *teoría* denota una serie de ecuaciones o una fórmula que describe de qué manera las variables independientes o los factores afectan los resultados que importan. Con mucha frecuencia la arquitectura de la investigación que produce la teoría fue de tipo *deductivo*. Esta clase de investigaciones empieza con una proposición de causalidad central, y luego busca datos o fenómenos que validen (o invaliden) la proposición fundamental.

229

Otras teorías se construyen mediante investigación *inductiva*. Al hacer su trabajo los académicos empiezan *sin* una proposición de causalidad. Por el contrario, simple y cuidadosamete examinan los fenómenos y los datos sobre los fenómenos. A continuación, desarrollan paso a paso una proposición sobre lo que ocasiona que ocurran los hechos, y explican por qué.

La *teoría de los trabajos por realizar* se construyó inductivamente. Debido a que los fracasos en la innovación han sido tan comunes, no podía empezar con una proposición central de causalidad sobre la innovación exitosa que pudiera probar de manera deductiva. Por lo tanto, durante dos décadas he observado, de manera cuidadosa e inductiva, lo que la gente que compraba y vendía cosas estaba tratando de hacer, e intenté responder a la pregunta: "¿Por qué?"

Un objetivo clave al construir una teoría de manera inductiva consiste en desarrollar uno o más "constructos". Estos constructos rara vez pueden observarse directamente. Más bien, un constructo es una abstracción, a menudo una visualización, que ayuda a los observadores a ver cómo los fenómenos interactúan entre sí y con el tiempo se provocan cambios mutuamente. Mientras que las correlaciones revelan las relaciones estáticas entre los fenómenos, un constructo es un peldaño importante que nos ayuda a ver la dinámica de la causalidad.

En el campo de la química, por ejemplo, las visualizaciones de Auguste Laurent (1807-1853) sobre los compuestos químicos le permitieron explicar cómo surgen los compuestos y se transforman en otros compuestos. En economía, el constructo de Adam Smith (1776) de una "mano invisible" contribuyó a explicar cómo funcionan los mercados libres. De manera figurativa, la mano invisible distribuye el capital y la mano de obra en actividades que generan prosperidad y retira recursos de entidades que los desperdician. Esto ha ayudado a millones de personas a comprender cómo el capitalismo, cuando se estructura de modo adecuado, auxilia a la humanidad. En la teoría de la disrupción, la clave para definir la esencia de la disrupción consistía en ser capaz de visualizar trayectorias de la manera en que el progreso tecnológico y las necesidades del mercado interactúan.

¿Por qué hacemos esta digresión sobre el papel de los constructos en las teorías? *El término "trabajo" es un constructo*. Encaja perfectamente en la definición de constructo y en el papel que desempeña en la *teoría de los trabajos por realizar*. Comprender los *trabajos* como un constructo implicó definir cuidadosamente los términos que yo requería para comunicar lo que había estado observando. Los términos *contratar* y *despedir*, por ejemplo, no son simplemente palabras simpáticas. Me ayudaron a visualizar cómo funcionan los procesos de comprar y vender.

Algunos lectores de este libro podrían criticarlo porque las historias reales, de personas reales en compañías reales, no son el tipo de datos que pueden manejarse en una hoja de cálculo. Esta preocupación se aplica equivocadamente al desarrollo de una buena teoría. Cuando vea datos numéricos recuerde que fueron creados por personas: individuos o grupos de personas que deciden qué elementos de los fenómenos incluirán en los datos publicados y cuáles pasarán por alto y destruirán. Por lo tanto, los datos reflejan un sesgo. En un libro maravilloso, *Relevance Lost,* de H. Thomas Johnson y Robert S. Kaplan,[1] se muestra que hay una historia complicada tras cada número. Cuando se cuentan las historias están *llenas* de datos. Las percepciones de los casos adecuados son profundas. Los números que se extrajeron de las historias proporcionan percepciones que a menudo son poco profundas pero amplias.

Por estas razones tenemos la certeza de que la *teoría de los trabajos* tiene el nombre correcto.

Cuando la teoría está equivocada

Una teoría nunca surge de la mente del investigador de manera completa y perfecta. Más bien evoluciona y mejora cuando la gente la usa. De hecho, las buenas teorías *necesitan* anomalías —aspectos que la teoría no puede explicar— con el fin de mejorar. El descubrimiento de anomalías fuerza a los investigadores a profundizar en el fango de los fenómenos. Necesitan perfeccionar la teoría de manera que pueda explicar la anomalía, o bien definir una nueva frontera en la que la teoría no debería usarse. Cada vez que descubrimos y explicamos una anomalía aprendemos algo más acerca de cómo funciona el mundo.

Uno de los hábitos más estúpidos de muchos académicos consiste en arreglar un hallazgo que "refuta" una teoría que un colega ha desarrollado y publicado. Los autores publican su artículo en una revista de prestigio y luego, de forma engreída, se sientan a descansar en la playa porque su texto ya está en la "literatura". Esto no ayuda a nadie. Las *anomalías no refutan nada*. Por el contrario, señalan algo que la teoría todavía no puede explicar. Los académicos que encuentran anomalías necesitan arremangarse la camisa y ponerse a trabajar para intentar mejorar una teoría o reemplazarla por otra mejor.

Espero que usted y otros lectores de este libro encuentren cosas que la *teoría de los trabajos* aún no puede explicar. Si me notifican esos problemas me ayudarán a mejorar nuestra comprensión colectiva. En el momento de escribir esta obra estoy desarrollando formas de perfeccionar estas teorías en colaboración en línea y agradezco sus ideas. De antemano, doy las gracias profundamente por unirse a la búsqueda de aprender cada vez más sobre la teoría y por ayudarnos a todos a entender cómo manejar la innovación de manera más exitosa.

Los límites de la teoría

Hace dos décadas usé el término "innovación disruptiva" para describir los fenómenos en los cuales las compañías nuevas pueden derrocar a las empresas en funciones más poderosas. La *teoría de la disrupción* ha guiado a cientos de miles de compañías hacia la prosperidad. Pero debido a que, como muchas palabras, en inglés *disruption* tiene muchos significados, la *teoría de la disrupción* también se ha aplicado mal. Se ha usado para describir muchos fenómenos y muchas situaciones en los que de hecho no se aplica. Me he preguntado si pude haber usado otro término o expresión, pero todavía no he encontrado una mejor opción.

Por esta razón me gustaría establecer algunos límites en torno de la palabra *trabajos* como la estamos usando. Es fácil emplear "trabajos" para describir nuestros intentos por comprender un amplio rango de motivaciones humanas. Pero no todo lo que nos motiva es un *trabajo por realizar*. Los trabajos, como los hemos definido aquí, requieren esfuerzo para ser descubiertos y comprendidos de manera adecuada; así, considerar que algo es un trabajo no debería hacerse a la ligera. En este libro mi definición de un trabajo es intencionalmente precisa. Veo dos problemas que se deberían evitar al estudiar y aplicar la *teoría de los trabajos*.

En primer lugar, si usted o un colega describen un *trabajo por realizar* con adjetivos y adverbios, no es un trabajo válido. Podría describir una experiencia que un cliente necesita tener con el fin de realizar el trabajo, pero no es un trabajo como lo hemos definido aquí. Por ejemplo, "conveniencia" no es un *trabajo por realizar*. Podría ser una experiencia que quizás ocasionaría que un cliente elija su producto en lugar de uno de sus competidores, pero no es un trabajo. Un *trabajo por realizar* bien definido se expresa en verbos y sustantivos: *"Necesito 'escribir' libros verbalmente, eliminando la necesidad de escribir o editar a mano"*. En contraste, la oración: *"Deberíamos aspirar a ser más honestos"* es una meta noble, pero no es un trabajo.

En segundo lugar, definir un trabajo con el grado correcto de abstracción es fundamental para garantizar que la teoría sea útil. Esto puede ser más un arte que una ciencia, pero hay una buena regla de oro: *Si la arquitectura del sistema o del producto sólo puede cumplirse por productos que pertenezcan a la misma clase de productos, el concepto del* trabajo por realizar *no se aplica*. Si sólo los productos de la misma clase pueden resolver el problema no se está descubriendo un trabajo.

Un par de ejemplos: *"Necesito una malteada de chocolate que esté en un recipiente desechable de 360 mililitros"* no es un trabajo. Todos los posibles candidatos que podría contratar para hacer esto están en la categoría de productos de las malteadas. Podría denominar a esto una necesidad o una preferencia, pero no es un trabajo. *"Necesito algo que me mantenga ocupado en lo que está sucediendo en el camino mientras conduzco. Y, también, quiero que esto me llene para no sentir hambre en la junta de las 10:00 de la mañana. Podría contratar un plátano, donas, bagels, Snickers, o un café para hacer este trabajo."* Todos los candidatos para realizar el trabajo son de distintas categorías de productos, y nuestra regla de oro es que éste es el nivel de abstracción adecuado.

Otro ejemplo: *"Necesito una lámina delgada de material con el que pueda envolver una casa justo antes de aplicar tejas, revestimientos o ladrillos. Debe tener un alto coeficiente de fricción; un bajo coeficiente de conducción térmica, y un alto coeficiente de dureza, para que no se desgarre al cubrir la casa. Ah, y también tiene que ser impermeable".* Esto no es un trabajo, sino una especificación técnica. Me da la elección de comprar Tyvek de DuPont, o escoger lo barato, desatender las especificaciones, y no usar nada.

Necesito avanzar a un grado superior de abstracción con el fin de descubrir un trabajo. Eso es lo que podríamos encontrar si exploramos más: *"Estamos construyendo una casa nueva aquí en Boston, donde el aire frío y húmedo del invierno, y el aire caliente y húmedo del verano, penetran fácilmente en las paredes. Quiero que mi familia sienta calor y comodidad en mi casa durante el invierno, y frescura y sequedad en el verano. Necesito aislar los muros exteriores de esta casa para reducir los costos de calefacción y aire acondicionado"*.

Podría contratar pulpa de madera (papel) e introducirla en el espacio de los muros para realizar este trabajo. También podría contratar rollos de aislamiento de fibra de vidrio y engraparlos a los montantes de la pared. O bien podría contratar Tyvek de Dupont. Y, para realizar un trabajo todavía mejor, podría contratar Tyvek y rollos de fibra de vidrio juntos. O podría planear compensar con más ropa de abrigo en invierno y dejar abiertas más ventanas en verano. Tal vez debería comprar un par de deshumidificadores y ventiladores. O quizá podría contratar Santa Bárbara o San Francisco, donde la madre naturaleza ha evitado el problema del aislamiento y podría mudarme allá.

Podemos confirmar que éste es un *trabajo por realizar* y no una especificación o un requerimiento técnico. Sabemos esto porque las opciones de cosas que contratar para realizar el trabajo provienen de categorías de productos y servicios muy diferentes.

Profundidad y extensión de la aplicabilidad de la teoría

La *teoría de los trabajos* ha evolucionado mucho en las últimas dos décadas. Sin pretenderlo, pero en el intento de ayudar a muchas personas diferentes con muchos problemas distintos, me he sorprendido por la extensión y la profundidad con que puede usarse la *teoría de los trabajos*. Casi todos los días tomo conciencia de un nuevo e interesante ejemplo de la *teoría de los trabajos* en acción. Recientemente mi hija

Katie me brindó detalles de Drybar, una estética donde sólo se puede recibir un servicio: un "secado" perfecto del cabello, junto con experiencias de atención que lo ayudan a prepararse para una salida especial por la noche, y para hacerlo sentir bien consigo mismo mientras está en la estética. (Yo no tenía idea de que eso se ambicionaba, pero tomo nota.) En sólo unos años, Drybar se ha convertido en un éxito visible en varias ciudades del país.

Y en el otro extremo del espectro, últimamente he tenido el gusto de analizar la *teoría de los trabajos* con un general de la Fuerza Aérea que se enfrentaba a los retos de motivar y retener al personal de alto nivel en una época de limitaciones presupuestarias gubernamentales. Cuando salió de mi oficina, fue como si el general ya hubiera visto su dilema con una luz por completo distina, que le otorgaba algo de esperanza. "Nunca, ni en sueños, hubiera imaginado que una historia sobre las malteadas cambiaría la forma en que pensaba sobre reclutamiento en el ejército", me dijo cuando nos despedimos. Es un problema desafiante el que enfrenta, pero espero que la *teoría de los trabajos* le ofrezca alguna perspectiva para lograr un cambio. Éstos sólo son algunos ejemplos que me vienen a la cabeza de días recientes. Pero he estado pensando en usar las percepciones de la *teoría de los trabajos* para aplicarlas a algunos problemas más serios de nuestras familias y de nuestra sociedad durante mucho tiempo, como en nuestras vidas personales, en nuestra educación y en nuestra atención médica.

FELICIDAD EN EL HOGAR

En 2012 Karen Dillon y yo nos reunimos con James Allworth, uno de mis ex alumnos más inspiradores, para escribir *How Will You Measure Your Life?*[2] En el capítulo sexto tomamos la *teoría de los trabajos por realizar* como un par de lentes y miramos lo que sucedía en nuestras vidas personales. Y vimos cosas que han estado ocultas a simple vista en nuestras vidas y en nuestras familias durante mucho tiempo. Planteamos preguntas del tipo: *"¿Cuál es el trabajo para el que nuestros hijos contratan a sus padres?"* y *"¿Qué trabajo(s) necesita mi esposa que se lleven a cabo para los cuales contrataría a un esposo?"* Estas preguntas se plantean con el grado correcto de abstracción. Por ejemplo, cuando algo se descompone en casa la mujer podría contratar a su esposo para realizar el trabajo. Podría contratar a algún trabajador para repararlo. Tal vez simplemente lo haría ella misma. O sólo podría asumirlo y no arreglar el problema nunca. Otro trabajo es que necesita sentirse amada. Podría contratar a un marido para llevar a cabo este trabajo. Pero con mucha frecuencia el esposo no realiza bien ese trabajo. Entonces podría contratar a amigos y a familiares, o bien a su profesión, para hacerlo. Incluso podría vivir su vida sin que nunca se cumpliera ese trabajo bien. Esperamos que al leer esto usted piense en los trabajos por los que ha sido contratado en su vida y se pregunte si los ha estado desempeñando bien. Podría ser un ejercicio útil para poner los pies en la tierra.

EDUCACIÓN PÚBLICA

En 2010 Michael Horn, uno de mis ex alumnos más brillantes, y ahora una voz sobresaliente en el debate nacional sobre el futuro de la educación, y yo, publicamos *Disrupting Class*,[3] una investigación sobre la razón de que nuestras escuelas públicas estén debatiéndose por mejorar. Desde luego, mejorar las escuelas es un problema muy complicado. Como mencionamos antes, una de las percepciones más importantes que expusimos en *Disrupting Class* surgió cuando adoptamos la perspectiva de la *teoría de los trabajos* y examinamos el trabajo que los estudiantes están intentando cumplir. Llegamos a la conclusión de que la escuela *no* es un trabajo que los niños estén intentando realizar. La escuela es una de las cosas que los niños *podrían* contratar para cumplir con el trabajo. Pero el trabajo es que los niños necesitan sentirse exitosos todos los días. Y necesitan amigos todos los días. Claro que se puede contratar a la escuela para llevar a cabo estos trabajos. Sin embargo, podría abandonar la escuela y contratar a una pandilla para sentirme exitoso y tener amigos. O podría salirme de la escuela, conseguir un trabajo por el salario mínimo, ganar algo de dinero y comprar un auto para recorrer el vecindario con mis amigos.

Muchas escuelas no cumplen bien con este trabajo en absoluto. Por el contrario, la mayoría de los niños se sienten fracasados cuando asisten a la clase. También podrían contratar el atletismo para realizar el trabajo. Para algunos pocos, los deportes cumplen bien con el trabajo; pero para los menos dotados el atletismo también los hace sentirse fracasados. Así que contratan juegos elecrónicos, aunque incluso para muchos esos juegos también conllevan fracaso. Entonces contratan a amigos que también tienen esa sensación de derrota y se enganchan con drogas y con otros sustitutos para sentirse exitosos.

Recientemente me infundió ánimo el hecho de enterarme de que un director ejecutivo de Corning, Wendell Weeks, y su esposa, Kim Frock, han abierto una escuela alternativa: Alternative School for Math & Science, en Corning, Nueva York, con el objetivo explícito de ayudar a los niños a sentirse exitosos en la escuela. En eso se está enfocando también la Academia Khan. Siento una gran esperanza al saber que hay gente magnífica trabajando en cumplir bien con ese trabajo de los estudiantes. Hemos aprendido que esos importantes *trabajos por realizar* en la vida de nuestros hijos se han estado ocultando a simple vista.[4]

ATENCIÓN MÉDICA

En 2009 formé equipo con otro de mis fantásticos ex alumnos, Jason Hwang (ahora cofundador y oficial médico en jefe de Icebreaker Health), para escribir *The Innovator Prescription*,[5] un libro que analiza por qué el costo de nuestro sistema de salud aumenta a ritmos insostenibles, aun cuando la accesibilidad disminuye. De nuevo, la clave para resolver este dilema ha sido la *teoría de los trabajos por realizar*. Por ejemplo, el trabajo de la mayoría de las personas consiste en que quieren estar tan saludables que ni siquiera tengan que pensar en su salud. No obstante, en los sistemas donde los proveedores de atención médica reciben un reembolso por los servicios que otorgan, de hecho ganan dinero cuando los miembros de su sistema caen enfermos. En efecto se trata de una "atención a la enfermedad" más que de una "atención a la salud". Cuando los miembros de esa comunidad se mantienen saludables, los proveedores ganan poco. En otras palabras, los *trabajos por realizar* de miembros y proveedores no están alineados con el sistema de atención médica de Estados Unidos.

En algunos centros proveedores de atención médica, como Intermountain Healthcare, Kaiser Permanente y Geisinger Health System, los gerentes trabajan activamente para ajustar los trabajos de los proveedores y de los consumidores a los que atienden. Una de las formas más importantes de lograr lo anterior es asumiendo la responsabilidad del costo de la atención, por ejemplo, asegurando a los consumidores. Por lo tanto, la sostenibilidad financiera de las organizaciones depende de mantener a los consumidores lo más sanos posible durante el transcurso de su relación con los proveedores, y esta dependencia permite que fructifique la innovación centrada en los trabajos en torno de la prevención de enfermedades, la eficiencia y la efectividad de la atención. Permite que los proveedores se enfoquen en mantener a los consumidors saludables, en lugar de esperar a que se enfermen para actuar, y en ayudarlos lo antes posible, o tratar con efectividad sus enfermedades crónicas cuando caen enfermos. ¿El resultado? Los trabajos del proveedor y del consumidor se adaptan bien.

Estos planes muestran un gran contraste con los planes tradicionales, en los que se paga a los proveedores por proporcionar servicios específicos a los consumidores. En este contexto, los proveedores no tienen un incentivo financiero para mantener sanos a los consumidores a largo plazo, o para administrar el costo de la atención, y poseen muchos incentivos para aumentar el volumen de la atención que proporcionan. Sus trabajos están muy mal ajustados a los de los consumidores.

EN NUESTRAS VIDAS

¿Qué trabajo elegimos que realice un líder político para nosotros y para nuestro país? ¿Para qué trabajo *piensan ellos* que los estamos contratando y cómo se compara eso con el trabajo para el que *nosotros creemos* que los contratamos cuando asistimos a votar a las urnas? ¿Están ajustados? ¿Estamos contratando a gente para que nos guíe como líder? ¿O para dar voz a nuestros temores? No es lo mismo. Como comenté en el capítulo 8, Peter Drucker nos previno con esta famosa expresión: "Rara vez el cliente compra lo que la empresa cree que le está vendiendo". Sospecho que también hay una desconexión profunda entre los votantes y los políticos y por eso siempre estamos insatisfechos con la gente que elegimos para que nos sirva.

Piense en esta desconexión la próxima vez que asista a la iglesia, a la sinagoga o a cualquier otro templo de culto, o deliberadamente *no* vaya. La *teoría de los trabajos por realizar* explica por qué tantas iglesias tienen problemas para conservar a sus miembros. Han perdido el sentido de los trabajos que surgen en la vida de sus miembros y por los que podrían contratar a una Iglesia.

Podría continuar durante horas tratando el tema acerca de por qué la *teoría de los trabajos* nos ayuda a ver el mundo de una manera única y profunda. Las buenas teorías no están dirigidas a enseñarnos *qué* pensar; más bien nos enseñan *cómo* pensar. Lo invito a continuar la conversación a partir de aquí en su casa o en su oficina después de leer este libro.

Cómo la teoría le ayuda a *usted*

Hace unos años, a mitad de una clase que imparto en Harvard: "Construir y mantener una empresa exitosa" (BSSE, por sus siglas en inglés), una de mis alumnas alzó la mano para plantear una pregunta. Estábamos a mediados del semestre y, como de costumbre, habíamos pasado el tiempo aprendiendo varias teorías que considero las herramientos más importantes que puedo proporcionar a mis estudiantes antes de que se aventuren por el mundo. Me han formulado *muchas* preguntas a lo largo de los años y, en general, estoy preparado para cualquier cosa. Pero ésta me confundió un poco: "Disculpe, profesor, no quiero ser grosera, pero quisiera saber ¿cuál es el *propósito* de este curso?" Me sorprendió porque pensé que estaba claro que los preparaba para lograr grandes progresos en sus carreras y en sus vidas personales y para superar las decisiones difíciles a las que inevitablemente se enfrentarían. Pero le pregunté si podía pensarlo una noche. Al día siguiente ya tenía una respuesta que no sólo la satisfizo a ella sino también a mí. "En esta clase aprendemos teorías que pueden explicar *qué causa que suceda qué*. ¿No es fabuloso saber cómo funcionan las cosas?"

Ése también ha sido el objetivo de este libro. Si usted sabe cómo funciona la innovación —qué es lo que verdaderamete ocasiona que la innovación tenga éxito— sus esfuerzos no tendrán que depender del destino. Durante mucho tiempo nos hemos permitido creer que la suerte es esencial. Hay muchas industrias, como las de capital de riesgo, que en la actualidad están organizadas en torno de la creencia de que la innovación consiste esencialmente en aventurarse y confiar en las probabiliades. Pero es momento de superar ese paradigma desgastado. He pasado 20 años reuniendo pruebas para que usted pueda invertir su tiempo, su energía y sus recursos en crear productos y servicios que *pueda predecir* que los clientes estarán ansiosos por contratar. Deje que depender de la suerte sea para los demás.

Notas

1 H. Thomas Johnson y Robert S. Kaplan, *Relevance Lost: The Rise and Fall of Management Accounting,* Harvard Business School Press, Boston, 1987.

2 Clayton M. Christensen, James Allworth y Karen Dillon, *How Will You Measure Your Life?,* Harper Collins, Nueva York, 2012.

3 Clayton M. Christensen, Michael B. Horn y Curtis W. Johnson, *Disrupting Class: How Disruptive Innovation Will Change the Way the World Learns,* McGraw-Hill, Nueva York, 2008.

4 Conocemos al menos cinco autores que han publicado libros con el título de *Hidden in Plain Sight* [Oculto a simple vista]: Jan Chipchase, Simon Steinhardt, Erich Joachimsthaler, Andrew H. Thomas y Peter J. Wallison. Les agradecemos, y sin duda a otros, por esta maravillosa frase que sin pudor he tomado prestada en este capítulo.

5 Clayton M. Christensen, Jerome H. Grossman y Jason Hwang, *The Innovator's Prescription: A Disruptive Solution for Health Care,* McGraw-Hill Education, Nueva York, 2009.

Agradecimientos

De Clayton Christensen

Llevó ocho años desarrollar la *teoría de la innovación disruptiva* y escribir el libro que la explica: *The Innovator's Dilemma*. En contraste, nos ha llevado casi *dos décadas* pulir la *teoría de los trabajos por realizar* de la mercadotecnia que resumimos en este libro. ¿Qué explica la diferencia? Teníamos un tesoro escondido de datos sobre las unidades de disco que generó la *teoría de la disrupción*. No tuvimos esa suerte con nuestra investigación acerca de la *teoría de los trabajos*. Debimos recolectar los datos persona por persona, empresa por empresa. No hubo atajos.

Por estas razones, estoy en deuda con muchas personas que me han ayudado a desarrollar el cuerpo de esta teoría que describe una causa importante de la innovación exitosa. Hace dos décadas, Bob Moesta entró a mi oficina en la Harvard Business School con muchas preguntas. Había leído mi *teoría de la disrupción* y estaba ansioso por aplicarla en su negocio de consultoría para ayudar a sus clientes. No creo que ninguno de nosotros dos hubiera adivinado en esa reunión que sería el inicio de una larga conversación y de una fructífera colaboración. Fueron Bob y su socio Rick Pedi quienes me plantearon el enigma que al final condujo a la *teoría de los trabajos por realizar*, y su trabajo en los años subsiguientes ha contribuido a darle forma. Bob y yo nos hemos reunido fielmente una vez cada trimestre durante 20 años, y no creo que haya terminado una reunión sin haber aprendido algo de él. Ingeniero de formación, al principio de su carrera tuvo la buena fortuna de haber sido asesorado tanto por el doctor Genichi Taguchi como por W. Edwards Deming. Su contribución al aplicar y conformar la *teoría de los trabajos* ha sido la base de nuestra provechosa colaboración. Yo lo animé a establecer una firma consultora —el Grupo Re-Wired— para usar la *teoría de los trabajos* en retos de innovación difíciles para sus clientes, y le presenté, a él y a esta teoría, a Innosight, una empresa consultora que ayudé a iniciar. También lo he llevado a mi clase en muchas ocasiones para demostrar la *teoría de los trabajos* en acción. No puedo imaginar un mejor embajador para los trabajos. Verlo entrevistar a algún voluntario aleatorio del público es como ver actuar a un mago; nunca deja de asombrarme lo que produce. Estoy agradecido por nuestros años de colaboración y, lo más importante, por nuestra perdurable amistad.

El cofundador de Intuit, Scott Cook, ha estado muy involucrado en la *teoría de los trabajos* durante muchos años. Su reflexión contribuyó a conformar la teoría durante los primeros años; él y yo, junto con el coautor de este libro, Taddy Hall, escribimos el primer artículo sobre la *teoría de los trabajos* en la revista *Harvard Business Review,* en 2005. Después de numerosas conversaciones sobre cómo la teoría se aplicaba a su compañía, Scott me ayudó a comprender que hay muchos "trabajos negativos", trabajos que la gente simplemente no quiere realizar. He aprendido mucho hablando con Scott y con sus empleados de Intuit durante varios años, incluyendo lo desafiante que es mantener a una organización concentrada en los trabajos de los consumidores. Debemos muchas de nuestras ideas a Scott y a sus equipos.

Al elaborar teorías he aprendido que encontrar escépticos con algo valioso que aportar es invaluable. Michael Christensen, un académico de Baker y graduado de Harvard Business School, quien resulta que además es mi hijo, ha cumplido este papel de manera desinteresada. No sé cuántas tardes Michael y yo hemos debatido sobre los límites y el poder explicativo de la *teoría de los trabajos*. No tiene una actitud cínica. Más bien posee muy altos estándares de integridad intelectual en su búsqueda de la verdad. Sus reticencias nos ayudaron a mejorar la teoría. Estoy agradecido por su valor para enfrentarse a su padre. En consecuencia, la *teoría de los trabajos* se volvió mejor y más sólida.

Dave Sundahl ha trabajado conmigo durante muchos años; recientemente, como investigador becario superior en el Instituto Christensen.

David sabe mejor que nadie que yo conozca sobre lo sólidas que deben elaborarse las teorías. Puede descubrir a un charlatán desde antes de que termine su primer párrafo y sabe cuáles teóricos son confiables y cuáles no. Estoy agradecido por su ayuda para poner límites a la *teoría de los trabajos*. Creo que ama las buenas teorías tanto como yo, pero es implacable en cuanto a asegurarse de que sea sólida antes de que la compartamos con el mundo.

Guiado por mi perspicaz y elocuente colega Derek van Bever, anualmente invitamos a algunos de nuestros mejores estudiantes por egresar para que se conviertan en investigadores en el Foro para la Innovación y el Crecimiento de Harvard Business School. Ellos realmente son lo mejor de lo mejor y nos acompañan dos años más para desarrollar, mejorar y difundir teorías sobre innovación y administración. Max Wessel interrumpió su carrera para dar forma y profundizar nuestras ideas sobre la *teoría de los trabajos* y su aplicación durante sus dos años en el foro. Su contribución ayudó a fortalecer esta teoría y a hacerla más útil para los gerentes del mundo real. Desde entonces ha seguido siendo una voz valiosa y un verdadero amigo. Estoy agradecido por su contribución. Laura Day pasó un año en el foro promoviendo nuestras ideas y ayudando al equipo a comprender mejor cómo descubrir los trabajos en el mundo real, y su entusiasmo absoluto por el tema hizo que cada conversación y cada debate no sólo fueran productivos, sino también un gusto para mí. Tom Bartman, Efosa Ojomo, James Allworth, Dina Wang y Jason Orgill también nos ayudaron a entender cómo interactúa la *teoría de los trabajos* con otros modelos de dirección que estaban desarrollando.

Con el paso de los años el campo de los trabajos se ha beneficiado en gran medida de las reflexiones y del trabajo de campo de mis colegas de Innosight, en particular del socio director Scott Anthony, quien trabajó conmigo para desarrollar algunos conceptos fundamentales de la teoría. Ha sido un colega para la reflexión y un amigo confiable. El socio mayoritario Joe Sinfield también aportó contribuciones importantes a la teoría al innovar su uso en corporaciones importantes. El trabajo de Innosight con clientes de *Fortune 100* ha expandido los límites sobre cómo provocar que toda una empresa adopte el concepto de los trabajos, incorporarlo sistemáticamente en las actividades de los equipos de las marcas y los negocios, y hacer que los ejecutivos de distintos niveles comprendan la manera en que las percepciones de los trabajos guían las decisiones estratégicas y tácticas.

Mis colegas docentes —Derek van Bever, Chet Huner, Stephen Kaufman, Rory McDonald, Willy Shih, Raj Choudhury y Ray Gilmartin— son las personas más inteligentes y generosas del mundo. Cada día usan sus teorías para indagar cómo resolver problemas y generar oportunidades de crecimiento para las compañías. Pero también descubren situaciones o resultados que nuestras investigaciones aún no pueden explicar y entonces me ayudan a resolver estas anomalías y a mejorar las teorías. Les enseñé cómo impartir mi curso de maestría y ahora ellos me asesoran a mí sobre cómo darlo. Estoy agradecido por tener la oportunidad de trabajar con gente de ese calibre.

Hubo muchos otros que compartieron ideas importantes en el camino. Mike Collins, fundador y presidente ejecurivo de BIG Idea Group (BIG) fue uno de los primeros directores ejecutivos en recurrir a la idea de los trabajos de manera muy efectiva. Gerald Berstell y Denise Nitterhouse fueron coautores de uno de mis primeros artículos sobre la *teoría de los trabajos* y desempeñaron un papel importante en conformar y compartir nuestra primera visión.

Nitin Nohria, decano de la Harvard Business School, ha tenido una participación fundamental en el cultivo de un efectivo clima de investigación en HBS. Ha apoyado el Foro para la Innovación y el Crecimiento que nos está ayudando a permanecer intelectualmente en contacto con alrededor de 75 000 alumnos egresados de mi curso "Construir y mantener una empresa exitosa". Tal como lo hicieron cuando estaban en nuestras aulas, los ex alumnos de ese curso siguen buscando anomalías que nuestras teorías no pueden explicar y emplean las teorías del curso para crear compañías, algunas de ellas muy exitosas. Estoy muy orgulloso de ellos.

Mis colegas del Instituto Christensen han hecho lo mismo: preguntar y buscar respuestas para algunas de las cuestiones más importantes a las que se enfrentan las organizaciones en la actualidad. Los veo como caballeros alrededor de una mesa redonda. Todos han abandonado carreras florecientes para acompañarme en la investigación de problemas de administración.

Y ahora mi equipo de ensueño. Tengo suerte de haber podido trabajar con Taddy Hall, Karen Dillon y Dave Duncan en este libro. Taddy era alumno de mi primera clase en HBS. Todavía lo recuerdo en la fila de enfrente, junto al pasillo, entre las secciones de la izquierda y la central. Taddy y yo colaboramos juntos varias veces a lo largo de los años; tal vez lo más notable fue como coautores del primer artículo sobre la *teoría de los trabajos* publicado en *Harvard Business Review*. He recurrido a Taddy porque siempre logra incluir en nuestros debates una saludable dosis de experiencias del mundo real —y de sano escepticismo—, en combinación con un entusiasmo por las teorías. He llegado a valorar profundamente su mente aguda, su capacidad para plantear paralelismos y ejemplos interesantes en nuestras conversaciones, así como su buen humor y sus risas.

Karen Dillon se halla entre las mejores escritoras y editoras del mundo. Ella y yo hemos colaborado juntos dos veces, en este libro y en *How Will You Measure Your Life?* Su habilidad para traducir la reflexión académica en algo que los profesionales puedan entender auténticamente y emplear en su vida cotidiana es evidente en cada página. Estoy agradecido por su incansable entusiasmo y por su espíritu energético al superar los retos de escribir un libro que valga la pena ser leído. Pero ella ha sido más que una escritora en este proyecto; también ha sido una invaluable socia en la reflexión, colaboradora y amiga. Siento pena por todos los que no tienen la oportunidad de trabajar con Karen.

En la última década, el trabajo de David Duncan que contribuye a desarrollar y a poner en práctica la *teoría de los trabajos* lo han convertido en uno de sus usuarios más expertos e innovadores que conozco. Como socio principal de Innosight ha trabajado con muchas compañías globales que atraviesan por procesos de innovaciones difíciles, y otros retos en su crecimiento, y sé que la colaboración de Dave ha tenido una repercusión perdurable. Ha tenido ese mismo efecto en nuestras reflexiones de este libro, cuando examinábamos algunos matices y retos difíciles en la comprensión y la explicación de la *teoría de los trabajos*. Mucho antes de que Dave empezara a pensar sobre la innovación, obtuvo su doctorado en física en Harvard, y yo fui el beneficiario de esa mente analítica en cada una de nuestras interacciones.

Aunque la convención es no incluirlos como autores, no habríamos podido terminar este libro sin Emily Snyder y Jon Palmer. Ambos han contribuido no sólo a la calidad de nuestra vida, sino también a la calidad de nuestro trabajo. Emily ha sido mi mano derecha durante cinco años y no puedo pensar en un solo día en que no haya trabajado con total entusiasmo para hacer de éste un mundo mejor. En las pequeñas y las grandes interacciones marca una diferencia para todo aquel que entra en contacto con esta oficina. Supe, cuando contraté a Jon, que sería un valioso recurso para nuestro equipo. Pero no tenía idea de en qué medida lo sería y lo rápido que ocurriría. No sólo se ha puesto al día rápidamente sobre el complejo conjunto de teorías, personas y proyectos de esta oficina, sino que, además, ha aportado notables contribuciones. He llegado a contar con su mente aguda, con su energía ilimitada y, tal vez, lo mejor de todo, con su buen juicio.

A lo largo de este proceso he conseguido colegas eficientes y amigos para toda la vida. Nunca podré agradecerles lo suficiente por estar dispuestos a trabajar a mi lado todos los días.

Mi agente, Danny Stern, me ha proporcionado una ayuda eficaz en algunos de mis más importantes proyectos en casi 20 años, con el apoyo de sus colegas Kristen Soehngen Karp y Ned Ward. Les agradezco a ambos su guía sensata y su compromiso para asegurarse de que los valores que compartimos formen parte de nuestro trabajo juntos. Nuestra editora de este libro, Hollis Heimbouch, ha sido un apreciado socio durante muchos años. Su capacidad única tanto para apoyarme como para impulsarme, su hábil toque de editora y su confianza en la fuerza de las grandes ideas, han sido una fuente de inspiración para todo nuestro equipo.

Sobre todo, estoy agradecido con mi valioso equipo en casa: nuestros hijos Matthew, Ann, Michael, Spencer y Katie Christensen. Han puesto en duda, probado, editado y usado cada párrafo de este libro. Nuestros hijos ahora tienen sus propias carreras. Mi esposa, Christine, y yo estamos orgullosos de su éxito, en parte porque han usado las teorías sobre administración que hemos perfeccionado en discusiones en casa. Sin embargo, más allá de esto, Christine y yo estamos más orgullosos de que cada día recuerden por qué Dios nos envió a este mundo. Eso les enseñamos nosotros. Ahora nuestros hijos, sus parejas y nuestros nietos nos lo enseñan a nosotros. Por eso estaremos eternamente agradecidos. Y, ante todo, agradezco a mi esposa, Christine, cuyas reflexiones esclarecedoras y su diestra edición están presentes de manera explícita e implícita en cada página de este libro. No puedo pensar en una compañera de vida mejor y estoy humildemente agradecido de que sea mía.

De Taddy Hall

No es nada profundo señalar que los grandes acontecimientos de la vida tienden a llegar sin anunciarse, sin esperarse, y ciertamente, en el caso de mi larga amistad con Clay Christensen, sin merecerse.

Hace 24 años, cuando entré por primera vez en el salón de la clase de Clay, no tenía idea de la aventura que estaba por comenzar. En todos estos años no ha habido ninguna conversación con Clay que no me haya dejado sintiendo una modesta gratitud por su paciencia, su sabiduría y su generosidad. Gracias, Clay.

También quiero agradecer a los coautores Karen y Dave. La mente de Dave funciona con una precisión lógica que envidio; impone orden en las ideas complejas y ha mejorado mucho este libro. Si hay alguien en el mundo que esté pensando en escribir un libro, sólo espero que haya una Karen Dillon en su vida. Muchas veces me he sentido como el zapatero que de casualidad deja un trapo grasiento por la noche y al despertar encuentra un extraordinario par de zapatos en su mesa de trabajo. Así se siente trabajar con Karen.

Jon Palmer, el jefe de personal de Clay, se unió al equipo a mitad de la temporada y nunca se le fue una. Si usted tiene suerte, habrá tenido en su vida un momento del tipo: "El día en que conocí a Jon Palmer": un rostro fresco entra en combate y usted se pregunta: "¿Cómo es que alguna vez funcionamos sin él?" Jon tenía este efecto instantáneo en nuestro equipo: nos hacía sentir su presencia y lograba que todo lo que hacíamos fuera mejor, más fácil y más divertido.

Si alguna vez le envía un correo electrónico a Clay, recibirá una respuesta automática al instante diciéndole: "Emily Snyder maneja mi mundo". Esto es cierto y también es una bendición. En efecto, después de años de trabajar con Clay y Emily, sólo me gustaría que Emily también manejara mi mundo.

Mis amigos y mis colegas han sido sorprendentemente generosos y sabios de manera indispensable: Herb Allen, Bob Barocci, Barry Calpino, Scott Cook, Mike DePanfilis, Craig Dubitsky, Barry Goldblatt, Jason Green, Brian Halligan, Rod Hogan, Steve Hughes, Larry Keeley, Jim Kilts, Peter Klein, Stace Lindsay, Sheila Marcelo, Pete Maulik, Pat McGauley, Tom Monahan, Parker Noren, Diego Piacentini, Michael Raynor, Saul Rosenberg, Jennifer Saenz, Rogelio de los Santos, Anshu Sharma, Geoff, Tanner, Jay Walker, Mike Wege, Rob Wengel, Eddie Yoon y Jerry Zaltman.

Estoy agradecido, todos los días, con mis colegas de innovación de la compañía Nielsen y del Grupo Cambridge por las numerosas oportunidades de aplicar nuestras ideas en el mundo real.

Eduardo Salazar y su equipo han creado un laboratorio del mundo real para probar nuestras teorías y crear nuevos negocios de crecimiento en Colombia. Eduardo demuestra que la intersección entre la innovación y la locura puede ser salvajemente productiva.

Hace algunos años, Ann Christensen y yo colaboramos en una serie de proyectos que involucraban a compañías de alto crecimiento en mercados emergentes. Ann perfeccionó mis reflexiones y mejoró muchas de mis ideas. También ha logrado mejorar este libro.

Cualquiera que se pregunte si la innovación no sólo puede cambiar el mundo sino incluso salvarlo debería conocer a Linda Rottenberg y al equipo de Endeavor. Durante 20 años Linda ha sido mi amiga y una inspiración. Trabajar con ella y con los mil y tantos empresarios de alto nivel que incluye la Red Endeavor nos ha permitido aplicar y mejorar nuestras teorías en todo tipo de industrias y contextos culturales.

Erich Joachimsthaler del Grupo Vivaldi es un gran amigo y un valioso compañero de refexiones. Muchas veces, en los últimos años, Erich ha tomado tiempo de su magnífico trabajo para ordenar y fortalecer mis ideas incompletas, formuladas a medias.

Bob Moesta ha contribuido a desarrollar la *teoría de los trabajos* tanto como cualquiera, y para mí es un hermano.

El primero y más exitoso innovador que he conocido era mi abuelo y mi mejor amigo, Dwight E. Harken. Era un innovador natural que cambió el mundo. Cuando le dijeron que el corazón humano era muy complejo para una intervención quirúrgica, percibió que el verdadero problema era que el corazón no se había comprendido bien. Siguió adelante y se convirtió en pionero en el ámbito de la cirugía de corazón, al abrir el campo removiendo esquirlas de 130 soldados de la Segunda

Guerra Mundial sin una sola baja. Más adelante, al ver que muchos pacientes sobrevivían después de procedimientos quirúrgicos arriesgados sólo para sucumbir en salas de hospital, aplicó la *teoría de los trabajos,* décadas antes de que nosotros siquiera pensáramos en ella. Integrando diversas funciones médicas, creó la primera unidad de cuidados intensivos y, como consecuencia, salvó incontables vidas humanas.

Imagino que algunos ermitaños han escrito libros, pero para el resto de nosotros a menudo es una empresa familiar poco atractiva. Mi esposa, Karen, y nuestras dos hijas, Penélope y Hadley, han hecho inenarrables sacrificios por un libro que no está para nada en su lista de regalos de Navidad. Pero me han dado el mejor regalo de todos: una vida con significado, amor y carcajadas. El libro nos quitó algo de tiempo, así que aprovechémoslo.

De Karen Dillon

Una de las mejores partes de recibir una llamada de Clay Christensen es que siempre conduce a algo inesperado, interesante e inspirador. Este libro no fue la excepción. Me considero privilegiado al haber tenido la oportunidad de colaborar una vez más con un hombre que es brillante, bueno y generoso, no una parte del tiempo, no la mayor parte del tiempo, sino *todo* el tiempo. El hecho de que también resulte ser un líder de opinión de categoría mundial sólo es la cereza del pastel. La oportunidad de trabajar de cerca contigo, Clay, es un regalo que no doy por sentado.

No conocía a ninguno de los coautores, Taddy Hall y Dave Duncan, hasta que Clay nos reunió para trabajar en este libro, pero soy afortunada de que lo haya hecho. En los muchos días, semanas y meses de poner nuestros corazones y nuestras almas en este libro, no hubo un solo momento en que no me sintiera agradecida de que ustedes fueran mis compañeros. Taddy, todavía no entiendo a qué hora dormías durante un lapso de meses, pero tu compromiso, tu percepción y tu entusiasmo al realizar un gran trabajo nunca declinaron. Y Dave, la profundidad y la extensión de tus conocimientos sobre los trabajos en el mundo real es sencillamente espectacular; además tienes del don de ser capaz de explicar y compartir ideas complejas de una manera eficaz y comprensible. He aprendido mucho de ambos.

Emily Snyder y Jon Palmer, no hay suficientes palabras para decirles lo agradecida que estoy de que hayan sido nuestros colegas en este libro. Ambos han estado presentes apoyándonos de una manera que no hubiera podido esperar, y lo han hecho desinteresadamente por completo. Emily, apareciste en mi vida como un rayo de sol y siempre me levantaste el ánimo. Jon, a pesar de que te uniste a la fiesta tarde, de inmediato te volviste indispensable. ¿Hay algo que *no* sepas hacer a la perfección? Todavía no lo descubro. Ambos fueron un pilar para mí.

No puedo recordar una sola de nuestras numerosas conversaciones con Bob Moesta que no haya comenzado con su ofrecimiento: "¿En qué puedo ayudar?" Las reflexiones de Bob, su experiencia y sus ideas —que siempre proporcionaba a manos llenas— están incorporadas en todo el libro. Presenciar cómo Bob lleva a cabo una entrevista sobre los trabajos es como ver a un experto desempeñar su arte a la perfección. Espero que con este libro hayamos podido dar un poco más de luz a tu genio.

Me siento increíblemente afortunada de haber tenido las lúcidas mentes del Foro para el Crecimiento y la Innovación y al Instituto Christensen a mi disposición. En particular, me gustaría agradecer a Derek van Bever y a Laura Day, quienes siempre se las arreglaban para ayudar en todo lo que yo pedía. Tom Bartman, Efosa Ojomo, Max Wessel y Tracy Horn, todos nos apoyaron a lo largo del camino. David Sundahl, brillante miembro del Instituto Christensen, fue un verdadero colaborador que dedicaba horas con entusiasmo y sin reservas a revisar la teoría con nosotros. Estoy agradecida con Ann Christensen y Rebecca Fogg y con nuestro intrépido verificador de datos, Michael Devonas, quienes me ayudaron a afrontar los retos en el proceso de redacción de este libro. También estoy en deuda, una vez más, con el equipo de primera categoría de Stern Strategy Group, Danny Stern, Kristen Soehngen Karp y Ania Trzepizur, así como con nuestra editora de HarperCollins, Hollis Heimbouch, cuyo impulso entusiasta y guía experta siempre proporciona justo el equilibrio adecuado de apoyo e inspiración, y a su mano derecha en este proyecto, Stephanie Hitchcock, que ha sido una excelente aliada.

Quiero agradecer a Paul LeBlanc y a su equipo de la Universidad de Southern New Hamphire, Chet Huber, Scott Cook, Pleasant Rowland, Clark Gilbert, Bob Whitman, Ethan Berstein, Todd Dunn, y a su equipo de Intermountain, Chip Conley, Sal Khan, David Goulait, John Couch de Apple, Des Traynor de Intercom y Eoghan McCabe, a Phil Caravaggio de Precision Nutrition, y a Lauren Lackey de SC Johnson, por su generosidad de tiempo y espíritu al adoptar nuestras ideas y compartir sus historias con nosotros. Nos ayudaron a dar vida a estas ideas.

Mi propia alacena incluía a amigos y a colegas, pasados y presentes, y estoy agradecida por tener gente tan generosa y considerada a quien recurrir. Rajesh Bilimoria fue paciente e inspirador al pasar horas analizando los trabajos conmigo. James Allworth siempre está ahí cuando lo necesito. Scott Anthony, de Innosight, me ofrecía una retroalimentación rápida y esclarecedora. Mallory Dwinal respondía con consideración y sin dudarlo a mis consultas interminables. Agradezco a James de Vries, mi talentoso colega de HBR, quien se ofreció a ayudarnos. Mis colegas virtuales, Jane Heifetz y Amy Gallo, me han mantenido cuerda y riendo durante todo este proyecto.

Y lo más importante: la razón por la que puedo pasar innumerables horas trabajando en proyectos que representan un desafío para mi crecimiento es mi familia. A mis hijas, Rebecca y Emma: ustedes me han alentado a no dejar nunca de perseguir mis sueños profesionales y me han inspirado a anteponer siempre los personales. A mi amada madre, Marilyn Dillon, quien ha leído cada línea de este libro —y todos los demás proyectos de escritura importantes en mi vida— con su mirada de águila. Una vez más te agradezco por interesarte por mi trabajo tanto como en mí. Y, por último, a mi amigo y esposo, Richard. Hay tanto por lo que te agradezco: literalmente, por permanecer a mi lado durante cientos de horas de conversaciones para este libro; por ser mi más devoto explorador de ideas; por proporcionar sustento inteligente para la reflexión y la crítica constructiva; por llevar silenciosamente tazas de té a mi escritorio justo en los momentos precisos, y por escuchar con paciencia, sin jamás mostrar ni un indicio de que tal vez ya tenías "suficiente" de pláticas sobre los trabajos. Este libro es un reflejo de tu apoyo incondicional y nunca habría podido hacerlo sin ti.

De David S. Duncan

Me siento muy afortunado de haber estado involucrado en la creación de este libro desde sus cimientos. Esto no habría sido posible sin el apoyo de Clay Christensen, a quien he tenido la buena fortuna de conocer y con quien he trabajado desde que ingresé a Innosight hace 12 años. Siempre he admirado mucho no sólo su capacidad para generar potentes ideas nuevas, sino también sus extraordnarias dotes como maestro, escritor y narrador. También es una de las personas más buenas y generosas que he conocido. Estoy agradecido de haber tenido esta oportunidad de trabajar con él en un proyecto tan apasionante.

Nuestro maravilloso equipo ha hecho que escribir este libro sea gratificante y disfrutable. Mis otros coautores, Karen Dillon y Taddy Hall, representaron un verdadero placer al trabajar con ellos. Karen es una fantástica escritora y narradora, una de las personas más agradables e inteligentes que conozco, y conservó unido al equipo, además de que nos mantuvo en la ruta a lo largo de todo el proyecto. Taddy fue una constante fuente de ideas frescas y de historias interesantes extraídas de su amplia experiencia, y todos nos beneficiamos de su gran sentido del humor. Nuestro equipo central incluyó a Jon Palmer, Emily Snyder y Tara Goss, quienes contribuyeron de mútiples maneras y aportaron sabiduría y energía positiva todo el tiempo.

Aunque fui el socio de Innosight que trabajó en este libro, consideré mi trabajo en él no sólo con el fin de aportar mis propias ideas, sino también para canalizar parte del formidable trabajo y de las ideas desarrolladas por otros colegas de Innosight a lo largo de los años. Joe Sinfield y Scott Anthony desempeñaron un gran papel en la generación de algunas de las reflexiones fundacionales sobre los trabajos y en el desarrollo de las múltiples formas en que éstos pueden aplicarse e institucionalizarse en grandes organizaciones. También me he beneficiado en gran medida de las numerosas conversaciones que he tenido a lo largo de años con Andy Waldeck, Mark Johnson y, más recientemente, con Patrick Viguerie, Cathy Olofson y Evan Schwartz, quienes proporcionaron consejos sensatos y muchas grandes ideas con base en su profunda experiencia en edición, redacción y mercadotecnia. Estoy muy agradecido de ser parte del equipo directivo de una organización tan inspiradora.

Muchos clientes y ex colegas con los que he trabajado durante años han conformado mis reflexiones sobre los trabajos, pero debo especial gratitud a quienes han aportado su tiempo y sus relatos para este libro. En particular, gracias a Jacques Goulet, Keyne Monson, Dave Goulait y Hari Nair, por ser tan generosos con su tiempo y por trabajar pacientemente con nosotros para contarnos sus importantes e inspiradoras historias.

Tengo una gran deuda de gratitud con mi maravillosa familia. Mis padres y mi hermano Brian siempre me han apoyado sin fallar, y sin importar los caminos divergentes que he tomado, lo que ha hecho toda la diferencia en el transcurso de mi vida. También quisiera agradecer a mi familia de Rhode Island, Ed Claire y Christine, por su amor y su apoyo. Sobre todo, estoy muy agradecido con mi esposa, Suzanne, y con mi hija, Zoe, quienes nunca dejan de hacerme sonreír, inspirarme, darme un propósito y recordarme lo que importa más. Dedico mi parte de este libro a ellas.

Clayton M. Christensen es profesor Kim B. Clark en Harvard Business School, autor de nueve libros, cinco veces ganador del Premio McKinsey por el mejor artículo de la revista *Harvard Business Review*, cofundador de cuatro empresas, incluyendo la firma consultora en innovación Innosight. En 2011 y 2013 fue nombrado el pensador empresarial más influyente del mundo en una clasificación bianual dirigida por Thinkers50. Junto con Efosa Ojomo y Karen Dillon, es autor del bestseller mundial *La paradoja de la prosperidad. Cómo la innovación puede sacar a las naciones de la pobreza*, publicado también por HarperCollins México.

Taddy Hall es director del Cambridge Group y líder del proyecto Breakthrough Innovation de Nielsen. En estas funciones ayuda a altos ejecutivos a crear exitosos productos nuevos y a mejorar los procesos de innovación. También trabaja ampliamente con ejecutivos de mercados emergentes como consejero de Endeavor and Innovation without Borders (Empeño e Innovación sin Fronteras).

Karen Dillon es la ex editora de *Harvard Business Review* y coautora del éxito de ventas del *New York Times, How Will You Measure Your Life?* Se graduó de la University Cornell y de la escuela de periodismo Medill de Northwestern University. En 2011 Ashoka la nombró una de las mujeres más influyentes e inspiradoras del mundo.

David S. Duncan es uno de los principales socios de Innosight. Es un pensador de vanguardia y consultor de altos ejecutivos sobre estrategia de innovación y crecimiento, a quienes ayuda a enfrentar el cambio disruptivo, crear un crecimiento sostenible y transformar sus organizaciones con el fin de prosperar para el largo plazo. Se graduó en Duke University y obtuvo un doctorado en física en Harvard University.